定向运动教学与训练

丁建军　主　编
胡瑞霞　副主编

人民体育出版社

图书在版编目（CIP）数据

定向运动教学与训练 / 丁建军主编 ； 胡瑞霞副主编
. -- 北京 ： 人民体育出版社，2021（2025. 8重印）
ISBN 978-7-5009-5968-7

Ⅰ. ①定… Ⅱ. ①丁… ②胡… Ⅲ. ①定向运动－高等学校－教材 Ⅳ. ①G826

中国版本图书馆CIP数据核字(2021)第031369号

定向运动教学与训练

丁建军　主编　胡瑞霞　副主编
出版发行：人民体育出版社
印　　装：天津中印联印务有限公司

开　本：787 × 1092　16开本　　**印　张：**15.5　　**字　数：**312千字
版　次：2021年12月第1版　　**印　次：**2025年8月第2次印刷
书　号：ISBN 978-7-5009-5968-7
定　价：80.00元

联系电话：（010）67151482
社　　址：北京市东城区体育馆路8号（100061）
网　　址：https://books.sports.cn/

前言 FOREWORD

定向运动是一项融健身性、知识性、趣味性和国防教育性为一体的益智类体育运动，具有深远的爱国主义及国防军事教育意义。定向运动传入我国近四十年，基本上是以自我探索与发展为主线，科学化和规范化进程的缺失制约了我国定向运动的发展。随着体育教育改革不断推进，教育部颁布了《全国普通高等学校体育教育本科专业课程方案》，方案中将定向运动列为体育教育本科专业必修课程中的主干科目，这不仅为定向运动的发展提供了新契机，也为我国体育教育改革的跨越式发展提供了新思路，这也预示了我国定向运动将走上科学化、系统化、高水平的发展道路。

学校是开展定向运动的"主阵地"，定向运动课程是学生获取和掌握定向运动知识技能的主要渠道，内容是对学生进行素质教育和生存教育。随着定向运动知识体系不断更新，相关规则、规范不断完善，现代科技手段的融合辅助及定向运动竞技水平不断提高，定向运动必将成为学校教育的重要组成部分。本教材立足于学校定向运动课程，系统地介绍了定向运动的基本知识和教学基本原理，着重阐述了定向运动教学与训练，以及学校开展定向运动的基本形式与方法，注重理论与实践相结合。本教材可作为课程开展和活动组织的必备参考，供广大定向运动教师、教练员、爱好者及户外俱乐部相关从业者使用。

我们在编写本教材过程中，广泛听取并采纳有关专家的意见和建议，将最新的科研成果运用到教材中。同时，本教材使用了山东省无线电和定向运动协会、山东体育学院、滨州学院的教学、训练及比赛用图，在此特作说明并表示感谢。

在编写过程中，我们还参考了大量的相关著作、教材、科研成果，在此也向作品的作者表示感谢。

对于本教材的不足、疏漏及错误之处，请读者予以指正并提出宝贵意见。

编者

2021 年 10 月

目录

CONTENTS

CHAPER 01 <<< 第一章

定向运动概述

内容导读

定向运动是一项集体能、智能及综合素质能力于一体的运动项目，能培养人独立思考，分析、解决问题的能力，以及在体能、智能、心理受到压力的情况下迅速反应、果断抉择的能力。通过本章的学习，了解定向运动的定义、类型、起源与发展、特点、价值、赛事等内容，有助于更好地理解定向运动的文化内涵及定向运动所蕴含的探索精神和价值，树立"乐享定向"的终身体育思想。

"Orienteering"（定向）一词源于瑞典语"Orientering"，其原意是"借助地图和指北针穿越未知地带"。定向运动最初只是一项军事体育活动，具有深远的爱国主义及国防军事教育的重要意义，同时也是军人、野外勘测者、徒步旅行者、登山者、户外探险者所必须具备的重要的野外生存技能。随着战争的远离及经济的发展，定向运动逐渐走出了军事训练和野外求生的范畴，成了人们休闲娱乐、提高生活质量的一种全新的生活方式与内容，定向技能也成了人们生活或工作中必须掌握的一种基本技能。前世界定向锦标赛冠军奥尔森曾形象地将定向运动比喻为"一个人在同时进行马拉松和国际象棋比赛"，因其"在奔跑中保持清晰的思考"的目标，定向运动在国际上被誉为"智者的运动"。

第一节　定向运动的定义、类型及比赛形式

一、定向运动的定义

国际定向运动联合会（International Orienteering Federation，缩写为 IOF，以下简称为"国际定联"）将定向运动定义为一项参赛者借助地图和指北针，在尽可能短的时间内到达若干个被分别标记在地图上和实地中检查点的运动。

在体育经济日益发展的背景下，定向运动逐渐突破了竞技体育的限制，形成了以

增进健康、增强体质、陶冶情操、愉悦身心为目的的一种健身娱乐形式。人们通过制度创新和组织创新促进定向运动健身娱乐市场的健康良性发展，从而形成更为广义的定向运动——健身娱乐领域的定向运动。健身娱乐领域的定向运动是指利用地图或利用地图和指北针导航进行的身体活动。

随着科学技术的进步，人们的闲暇时间越来越多，竞赛规则日益完善，应运而生出许多以定向运动为媒介的坐标城市定向赛、体育（定向）旅游等产品，这些比赛具有挑战性、观赏性、刺激性、锻炼性的特点，吸引了广大爱好者参与。

二、定向运动的类型

（一）定向运动四大类型

按照运动模式，国际定联将定向运动项目划分为徒步定向、滑雪定向、山地自行车定向和选标定向四大专业项目。其中，徒步定向也被称为定向越野。本书中没有特别说明的定向运动，均指徒步定向。

1. 徒步定向（Foot-O）

徒步定向是定向运动类型中组织简便、普及率高、适用性广泛的一个项目，它既能体现定向运动的本质，也是定向运动最主要的运动类型。徒步定向主要考验参与者在比赛中的识图用图、野外定向、路线选择、奔跑等能力，因此适合不同性别、年龄的人群参与。

徒步定向（图 1-1）根据场地类型，可以分为野外定向、公园定向、校园定向、室内定向等；根据比赛距离，可以分为长距离赛、标准距离赛、短距离赛；根据运动水平，可以分为精英组、高级组、初级组等；根据活动时间，可以分为白天定向、夜间定向、多日定向等；根据名次评定方法，可以分为计时赛、积分赛等。

图 1-1　徒步定向及其标志

2. 滑雪定向（Ski-O）

滑雪定向是国际定联的正式比赛项目。它是将方向判断和滑雪运动相结合的一项冬季运动，要求运动员不仅具备出色的耐力和滑雪技术，还要在高速运动中判断方向、选择最佳线路。参与者必须使用非机动的滑雪装备参与比赛。滑雪定向在东欧国家已有百年历史且十分流行。因为资源条件限制，目前我国只有东北地区个别高校开设滑雪定向课程。

2010 年滑雪定向（图 1–2）成为第一届世界军人冬季运动会比赛项目，2011 年首次成为亚洲冬季运动会正式比赛项目。滑雪定向可以分为个人、团体或接力比赛等形式。

图 1–2　滑雪定向及其标志

3. 山地自行车定向（MTB–O）

山地自行车定向是将山地自行车运动和定向运动融合的一个新型竞赛项目。参与者必须具备高超的山地自行车技能，这是应付陡坡及野外多变地形的必备条件。该项目比徒步定向难度更大，由于不便频繁看图，因此该项目中最重要的定向技巧是路线选择的能力及默记地图的能力。山地自行车定向（图 1–3）是国际定联认定的最年轻的专业项目，从 2002 年起每两年举办一次世界锦标赛。山地自行车定向也可以分为个人、团体或接力比赛等形式。

图 1–3　山地自行车定向及其标志

4. 选标定向（Trail–O）

选标定向原是为伤残人士设计的定向运动项目。随着定向运动在世界各地的流行及发展，选标定向也越来越受爱运动人群的青睐。比赛时，工作人员在野外道路的两侧设置若干个“检查点群”，每个检查点群设置3~6个点标，参与者按照检查点说明表，选择“检查点群”中唯一正确的点标（图1-4）。这种形式的比赛也可以用于定向运动新手的基本技术训练。

图1-4　选标定向及其标志

（二）定向运动比赛项目的分类

按照国际定联定向运动赛事竞赛规则，国际定向运动赛事和国内大型定向运动赛事可以依据比赛性质、比赛距离、竞赛成绩计算方法、比赛时间及到访检查点顺序（图1-5）进行分类。

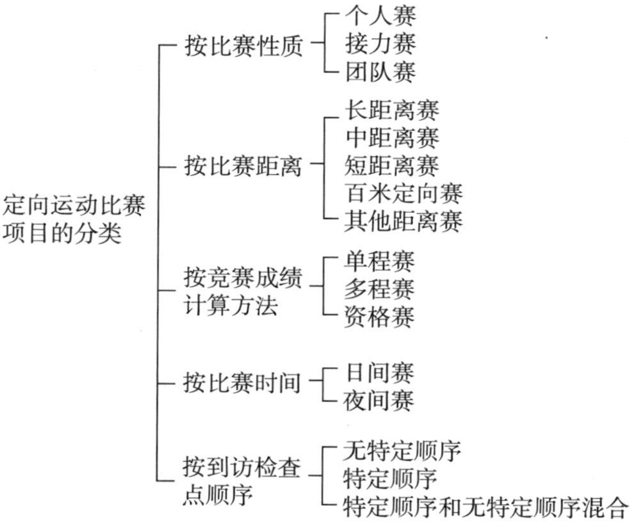

图1-5　国际定联定向运动赛事正式比赛项目分类

只要比赛的场地和路线的安全性有所保障，几乎所有的定向运动比赛都可以在夜间进行。长距离赛、中距离赛、短距离赛、百米定向赛是以胜出时间为主要因素进行划分的，定向运动的特有属性能在不同层面得以体现。长距离赛强调耐力和路线选择，中距离赛强调技术和速度，短距离赛强调速度和路线选择，百米定向赛强调速度、节奏和灵敏度。在不同的地形中进行同一类定向比赛，由于地形的差异及路线选择的差异，最终参与者所跑距离会有所不同。

单程赛以单次比赛成绩作为最终成绩。目前我国各类定向运动赛事的大多数竞赛项目都是单程赛制。多程赛以两轮或多轮比赛的成绩之和作为运动员的最终成绩。资格赛是运动员通过一轮或一轮以上的分组预赛取得决赛资格，以决赛成绩作为最终成绩。

三、定向运动的比赛形式

定向运动经过百年的发展和普及，其竞赛项目及比赛形式日益丰富，并逐渐完善。

（一）越野定向赛（Cross-Country-O）

越野定向赛是定向运动的传统形式，至今仍然是定向运动最主要的比赛形式。越野赛也被称为“点到点的定向赛”。国际性赛事和世界各国主要的定向运动赛事基本上都采用点对点的定向比赛形式，由于其比赛的成败取决于个人识图用图、野外定向和奔跑能力的强弱，越野赛通常在丘陵林地中进行。为了普及定向运动，IOF 将越野赛分为长距离、中距离、短距离三种比赛形式，分项目、分距离、使用不同比例尺地图进行比赛。

（二）接力定向赛（Relay-O）

接力定向赛是团体竞赛项目。团队成绩取决于团队每个成员的竞技水平，比赛中，每个成员只完成一段比赛，将各段比赛成绩相加就为该团队的最终成绩。为了提高比赛的观赏性，接力赛的场地必须设置中心站，团队成员在中心站以触手的方式进行交接。因其观赏性和竞赛性强，国际定联将其纳入了正式比赛项目。

（三）积分定向赛（Score-O）

积分定向赛通常以个人赛的形式进行。比赛区域内设置多个检查点，并根据地形的复杂程度、距离起终点远近、检查点的位置等对每个检查点设置不同的分值。不设规定线路，参与者必须在规定时间内寻找检查点，每到访一个检查点即获得相应的分值，总得分最高者获胜。如果超时，将按比赛规则扣除相应的分值。积分定向赛目前尚未列入大型赛事，主要在教学、训练、休闲娱乐以及军事课教学展示活动识图用图项目中使用。

（四）夜间定向赛（Night-O）

夜间定向赛是一种带有刺激性、高难度的徒步定向竞赛形式。由于比赛在通视程度不佳的夜间进行，比赛难度增加，同时参与者会更加紧张，因此比赛更具有吸引力和挑战性。夜间定向赛已被国际定联列为正式比赛项目。

（五）团队定向赛（Team Competition Orienteering）

团队定向赛是由3~4名参与者组成团队，采用分工合作的方式寻找分布于比赛区域内的若干个检查点。团队定向应充分发挥团队每个成员的技战术优势，整合团队竞技能力。团队定向赛采取团队整体出发，以团队最后一名到达终点的成员的比赛用时为团队完成比赛的时间。团队赛的比赛线路设计了“必打点”和“自由点”两种检查点。“必打点”是团队每个成员都必须按顺序依次到访的检查点，“自由点”是团队中至少要有一名成员到访的检查点，团队其他成员无须到访。目前，除国内赛事外，团队定向赛尚未列入国际赛事体系和世界其他国家的主要赛事体系。近年来，团队定向赛多出现于省级定向运动比赛中。

（六）沿线赛（Line-O）

沿线赛（专线定向）就是定向地图上不用标注检查点，运动全程用“规定线路”符号表示。参与者必须沿着规定线路行进，并将途中遇到的检查点精确标绘在地图上，成绩以检查点标绘的精准度及比赛所用的时间进行判定。此方法也可用于高水平的实地用图训练。

（七）星形赛（Star Event-O）

星形赛的起点和终点通常设置在赛场的近似几何中心位置，各检查点呈放射状按照不同距离或等距分布在起点（终点）的四周。比赛时，参与者每找到一个检查点就需要返回中心点（起点位置），然后再寻找下一个检查点，以此类推。星形赛（无底图或有底图）也可用于定向新手的选拔与训练。

四、独具特色的定向运动

（一）瑞典五日定向赛（Swedish Oringen）

定向运动在瑞典具有悠久的历史和广泛的群众基础，瑞典的定向运动对世界定向运动的发展具有深远的影响。定向运动是瑞典学生和军人的必修课程，定向运动爱好者约占瑞典总人口的25%。在瑞典，每年至少举办1000场正式的定向运动赛事。瑞典五日赛是世界规模最大的定向运动赛事，在每年7月举行。因其比赛类型、形式、项目及组别设置的多样性，同时设置了若干营地及丰富多彩的文化娱乐活动，因此这项比赛每年会吸引大约20000人参加，堪称“世界定向旅游节”。2019年，瑞典五日定向赛的总参赛人数达到21221人，我国共有131人参加本次比赛，其中中国内地63人，中国香港 51 人，中国台湾 17 人。

（二）世界军人定向锦标赛（MWOC）

由国际军事体育理事会（CISM）组织的世界军人定向锦标赛是世界上唯一一个以参与者职业命名的大型国际定向运动比赛。CISM 成立于 1948 年，至 2017 年该组织已拥有 138 个成员国（地区），举办的定向运动赛事还包括世界军人运动会定向越野赛和世界军人冬季运动会滑雪定向赛。CISM 本着“为和平而运动”的宗旨，一直致力于通过体育运动团结各国军队维护世界和平。1979 年，我军加入了 CISM，2014 年首次组队参加在奥地利居辛举办的第 47 届世界军人定向锦标赛，实现了零的突破。2019 年 10 月，第 7 届世界军人运动会定向越野比赛在我国武汉成功举办。

（三）公园和城镇赛（Park and Town-O）

公园和城镇赛主要是在城市公园、大学校园、小镇、居民区或类似地形上举办的徒步定向比赛，主要包括中距离和短距离的比赛项目。世界公园定向组织（Park World Tour，PWT）着力推广和发展公园与城镇定向赛，现在已被国际定联纳为徒步定向的短距离比赛项目。PWT 是推动定向运动发展的中坚力量，每年在世界各地举办的“世界公园定向巡回赛”知名度颇高，且具有示范性，提高了定向运动的影响力和商业价值。

（四）超短距离赛（100M Orienteering）

超短距离赛（也称百米定向赛）是由俄罗斯人里布津（Maxim Riabkin）最早提出并实现的。为了增加比赛的观赏性，便于宣传或推广定向运动，超短距离赛的场地通常选择小范围的景观绿地，也可以选择运动场、球场或者局部空地。为了提高难度及路线选择的多样性，可以人为制造特征物或障碍物。

（五）游乐园定向（Trim-O）

游乐园定向（曾被译为特里姆定向）是在一定区域内设置许多固定性检查点，不规定完成时间，将运动员寻找的检查点数量作为运动成绩或给予纪念品的定向形式。为了增加赛事的趣味性，游乐园定向可以在检查点或者沿途设定一些趣味性、娱乐性、团队性、拓展性的闯关任务或活动，以提高参与者的积极性。

（六）色级定向（Color Coded Event）

色级定向是以颜色为分组标志的一项比赛。色级定向赛通常由易到难，按照白、黄、橙、红、绿、蓝、棕 7 种颜色标定等级。线路长度从 1km 至 7.5km，完成时间从 20 分钟到 60 分钟。色级定向赛与其他定向运动形式的区别在于分组方法，按照难度和预计胜出时间进行分组有利于快速鉴定、审核参赛人资格，同时参赛者可以根据自己的兴趣及竞技能力自由地选择组别，真正体现“男女老幼同场竞技”的特点，更有利于定向运动在全民健身背景下健康良性发展。

（七）迷你定向（Mini-O）

迷你定向是在野外多种地形上严格划分的小范围地域中，为孩子们设计的各种定向活动或游戏。

第二节　定向运动发展简史

一、定向运动的起源

“Orienteering”（定向运动）一词来自德语单词“Orienterungs Lauf”，其原意是确定方向的奔跑。在19世纪定向运动萌芽期，人们开始使用瑞典语“Orientering”，在定向运动正式成为一项世界性体育运动后才开始使用“Orienteering”一词。从定向运动的发展历程看，它的发展经历了一个长期、艰苦的过程。

现代定向运动的萌芽最早出现在19世纪末20世纪初欧洲北部的斯堪的纳维亚半岛的森林中。由于森林中分布着无数的湖泊，城镇和村庄稀疏，人口稀少，居住分散，因此人们必须依靠地图和指北针及隐现在林中湖畔弯弯曲曲的小路，在森林与荒野之中穿越。在这种环境中，学习并掌握精确辨别方向的方法，具备野外行进的能力就显得非常重要。生活在半岛上的居民和军人，便成为定向运动的先驱者。

1886年，读图和野外定向成了斯德哥尔摩和奥斯陆军官学校课程，人们第一次使用“Orientering”一词，定向和方位作为军事训练项目出现在瑞典的军营中，并逐渐发展为Orienteringslopnng（定向赛跑）的形式。1893年，这种形式的定向赛跑成为斯德哥尔摩驻军运动会的正式比赛项目。1895年，在瑞典首都斯德哥尔摩附近，瑞典和挪威联合王国两个军营举行了历史上第一次正式的军事体育比赛——“在陌生地形中的步兵传令竞技比赛”。在许多国家，军事训练与定向运动始终保持着密切的联系。

定向运动是工业革命的产物。定向运动的产生和发展受许多因素的影响，特别是地图测绘和指北针对定向运动的产生和发展具有重要、深远的影响。

工业革命后，户外休闲活动逐渐融入人们的生活，军队和航海使用的地图和指北针逐渐成了户外休闲活动的工具。随着定向运动赛事的开展及普及，定向运动逐渐从军营走向社会，如何使用地图和指北针逐渐成了户外活动、野外探险的重要学习内容，各种体育俱乐部应运而生。

1897年10月31日，在挪威首都奥斯陆附近，Tjalve体育俱乐部举办了世界上第一次公开的定向比赛。本次比赛产生了世界上第一张用于定向运动比赛的地图，地图采用地形图加手工绘制定向比赛线路符号的形式绘制，尽管参赛者仅有 8 人，但这次比赛仍被认为是定向运动历史上的一座里程碑，人们将这一年定为定向运动的元年。此后，定向俱乐部和定向运动赛事陆续在瑞典和挪威出现。

1899 年 2 月 6 日，在挪威 Trondheim 附近举行了世界上第一场滑雪定向比赛，比赛线路长达 20 千米。此后，瑞典人和芬兰人开始投入定向运动项目的开发中。

20 世纪初，瑞典童子军领袖、时任斯德哥尔摩业余运动协会主席的 E. 吉兰特少校，开始尝试将定向运动改造成一种大众化的运动形式。他将借助地图和指北针进行定向的原理运用到越野训练和比赛中，取得了极大的成功。1918 年他组织了一次名为“寻宝游戏”的活动，给定向运动赋予了游戏的特性，引起了人们的极大兴趣，这就是定向运动的雏形，从此该项运动在北欧广泛开展起来。1919 年 3 月 25 日，在斯德哥尔摩南部奈卡（Nacka）的度假胜地组织了一场意义深远的大型定向比赛，共有 217 人参加了比赛，比赛路线超过了 12 千米，设置了 3 个检查点，比赛很成功，充分证明了这种新兴的运动形式适应面广，具有相当的吸引力。它的组织模式与规格标志着定向运动作为一个独立的正式体育比赛项目的诞生，结束了它在准备时期的长期探索。这次比赛也被看作定向运动历史上的第二座里程碑，标志着现代定向运动的开端。

1920 年，吉兰特为竞技性定向运动制定了竞赛规则、路线分类、检查点位置选择、分组方法和竞赛组织机构等各种规则，创造并奠定了现代定向运动的基础，为现代定向运动的推广和发展作出了巨大的贡献。吉兰特被人们誉为“现代定向运动之父”。

由于定向运动本身就具有较强的实用性，因此从 20 世纪初开始，定向运动在北欧地区得到了广泛的开展，产生了各种群众性定向运动的组织和定向运动形式。

瑞典的“特里姆（TRIM）定向运动”，参赛者只要买一个装有地图、检查点说明、检查卡、徽章和一本指导手册的特里姆定向运动包裹，就可以参加各种形式的定向运动，包括“星期常设路线”“耐尔定向运动”“宾果（BINGO）游戏”及“问答旅游”。

挪威的“杜尔（TUR-ORIENTEERING）定向运动”是以一种不限人员、不计时间的定向运动。

瑞士的“SPORTLI-OL 定向运动”也是一种不计时间、随意参加的定向运动，包括“有向导定向”“自由寻点”和“OL”测试，参与者只要完成规定的点标数量，就可以得到徽章和纪念章。

总之，在这个时期发展起来的定向运动主要是以不计时间、不限人员为主要特征。

二、定向运动的发展及演变

（一）世界定向运动的发展

20 世纪 20 年代，定向运动在瑞典全国范围内得到广泛普及。1922 年，吉兰特组织了第一个地方性的定向锦标赛。同年，世界上第一场夜间定向比赛在斯德哥尔摩举办。1923 年，瑞典举办了第一场地方性的定向锦标赛。1927 年，在瑞典的乌普萨拉举办了一个区域性的定向接力锦标赛，冠军队成员之一的 E. Tobe 在 1961 年担任国际定联的首任主席。

20 世纪 30 年代，定向运动在瑞典、挪威、芬兰和丹麦发展起来，1932 年举行了第一次世界定向运动锦标赛，定向运动逐渐走向专业化和正规化。此后，定向运动进一步在瑞士、匈牙利、苏联和丹麦等国家开展。1937 年，瑞典定向运动联合会成立。

1933 年，Silva 公司创始人 G. Tillander 与瑞典两位优秀定向运动员一起开发了精准、灵敏的测角器型充液指北针，为定向运动的发展发挥了重要作用。B. Kjellstrom 在 1946 年将定向运动传到美国，并为定向运动在北美的推广与发展作出了巨大的贡献，他被尊称为“北美定向运动之父”。

20 世纪 30 年代后期的第二次世界大战限制了定向运动在欧洲的发展和普及。“二战”后，定向运动步入了新的发展时期，定向组织机构的建立，赛制的组织与规范，使定向运动逐渐从欧洲向世界其他国家发展。

1945 年，第一本专业定向运动杂志在芬兰出版，定向运动的发展和传播走上了科学化、规范化的道路，这也标志着定向运动即将进入快速发展时期。

1946 年，瑞典、芬兰、挪威和丹麦联合成立了世界上第一个定向运动合作组织——北欧定向理事会，后来该组织成了推动国际定联成立的核心力量。为使定向运动在全世界得到更好的发展，1961 年 5 月，十几个国家的定向运动积极分子在丹麦首都哥本哈根成立了国际定联，确定了统一的正式专业项目、主要赛事及比赛项目。该组织举办了一系列高水平的大型定向运动赛事，并制定了一系列的比赛规则与技术规范，国际定联成立时仅有 10 个成员国，目前已有包括中国在内的 73 个国家和地区。

同年，英国的童子军引进了定向运动。在随后的 20 年间，加拿大、澳大利亚、法国、德国相继引进了定向运动。从此，定向运动在西方国家得到了蓬勃发展。

科学技术的发展为定向运动的普及提供了巨大的帮助。随着地图学的发展，定向运动地图质量得到明显提高和改善。1948 年，第一张定向专用地图取代标准地形图出现在挪威的定向比赛中。1950 年，第一张彩色定向专用地图也出现在挪威的定向比赛中，这标志着定向运动的发展有了质的飞跃，有力地促进了定向运动科学化、系统化、高水平的进程。

组织机构的建立和完善促进了定向运动赛制的发展，同时也促进了定向运动赛制的规范化和标准化。1969 年，国际定联颁布了第一部国际定向运动制图规范 ISOM 1969，此后又对 ISOM 进行不断补充和完善，先后发布了 ISOM 1975、ISOM 1982、ISOM 1990、ISOM 2000、ISSOM，以及目前使用的 ISSprOM 2019。1978 年，国际定联在世界定向锦标赛中首次使用国际检查点说明表，并颁布了1990年版和2004年版的国际检查点说明符号，以保证比赛更加公平、公正。

1969年，日本和加拿大加入国际定联，这是首次有欧洲以外的国家加入国际定联。随着世界定向运动发展水平的提高，斯堪的纳维亚半岛国家逐渐失去了对国际性定向赛事冠军的垄断，匈牙利、瑞士、乌克兰、俄罗斯等国家运动员纷纷在各种国际性赛事中斩获冠军。

国际定联是“国际世界运动会协会”（IWGA）、“国际单项体育联合会总会”（GAISF）的成员。2001年定向运动成为“世界运动会”的正式比赛项目。国际定联一直致力于将定向运动发展为奥运会比赛项目。1978年，国际定联成为国际奥委会承认的“世界单项体育组织”，并长期得到国际奥委会的精神和物资支持。1998年长野冬奥会上，定向运动成为比赛项目。

1994年的世界杯比赛首次使用电子打卡系统，改变了线路设计的部分规则，使比赛线路变得更加复杂和有趣，同时也提高了定向运动对场地的适应性和比赛的公平性，电子打卡系统的应用使定向运动比赛的质量有了质的飞跃。1996年世界公园定向组织成功举办了第一届世界公园定向巡回赛。这次比赛的成功举办，被认为是定向运动史上一次里程碑式的赛事。

1995年世界公园定向运动组织（PWT）成立，它是在国际定向运动联合会注册的一个国际组织。每年在世界各地公园举行职业定向精英巡回赛，并设总奖金排名。1996年开始，PWT赛事创造了一种全新的定向运动理念，PWT克服了传统定向运动比赛场地要求高、观赏性差的缺点，以一种更为开放的形式组织比赛，使观众有了近距离与其接触的机会，使传统的定向比赛由森林等野外区域逐渐转移到公园、校园、街头。PWT赛事的创新不仅大大增加了定向比赛的观赏性，吸引众多参与者及媒体关注，同时也成为人人可以参与的运动项目，定向运动开始走上大众化和商业化的发展道路。

2001年，在芬兰举行的世界定向锦标赛上，PWT这种比赛形式以Sprint Orienteering的名义被列为正式比赛项目，这种新颖的定向形式，深受IOF的认可。2003年瑞士世界定向锦标赛上，组织者更是对Sprint定向比赛进行现场直播。在2004年版IOF定向运动比赛规则中，将Sprint定向形式正式列为比赛项目，2004年版国际检查点说明表也开始执行。PWT赛事开始后，国际定联的成员国（地区）由46个迅速发展到62个，PWT赛事对定向运动的发展起到了推波助澜的作用，PWT成为推动定向运动发展的中坚力量之一。

科技的进步促进定向运动不断变革、不断完善。随着赛事组织、GPS追踪定位、路线分析等软件的应用，教练员和运动员能够更为直观地对比赛中的表现予以及时分析，从而能够有针对性地调整训练计划，改进训练方法。高科技辅助定向地图测绘能够大大缩短定向地图的测绘时间，推动高水平、高规格的定向赛事高频率地出现。

随着定向运动规模和参与范围不断扩大，截至2010年，国际定联已发展成具有71个成员国（地区）的国际体育组织，从单纯的军事训练扩大到群众性体育，再扩大到体育竞赛，现代定向运动经过一个多世纪不断发展和完善，已经成了一项世界性的体育运动项目。

（二）我国定向运动的发展

定向运动在我国的发展大致可以分为引入期、推广期、初步发展期、快速发展期4个时期。

1. 引入期

20世纪五六十年代，驻中国香港的英国军警部队将定向运动作为一项军事训练项目从英国引入中国香港，香港是我国开展定向运动最早的地区。1979年，香港定向运动爱好者在各界人士的支持下成立了中国香港野外定向协会，这是中国最早的定向组织。1982年，中国香港野外定向协会与驻港英军及皇家警察定向联合会一起组织成立了中国香港野外定向总会（OAHK）。同年，中国香港野外定向总会成为国际定联的正式成员，中国香港定向运动不论是在组织机构、赛事制度，还是在教学、培训、训练体系及定向理念上，都比较规范和完善。

我国内地定向运动也是从军队开始的，定向运动最初在国内起步，主要是部分部队院校官兵利用有限的定向运动资源，依托常规军事训练科目“按方位角行进”等内容进行自我探索和自我发展的结果。1983年3月10日，中国人民解放军体育学院在广州白云山发起并组织了国内第一场“定向越野试验比赛”，赛事路程约10km，第一名学员以2小时28分11秒的成绩完成比赛。1983年5月，解放军后勤工程学院在重庆南山举办了定向越野比赛，解放军测绘学院举办了夜间定向越野比赛，这些比赛显示了定向运动在我国的适用性和巨大的发展潜力。

1984年2月，解放军体育学院将定向运动设置为正式的体育课程，这是我国内地学校首次将定向运动纳入课程教学体系。同年4月，解放军体育学院组织拍摄了中国大陆首部“定向越野”教学录像片，为定向运动的推广与普及奠定了坚实的基础。这些活动的开展标志着定向运动在我国的传播拉开了序幕。

1984年7月，国家体委派出由北京体育大学组建的中国大学生定向运动代表团，参加在瑞典举行的第四届世界大学生定向越野锦标赛。

中国定向运动的发展基本上以自我探索和自我发展为主，在这个过程中，定向运动作为一项体育运动并没有得到中国体育界的有力支持，其发展更多的是一些定向运动爱好者不懈努力的结果。1984年12月，国际定联通过中国香港野外定向总会与广州定向运动爱好者建立联系，并提供了国际定向运动规则等资料。1985年12月，IOF派瑞典定向运动教练白保山、索伦、斯蒂芬来广州授课，介绍并推广定向运动，让我国民众开始有机会直接了解定向运动。

1985 年 8 月，解放军体育学院在大陆首次组织翻译出版国际定联制定的《定向运动世界锦标赛规则》《定向运动接力赛规则》《定向运动路线设计原则》。1987 年 3 月国际定联制定的《国际定向运动制图规范》《检查点说明符号》由《军事测绘》杂志社组织翻译出版，以中国测绘学会普及工作委员名义发各制图部门参照执行。1987 年 3 月，《军事测绘》杂志社组织翻译了《国际定向运动制图规范》《国际检查点说明符号》。同年，解放军出版社出版发行了张晓威编著的《定向越野》一书。1989 年 3 月，测绘出版社出版了李德银、陈松乔编著的《定向越野指导》一书，这些专著、规范标准的出版发行，对定向运动在国内的推广与普及发挥了重要的作用，同时为规范定向运动在我国的发展奠定了坚实的基础。

2. 推广期

1991 年 12 月，国家体委批准中国无线电运动协会下设中国定向运动委员会，在国内有组织、有计划地推广定向运动。1992 年 7 月，我国以中国定向运动委员会的名义加入国际定联，成为正式成员国。1995 年 12 月经国家体委批准，中国定向运动委员会正式改名为中国定向运动协会（Orienteering Association of China，OACN），为定向运动有组织、规范化发展奠定了良好的基础，自此我国的定向运动事业翻开了崭新的一页。中国定向运动协会积极推动定向运动的发展，每年组织“全国定向锦标赛”和“全国城市定向运动系列赛”。1999 年 6 月，中共中央、国务院颁布《关于深化教育改革，全面推进素质教育的决定》，定向运动在全国大中学校加速发展。2014 年 11 月 10 日，经国家民政部批准，中国定向运动协会在北京举行成立大会，中国定向运动协会正式成立。中国定向运动协会是由国家体育总局主管的具有独立法人资格的全国性群众体育组织，是由定向运动爱好者、定向运动专业人士、从事定向活动的单位或团体自愿结成的全国性、专业性、非营利性国家级单项体育协会，是中华全国体育总会的团体会员，是代表中国加入国际定联的唯一合法组织。2019 年，中国定向运动协会正式更名为中国无线电和定向运动协会（Chinese Radio Sports and Orienteering Association，CRSOA）。

1994 年 9 月 26 日，首届全国定向运动锦标赛在北京怀柔举行，标志着我国定向运动赛制建设的开始。

2004 年 7 月，中国定向运动协会首次组建中国国家定向队和中国青年定向队，2004 年 9 月，中国定向运动协会首次组队参加在瑞典举办的 2004 年世界定向锦标赛。

1993 年 4 月，国家教委在北京化工学院举办全国高等院校定向运动教练员培训班。1995 年 8 月国家教委“中国大学生国防体育协会”成立，并举办了首届中国大学生国防体育节暨定向越野锦标赛。1997 年教育部在湖南大学成立“中国大学生定向运动培训中心”，该中心是全国定向运动教练员培训基地。

随着定向运动的发展及定向运动益处的彰显，体育科学人才最集中的教育界对定向运动关注越来越多，教育系统在定向运动的推广中发挥了重要的作用。定向运动的推广主要围绕学校进行，其间，学校定向运动主要是作为国防教育的部分内容，在部分军训试点院校开展。由于当时受国内体育教学大纲的规定和体育教育理念的影响，定向运动实际上仍没有成为一个独立的体育项目，定向运动的推广也没有引起教育界及体育界的足够关注。

3. 初步发展期

中国定向运动的高速发展，PWT 功不可没。PWT 与中国定向运动协会、清华大学、中国大学生国防体育协会的合作，在十三陵公园和清华大学举办了两站赛事，为举步维艰的中国定向运动带来了全新的定向运动理念和机遇，促使国内的定向运动加速推广。1999 年 1 月 10 日，PWT 与中国大学生国防体育协会签订了为期 3 年的合作协议，在高校举办定向运动专题讲座，开展教练员、裁判员、制图员培训，组织定向运动赛事。PWT 技术总监杨瑞先生自 1998 年开始，每年都会在中国传授定向运动理念和技术。到 2004 年底，PWT 已在我国绘制了 100 多幅标准的定向地图。PWT 的这些工作为我国定向运动的高速发展奠定了坚实的基础。

1999 年 6 月，我国全面推进素质教育，定向运动作为提高学生综合素质的方法被逐渐引入学校体育课程中，定向运动开始以正式体育项目的形式纳入大学课程体系，许多省市教育系统纷纷举办定向运动教练员、裁判员培训班，积极开展省级定向运动竞赛，这些工作为我国定向运动的推广和发展、规范定向运动赛事、提高比赛水平奠定了坚实的基础。同期，娱乐、休闲、商业元素的定向运动赛事或活动逐渐增多，定向运动得到了初步的发展，但真正意义上的定向运动大众化进程还没有开始。

4. 快速发展期

2002 年国家体育总局在第二届全国体育大会上将定向运动列为全国大学生运动会正式比赛项目。2003 年 3 月 17 日，国家民政部正式批复同意成立中国大学生体育协会定向运动分会。2003 年 12 月 4 日，中国大学生体育协会定向运动分会即中国学生定向协会（SOCN）成立大会在浙江省杭州市举行，会议审议通过章程，12 月 10 日正式生效。

2004 年 8 月在上海市举办的第七届大学生运动会上，教育部已将定向运动列为全国大学生运动会的正式比赛项目，这有效激发了各省市教育系统发展定向运动的动力。SOCN 的成立有利于教育系统以体育运动的模式，有组织、有计划地开展高规格的定向运动人才培训和赛事组织工作，SOCN 协助教育部学生体育协会及国家测绘总局科普办联合举办了 2002 年和 2003 年全国学生定向锦标赛暨全国定向锦标赛及 2004 年中国学生定向锦标赛。2005 年教育部将定向运动列为“全国普通高等学校高水平运动队建设”项目之一，我国定向运动进入快速发展期。

SOCN成立以前，国内定向运动理论研究都是以军事训练和国防教育为主，缺乏从体育角度对定向运动自身规律的研究和认知，这严重制约了我国定向运动的发展。在学校开设定向运动，有利于为我国定向运动的发展培养大量的专门人才，同时有利于构建完整的定向运动理论和实践体系，促进定向运动学科建设，让定向运动走上科学化、高水平的发展道路。

团中央将定向运动作为科技体育的重要内容在青少年中普及，教育部把定向运动作为“2+1项目”在中小学开展。在《全国普通高等学校体育教学本科专业课程方案》中，定向运动被列为全国普通高等院校体育教育本科专业主干必修课程，以及我国高等院校教育改革和发展的新内容。定向运动在我国不断普及和发展，从社会走进课堂。

随着我国经济水平和文化水平的提高及体育事业的不断发展，国家政策和措施的支持为定向运动在我国的发展提供了有利的政策保障。休闲健身和回归自然运动的兴起，促使定向运动在更为广义的领域发展，其不应只作为军人、野外勘测者、徒步穿越、登山探险等户外项目的专业技能。全国每年都有不同规模、不同形式的定向运动赛事和活动，吸引大批的爱好者参与，如上海坐标城市定向赛，每年约有3万人参加，这是上海市全民健身品牌赛事，被列为上海市十二大精品赛事之一。城市定向赛是以融合城市形象、经济、文化及旅游等各方面元素为一体的大型户外全民健身赛事，不仅满足了民众运动健身的生活需求，还推动了城市体育产业和相关产业融合发展，成为推动城市全民健身、树立城市形象、发展城市经济及城市文化的重要动力。随着世界定向运动的变革，定向运动及其魅力的展现和商业价值迅速提升，正吸引越来越多的人，推动定向运动大众化进程。

2016年5月，第一届“世界定向日”在全球约2000个城市同时举行，中国定向运动协会作为国际定联在中国的唯一官方代表，在全国范围内组织发起了“世界定向日，中国定向周”活动，北京、上海、内蒙古、广东、云南、山东等省（自治区、直辖市）都开展了多种多样的定向主题活动。

第三节　定向运动特点和价值

一、定向运动的特点

（一）运动性与智能性相结合

定向运动是一项体能和智能高度结合的益智类体育运动项目，属于一项复合型体育运动。它不仅包含了以人体运动方式为主要特征的走、跑、攀爬、跳跃等各种运动方式，同时要求参与者在运动过程中确定运动方向，合理规划运动路线，并以最短的时间完成全程比赛。这就要求参与者必须具备充沛的体能、灵敏的动作、协调的节奏、随机的变速等多种能力，同时在奔跑中要善于利用多学科的综合知识和技能，保持独立思考，分析、解决问题的能力，以及迅速反应、果断抉择的能力。

（二）知识性与趣味性相结合

参与定向运动不仅需要掌握地理学、数学、测绘学、军事地形学、逻辑学等多领域、多学科知识，同时还需要掌握定向地图知识、竞赛规则、图地对照、检查点捕捉等基本知识。定向运动的场地、环境、比赛形式及其运动方式，能激发人们利用所掌握的知识参与该运动的积极性和主动性，使参与者寓乐于体，增强活动的趣味性。快乐体育是从终身体育与个性和谐发展需要出发，让参与者体验定向运动的乐趣，以趣引思，知趣结合，从而激发参与者参加定向运动的自觉性与主动性。

（三）群众性与环境性相结合

定向运动自摆脱军事范畴，成为人们休闲娱乐的一种方式之后，以求生技能培养、全民健身活动、体育教学内容、休闲旅游项目等多种方式，吸引全世界无数的定向运动爱好者，不分男女老幼、种族背景、文化层次、社会地位等，只要喜欢都可以参与这项运动，并成为这项运动的“拥趸”。因此，定向运动是一项群众性的体育项目。

定向运动将自然肌理与定向运动地图有机结合，有效地继承和开发历史文化资源，促进文化和经济融合。比赛场地通常设在森林、山区、公园、植物园、风景区等区域，地形特征复杂多变，有山有水，能感受到建筑、艺术、文学、绘画等风俗文化，通过定向运动的形式，将传统与时尚、全民健身与文化旅游完美结合。

（四）竞技性与军事性相结合

定向运动是一项军事色彩浓厚的体育运动，是军事训练的重要项目和内容。军人除了具备坚定的政治信念、过硬的军事技术，还必须有健壮的体魄和丰富的知识，以及适应未来战场的技能、智能、勇气等相关综合素质。随着定向运动的深入普及和大力开展，定向运动对高校军事课识图用图教学改革起到了积极的推动作用。定向运动具有非常强烈的竞技色彩，竞技特点突出，因此定向运动结合军事因素的竞赛活动逐渐增多。

二、定向运动的价值

（一）健身价值

古人云：动则无疾。定向运动是在野外精神高度集中状态下持续地奔跑，对发展心肺适能和肌肉适能十分有效。同时，在复杂地形上，以走或跑的方式上下山坡、穿越丛林、跨越沟壑，也有助于提高参与者的灵敏和平衡能力，这些都会给参与者带来新鲜感及挑战自我的勇气，强烈刺激人的大脑及各种感官。经常参与定向运动，运用走、跑、跳跃、攀爬等运动形式，耐力、速度、力量、柔韧、灵敏等身体素质将会逐渐提高，身体对自然环境的适应能力和对疾病的抵抗能力将进一步增强，从而达到增进健康、增强体质的目的。

（二）益智价值

在学习和参与定向运动过程中，参与者需要逐渐了解和掌握数学、地理学、军事地形学、测绘学等方面的知识和技能。在定向运动过程中，参与者需要评估各种信息，迅速做出决策并到达目标，这对独立分析问题、解决问题的能力和应变能力具有较高的要求。在识图过程中，参与者需要把二维信息转换为三维立体的信息存储在大脑中，并且从大量的地图符号中高效搜索与方位导航、路线决策相关的信息，通过分析判断来选择最佳行进路线。定向运动中参与者智力的运用其实就是一个信息处理过程，表现在他们的思维、决策、规划和记忆上，定向运动作为大脑工作的“调和剂”，可以缓解大脑皮质思维中枢的疲劳，使头脑始终保持清醒。

（三）育德价值

“体者，载知识之车，寓道德之舍，无体便是无德智也。”体育的功能和意义超越了“强身健体”的目标，最终进入精神层面的构筑和文化层次的涵养，有着重要的德育意蕴和功能。由于定向运动比赛环境、活动形式的特殊性，在育德方面具有明显的独特性。定向运动比赛不能掺杂任何投机取巧的成分，每一个检查点的确定，每一次路线的规划与选择，每一次永不言弃的坚持，都会令成功与失败泾渭分明。只有发扬坚定、细致和诚实的精神才能顺利完成比赛并取得优异的运动成绩，遇到困难、挫折时，要坚定信念，不断鼓励、鞭策自己，顽强拼搏，发扬不达目的不罢休的精神。

（四）娱乐价值

定向运动从诞生之日起就被赋予了娱乐的特性。定向运动的娱乐功能包含两个方面：一是参加定向运动的过程本身就是一个娱乐的过程；二是定向运动能够娱悦观众，任何一场比赛都能带给观众娱悦的享受与欢乐。在全民健身背景下，定向运动与娱乐高度融合，以赛事、活动为载体，以现代传媒娱乐化包装为形式，以商业化运作为手段，通过喜闻乐见的形式及娱乐性的闯关任务逐渐被更多的人群所接受。娱乐元素的注入，为体育商业化注入了持续发展的动力。定向运动的娱乐价值是显著的，人们通过参加娱乐性的体育活动来放松，在体育活动中添加娱乐性的元素来满足精神需求，彰显个性，追求休闲健康的生活方式。在趣味性的体育活动中，最重要的不是竞技和成绩，而是娱乐和体验，这便是群众体育的意义和价值。

（五）社交价值

体育比赛既是一种竞技项目，又是一场交流活动。随着定向运动的发展，全国性赛事和国际性赛事逐渐丰富多彩，赛事规模不断扩大，比赛场次越来越多，竞赛形式呈现多样化，越来越多的人参与世界级、国家级大赛，在诚恳、谦虚、友好的环境中，能与不同肤色、不同职业、不同年龄、不同宗教信仰的定向运动爱好者进行技术交流与情感沟通，以一种延展、交互、多元的形式进行体育文化的交流与传播，增进友谊，积累丰富的社交知识和经验，从而提高社交能力。

（六）经济价值

随着定向运动的开展，它的功能被充分挖掘，定向运动相关产业及服务业越来越受到重视。定向运动的经济价值主要包括：定向运动产品的生产和销售，定向运动器材、设备销售与维护，定向运动赛事营销，定向运动市场推广，定向运动与体育旅游产品融合，定向运动对赞助商、广告业的吸引力，定向运动服务、推动全民健身运动的规模等。我国正处于定向运动发展初期，定向运动的社会价值和经济价值正在被挖掘。随着定向运动的大众化、娱乐化及我国经济快速、健康、持续发展，定向运动的经济价值将会进一步显现。

（七）团队价值

定向团队是一个由不同技术特点、体能和个性的人组成的高效沟通团队，他们具有共同目标。团队的成绩取决于每位成员及其能力组合而产生的乘积效应。一个有高度竞争力和战斗力的团队，必须具备团队精神。团队精神是大局意识、协作精神和服务精神的集中体现，参与者既可以通过在定向运动中充分发扬团队的精神和集体力量，互相配合、协作分工，取得比赛优胜，也可以在定向运动中通过各抒己见和决策，分享心得，交流经验，为既定的赛事目标而努力，从而促进专项竞技水平不断提高。

（八）观赏价值

所有的体育运动都有参与者与观众互动的环节，定向运动以其竞争性、艺术性、刺激性而极具观赏价值。运动员在行进中睿智择路，分秒必争；规划时运筹帷幄，细节决胜；寻点时跋山涉水，顽强坚持；团队成员巧妙配合，鼓励互助，这些展现了定向运动的精神内涵，同时场地的多样性、路线的多变性、名次的不确定性赋予了定向运动神秘的色彩，引起观众观看并为之震撼的激情。同时，不同竞赛形式的定向运动项目极大地满足了不同爱好、不同欣赏水平的观众需求。随着科技的发展，各种赛事实时播放，跟拍、航拍、GPS 技术的运用，使定向运动比赛具有了质的飞越。由于定向运动极具观赏价值，因此带动不少定向运动爱好者由了解、参与定向运动逐渐到热爱定向运动。

第四节 定向运动赛事

一、国际定联常设的比赛项目

（一）长距离赛

长距离赛一直是定向运动国际大赛的传统项目，主要在山地举办。男子直线 14.5km 左右，点标数量 23 个左右；女子直线距离 9km 左右，点标数量 15 个左右。根据比赛的地形、天气情况及赛事的级别，其数值有所区别。

（二）中距离赛

近年来，中距离赛已成为国际定联的正式比赛项目之一，主要在山地举办，也可在城市公园、旅游小镇或类似地形举办。男子直线距离 6km 左右，点标数量 25 个左右；女子直线距离 5km 左右，点标数量 17 个左右。根据比赛的地形、天气情况及赛事的级别，其数值也有所区别。

（三）短距离赛

短距离赛是国际定联的正式比赛项目之一，主要在城市公园、校园、居民小区、旅游小镇或类似地形举办。男子直线距离 3km 左右，点标数量 15 个左右；女子直线距离 2.7km 左右，点标数量 13 个左右。

二、世界定向大赛

（一）世界定向运动锦标赛（WOC）

世界定向运动锦标赛是由国际定联举办的最权威、比赛项目设计最全、竞争力最强的徒步定向赛事。1966 年芬兰举办了第一届比赛，每两年举办一届，自 2003 年开始改为每年举办一届。在项目设置上分为短距离赛、中距离赛、长距离赛和接力赛 4 个竞赛项目，只有 IOF 成员才可派队参赛。

（二）世界青年定向锦标赛（WJOC）

世界青年定向锦标赛为 20 岁及 20 岁以下青少年设置的比赛，赛事始于 1986 年，每年举办一届。

（三）世界大师定向运动锦标赛（WMOC）

世界大师定向运动锦标赛为 35 岁以上选手举办的比赛，赛事始于 1996 年，每年举办一届。

（四）世界杯定向运动赛（WCup）

该赛事始于 1983 年，每两年举办一届，2004 年以后改为每年举办一届。

（五）世界定向排位赛（WRE）

该赛事始于 1998 年，为各国家或地区协会提供举办高水平国际赛事的机会，提供积分。排位赛是在国际级也包括不少国家级赛事中开展的一种激励运动员全球性排名的赛事，按选手找到的点数统计，每个国家每年至少进行一次重新排名。排位赛必须严格执行 IOF 的竞赛规则。

（六）世界公园定向巡回赛（PWT）

该赛事始于 1996 年，每年举办一届。比赛在世界各地城市或公园举办，设置若干站、设总奖金及总排名，只有世界排名前 25 位的男女运动员才有资格参赛。PWT 的主要宗旨及目的就是使定向运动成为奥林匹克运动会的比赛项目。

（七）瑞典五日赛（O-Ringen）

瑞典五日赛是世界上规模最大的定向运动赛事和定向旅游节。比赛设计有 100 条路线，每年 7 月世界各国定向爱好者会相聚瑞典参赛。

（八）芬兰 24 小时定向接力赛（Jukola）

该赛事是世界规模最大的定向接力赛。在芬兰白昼地区持续比赛 24 小时。每年 6 月来自世界各地的 2000 多支队伍会到芬兰参赛。

（九）瑞典 10 公里夜间定向接力赛（Tio-mila）

该赛事是世界上最刺激的夜间定向接力比赛，每年 4 月下旬在瑞典举行。

（十）世界大学生定向锦标赛（Word University Orienteering Champion-ships）

该赛事始于 1978 年，每两年举办一届。

（十一）世界选标定向锦标赛（WTOC）

该锦标赛设精准定向赛、预决赛及接力赛 3 种形式。

（十二）世界军人运动会定向赛

该赛事是由国际军事体育理事会举办的世界性定向比赛，夏季为徒步定向，冬季为滑雪定向。

三、国内定向比赛

（一）全国大学生运动会定向运动比赛

这是我国最高级别的定向运动赛事之一，2004 年首次被列为正式的比赛项目。

（二）全国定向锦标赛

全国定向锦标赛是我国规模最大、影响力最大的高水平定向赛事。比赛始于 1994 年，每年举办一届。学校、户外俱乐部、测绘行业系统、部队、行业体协等单位都可参与。

（三）全国定向冠军赛

这是我国级别最高的定向运动赛事之一。只有在全国定向锦标赛上取得优秀成绩的运动员才有资格参加，参赛运动员水平最高，比赛设计难度最大，是中国定向运动协会选拔国家队队员的主要依据。赛事始于 2004 年，每年举办一届。

（四）全国学生定向锦标赛

这是我国教育系统规模最大的高水平定向赛事。赛事始于 2002 年，每年举办一届。

（五）全国城市定向系列赛

全国城市定向系列赛是在全国各城市举办的定向系列赛事，比赛始于 2002 年，不定期举办。

（六）全国定向越野挑战赛

全国定向越野挑战赛是以定向运动为主，结合各种户外运动项目，拓展开发的新型定向运动赛事。该赛事对运动员的综合素质要求较高，赛事观赏性强。

（七）其他赛事

随着定向运动的蓬勃发展，全国各省市举办的各种形式的定向运动赛事层出不穷。由中国定向运动协会主办的“寻找美丽中华”全国旅游城市定向赛每年都会选择不同时间、不同地区举办。“穗深港杯”（原名穗港杯）定向越野挑战赛始于1986年，由张晓威先生联合香港定向友人创立，是国内知名度最高、历史最悠久的定向赛事。南粤古驿道定向赛以“体育+效应”的理念，以地域性、生态性、包容性、体验性的赛事文化特征，不断推动体育与文化、旅游、环境整治领域、全民健身内容拓展的融合，吸引了37个国家和地区的运动员及爱好者前来参赛，让世界了解中国，了解广东，也让南粤古驿道与世界定向运动进一步实现深度融合。“穿越齐鲁”山东省徒步定向赛是由山东省无线电运动协会（现更名为山东省无线电和定向运动协会）于2019年打造的省级品牌运动赛事，主要选取古镇、古村落、森林公园、植物园、革命老区等风景名胜区，努力打造全民健身新名片，彰显“定向运动+旅游”的魅力。

课后练习与思考题

1. 从定向运动的起源与发展的角度，谈谈你对定向运动的理解。
2. 定向运动的特点和价值包括哪些内容?
3. 定向运动的四大类型是什么?
4. 国际定联常设的比赛项目有哪些?
5. 定向运动在我国的发展经历了哪四个时期?
6. 定向运动有哪些特征?

CHAPER 02 第二章

定向运动基本知识

内容导读

定向运动基本知识的掌握是参与定向运动的前提。定向地图和指北针是进行定向运动必须掌握的导航工具，通过本章的学习，理解定向地图的符号、色彩及其表现地形的原理，检查点说明符号及其意义。学习指北针的使用方法，能够有效提高定向地图和指北针的认知，提高识图和用图的能力及运用导航工具的能力。

第一节　定向运动地图

定向运动地图（简称定向地图）是按照一定的数学法则，借助符号系统，在基本地形图的基础上，突出反映地面上多种主题元素，表示与确定方位、选择路线、寻找目标和通视通行程度相关的地貌地物，按照定向运动制图规范和检查点说明国际规范要求，通过 OCAD 绘图软件绘制的用于教学、训练或比赛的专题地图。定向地图是定向运动中最重要的器材之一，一张高质量的定向地图是赛事成功的前提，同时也是开展定向运动的重要基础，它直接关系到比赛的安全性和公正性。因此，国际定联专门制定了《国际定向运动制图规范》。

定向地图一般由定向地图比例尺、地图符号、定向运动图例、磁北线、比赛线路和检查点说明表六大要素组成（图 2-1）。

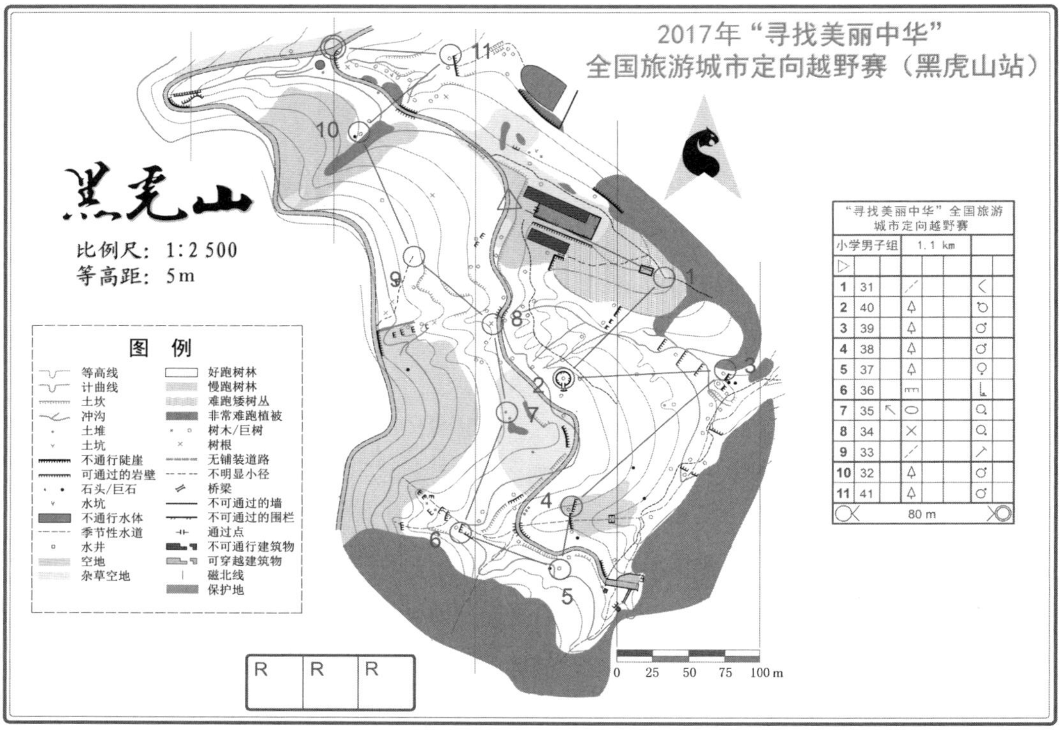

图 2-1　2017 年“寻找美丽中华”全国旅游城市定向赛（黑虎山站）地图

一、定向地图比例尺

比例尺是定向地图最重要的参数之一，要想在比赛中学会识别并有效地使用定向地图，必须先了解比例尺及其表示方法。

国际定联规定定向地图比例尺一般为 1∶15 000，教学和训练中经常使用 1∶2 500、1∶4 000、1∶5 000、1∶7 500 等不同比例尺的地图。1∶10 000 的地图一般用于接力赛和短距离比赛，也适用于 45 岁以上和 16 岁以下组别的定向赛事。

（一）比例尺的概念

比例尺也称缩尺，是指地图上某一线段长度与相应实地水平距离之比（式 2-1）。它可以表示地表现象的缩小程度。

$$地图比例尺=\frac{图上距离}{实地距离} \qquad （式 2-1）$$

若图上距离为 1cm，相对应的实地水平距离为 50m（5000cm），则这幅地图是将实地缩小 5000 倍进行绘制的，1 与 5000 之比是该幅地图的比例尺，这幅地图为 1∶5 000 的比例地图。

（二）比例尺的表示形式

比例尺的表示形式有数字比例尺、文字比例尺和直线比例尺 3 种。

（1）数字比例尺：用阿拉伯数字表示，是定向地图上使用最多的形式，例如，1∶2 500 或 1/2 500。

（2）文字比例尺：用文字注解的方式表示，例如，万分之一。

（3）直线比例尺：又称图示比例尺，用图形加注记的形式表示。为了方便参赛者在跑动中判读使用，一般在 2 条或 3 条磁北线之间进行标注（图 2–2）。

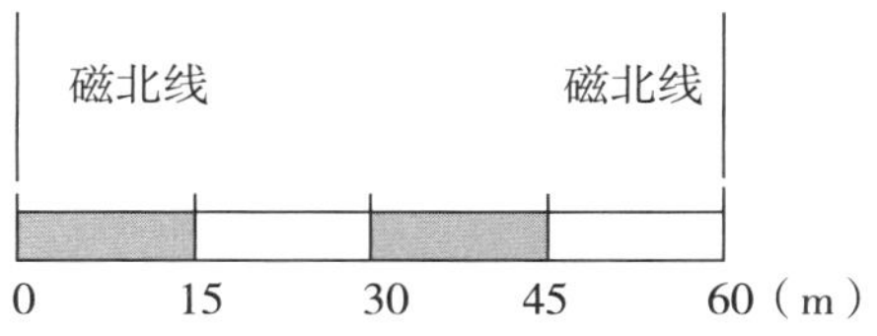

图 2–2　1∶1 500 图形比例尺

（三）比例尺的特点

根据使用定向地图的目的与要求，地图比例尺大小有所不同。比例尺的大小是按照比值大小进行衡量，因地图比例尺的分子是 1，所以比值的大小可依据比例尺的分母确定，分母小则比值大，比例尺就大；分母大则比值小，比例尺就小，例如，1∶5 000 大于 1∶10 000。

地图比例尺的大小决定了地图内容的详细程度和地图测量的精度。图幅面积相等的地图，比例尺越大，其图幅所概括的实地面积就越小，地图上所显示的实地地形内容就越详细；比例尺越小，其图幅所概括的实地面积就越大，地图上所显示的实地地形内容就越简略。图幅面积相等的地图，比例尺越大，图上测量的精度越高；比例尺越小，图上测量的精度就越低。

（四）图上距离的量算

1. 用直尺量读

使用指北针的厘米尺进行量读，要量取图上两点之间的长度（厘米数），然后乘该图比例尺的分母，即得出相应的水平距离，同时将结果换算成为米或千米（式 2–2）：

实地距离 = 图上长度 × 比例尺分母　　（式 2–2）

例如，在 1∶5 000 的定向地图上量取某两点之间的距离为 3cm（30mm），则实地水平距离为 30mm×5000 = 150000mm（150m）。

当量取弯曲线段两点间的距离时，可以分段量取，然后将各分段距离相加进行换算。例如，在1∶5 000的定向地图上分段量取一段小路（图2-3）的长度为5.5cm（55mm），55mm×5000=275000mm（275m）。

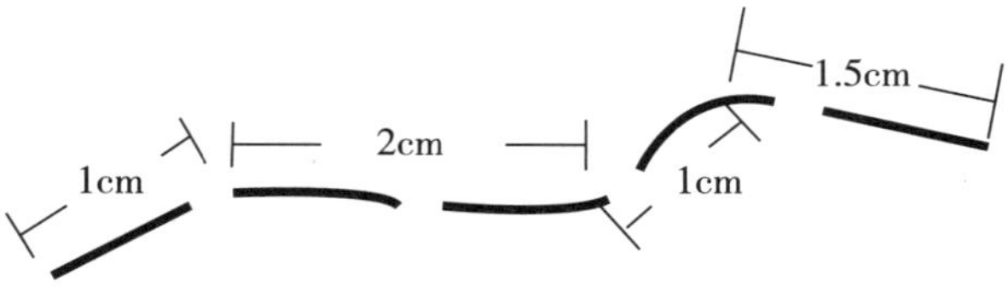

图2-3　路线分段量取

2. 利用图形比例尺和磁北线间距判读

为方便运动员在运动过程中进行距离换算，可以使用图形比例尺进行判读（图2-4），相邻两条磁北线的宽度一般为2~4cm，整张地图磁北线的间距是一致的。运动员通过图形比例尺进行量算，也可以借助磁北线的等分格与数值概略判读图上任意两点间的实地水平距离。

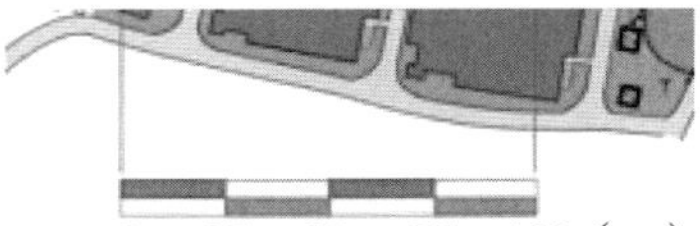

图2-4　图形比例尺与磁北线的组合

3. 用手量读

比赛中使用手指的（骨关节、指甲等）的宽度、厚度或长度等替代“厘米尺”，此方法虽然不够精准，但使用便捷，运动员需要提前对手指的相关部位进行测量，并反复练习，熟练掌握。

4. 估算法

估算法又称心算法，是定向运动比赛中最常用、最实用的方法，方便、快捷，要想准确地运用此方法，必须经过长时间的专门训练，此方法的缺点是存在一定的误差，不够精准。运用估算法时，需要具备两方面的能力。

（1）能够精确的目估距离，包括图上距离和实地距离。目测距离的误差尽量控制在5%以内。

（2）熟知几种常用比例尺与相应实地水平距离的对应关系，并熟练换算（表2-1）。

表2-1　几种常用比例尺与实地水平距离的换算

比例尺	图上距离	实际距离	图上距离	实际距离	图上距离	实际距离	图上距离	实际距离
1∶4 000	0.5mm	2m	1mm	4m	2mm	8m	5mm	20m
1∶5 000	0.5mm	2.5m	1mm	5m	2mm	10m	5mm	25m
1∶10 000	0.5mm	5m	1mm	10m	2mm	20m	5mm	50m
1∶15 000	0.5mm	7.5m	1mm	15m	2mm	30m	5mm	75m

二、地图符号

定向地图是由形状不同、大小不一、色彩有别的符号组成的。地图符号是运动员与定向地图对话的语言，是运动员获取现地地形信息主要的、唯一的依据。它不仅具有确定客观事物的空间位置、分布特点，以及数量、质量特征的基本功能，还具有互相联系、共同表达地理环境诸多要素总体特征的特殊功能。因此，完整、准确地识别地图符号是使用地图的前提。

（一）定向地图的颜色

定向地图由棕色、黑色、灰色、蓝色、绿色、黄色、白色、紫色 8 种颜色组成，除紫色外的 7 种颜色用于表达地理要素和技术符号，这 7 种颜色与各类符号组合即可表达出复杂的地物和微小地貌，紫色用于表达线路。需要注意的是，在定向地图中，地理要素分布区域中的白色部分表示植被符号“易跑树林”。

（二）符号的分类与颜色

定向地图需要完整地表示地貌、水系、建筑物、道路、植被和境界六大地图要素。

1. 地貌

地貌类符号用棕色表示（图 2-5）。这类符号中包括表示地面详细形态的专门符号，如冲沟、土墙、小丘、破碎地面等。识读定向地图，必须熟练掌握地貌符号的特征和作用，它是影响读图和路线选择的关键因素。

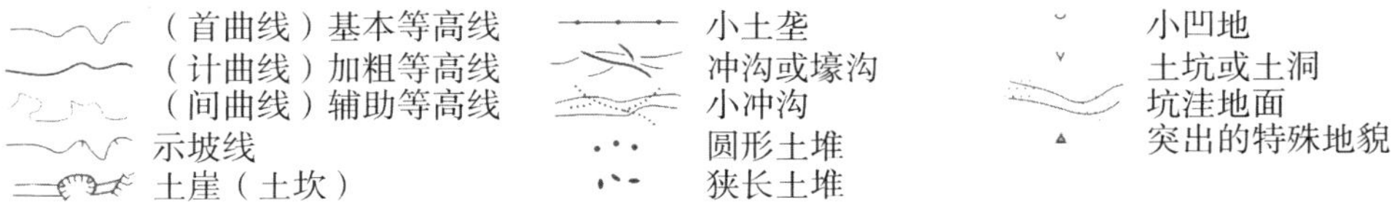

图 2-5　地貌符号

2. 岩石与石块

岩石和石块类符号用黑色和灰色表示（图 2-6）。岩石与石块是地貌的特殊形式。它们既可以直观地反映该区域可奔跑的情况，又可以为运动员读图和确定站立点提供帮助。

图 2-6　岩石与石块符号

3. 水系与沼泽（湿地、淤泥地）

水系和沼泽类符号用蓝色表示（图 2-7）。这类符号包括所有的露天明水系，当伴有水生或沼泽生的植物时，可与相应的植被符号配合表示。

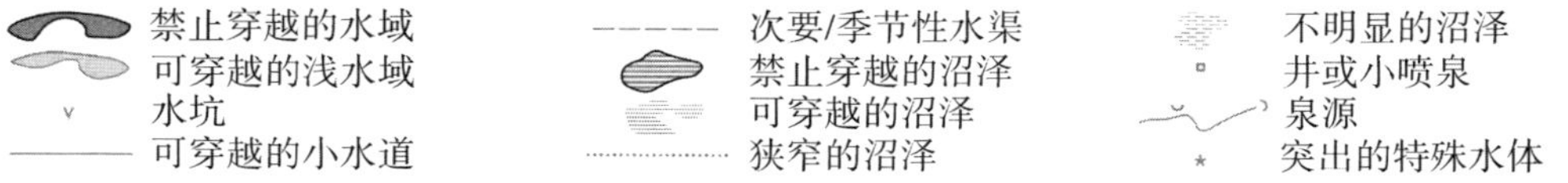

图 2-7　水系与沼泽符号

4. 植被

植被类符号用白色、黄色和绿色表示（图 2-8）。由于植被能直接影响运动员的运动速度及通视程度，因此对植被进行了详细区分。

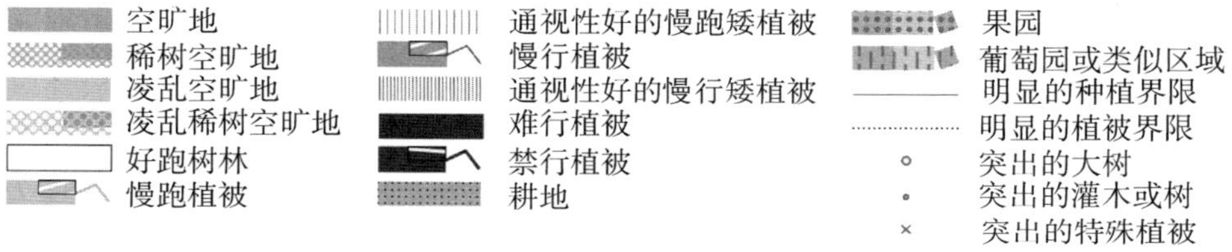

图 2-8　植被符号

5. 人工地物

人工地物类符号用黑色和用于显示范围的浅棕色、橄榄绿等颜色表示（图 2-9）。人造特征物和由人类活动造成的特征物在野外非常醒目，可以作为导航定位使用。

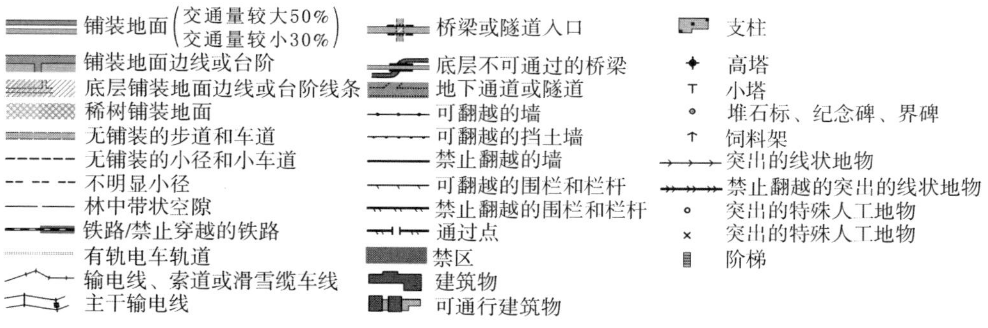

图 2-9　人工地物符号

6. 技术符号

技术符号用黑色和蓝色表示（图 2-10）。技术符号在所有类

图 2-10　技术符号

型的地图上都是重点内容。

7. 线路设计符号

线路设计符号用紫色表示（图 2-11）。这类符号用于表达比赛线路及其各路段上的通行、障碍、危险、保障等情况。

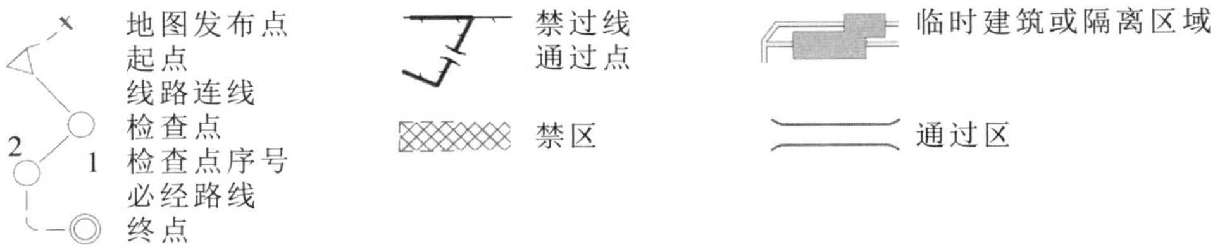

图 2-11　线路设计符号

（三）符号的图形特点

1. 点状符号（不依比例尺符号）

点状符号表示实地中面积虽小但必须表示出来的对定向运动具有重要方位参照意义的独立地物，如坟墓、石块、小型塔状物、山洞等，此类符号在地图上的长与宽都不能依比例尺表示，只能用规定的符号以夸大的形式进行表示，因此只能表示特征物的性质、定位和分类等级等，如石块和巨石、丘和小丘。实地中，特征物的具体位置在点状符号的中心（或重心）位置（图 2-12）。

在定向运动中，由于点状符号表达的位置准确、突出、明显，更有利于运动员在比赛过程中概略定向和精确定向等技术的运用，因此它比线状符号和面状符号具有更重要的参照作用。

符号举例	定位点	位置
•　○　×　✦	符号的中心	⊙
↑　T　◡　V	符号的重心	◡·

图 2-12　符号的准确位置（定位点）

2. 线状符号（半依比例尺符号）

线状符号表示实地呈带状或线状延伸的地物，如道路、输电线、河流、围墙、栅栏等，符号的长度是按照比例尺缩放绘制的，而宽度则不是，因此线状符号为半依比例尺符号。线状符号以不同的颜色、线型和长度表示线状特征物的宽度等级、高度等级和深度等级等属性，体现特征物的易跑性和可通过性的程度。线状地物的转弯点、交叉点和交会点可供组织者设置检查点，也可帮助运动员在比赛过程中确定站立点。

3. 面状符号（全依比例尺符号）

面状符号表示的实地面积通常较大，用于表示实地的面状特征，如树林、湖泊、湿地、耕地、禁区等，这类符号的轮廓线与实地地物的轮廓相似，表示地物的分布位置、形状和大小，依比例尺量取实地的长、宽，计算面积。面状符号以颜色或颜色与图案的组合表示特征物的具体位置、分布范围、外部轮廓及属性等，体现特征物的易跑性和通视性程度。面状地物的转折点可为组织者设置检查点，也可为运动员在比赛过程中确定站立点使用。

（四）符号识别注意事项

1. 图形相同，颜色定性

在定向地图上，对于属性相近的一组地物，通常只设定一个基本符号。使用不同的颜色对这些符号进行分类，以免混淆（图 2-13）。在识别这类符号时，一定要认清符号的颜色与对应地物的特征。因此，在定向教学或训练时，应尽量避免使用单色地图。

符号	名称	颜色
	水坑	蓝色
	岩坑	黑色
	土坑	棕色
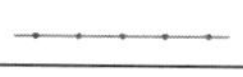	小土垄	棕色
	可翻越的墙	黑色
	泉源	蓝色
	小凹地	棕色

图 2-13　图形相同的符号

2. 符号相似，表意不同

在定向地图上，为表示某些同类型地物之间的差别，一般只将它们的基本符号稍作改变、调整方向或改变颜色（图 2-14）。在认识这些符号时，要仔细甄别。

符号	名称	颜色
	禁止翻越的石崖	黑色
	可翻越的石崖	黑色
	可翻越的围栏或栏杆	黑色
	禁止翻越的围栏或栏杆	黑色
	岩坑	黑色
	山洞	黑色

图 2-14　符号的细微差别

3. 同类地物，综合取舍

在定向地图上，为表示同类地物的性质和范围，并不需要表示其个数和准确位置，就通过取舍的方法表示这类地物的特征，如碎石地，因石头太多而无法在图上尽数表示，可以使用两个以上石头的符号随机排列在地图对应的区域（图 2–15）。在识别该类符号时一定要注意符号分布的疏密程度，因为符号分布密度表示易跑性的程度。

符号	名称	含义
	石块地	许多石块
	杂草地果园	许多果树
	单向步行难行林	西北—东南可步行

图 2–15　符号的排列组合

4. 条件转化，符号有别

在定向地图上，某些符号的性质相同，但是当其长度、宽度、高度或直径不同时，图形特点会在一定条件下互相转化。此类符号在地图上有明显区别，但在实地中就不容易看出它们的区别，如一条河，如果其宽度较大，则需要使用面状符号表示；如果其宽度较小，在地图上则使用线状符号表示（图 2–16）。

地形类别	转化条件	符号及其名称	符号特点
水体	现地直径大于10m	 禁止穿越的水域	面状符号
	现地直径小于10m	 水坑	点状符号
地貌	深1m以上	 冲沟或壕沟	线状符号
	深0.5~1m（不含）	 小冲沟	点状线形

图 2–16　符号图形的转化

三、定向运动图例

定向运动图例（图 2–17）是定向地图的重要内容，可以帮助运动员加强对地形、地貌符号的理解，同时可以帮助运动员快速读图、精确定向。图例是根据 IOF 颁布的制图规范进行绘制的，是定向地图“通用的国际语言”，其表示原则包括以下两个方面。

（1）高级别赛事或活动的定向地图上可以省略图例，但应列出非规范的特殊符号图例，并详细命名。

（2）低级别赛事、一般赛事或活动的定向地图上可以制作完整图例。定向地图上出现的地形、地貌符号在图例中必须有所体现，没有出现的可以不体现。

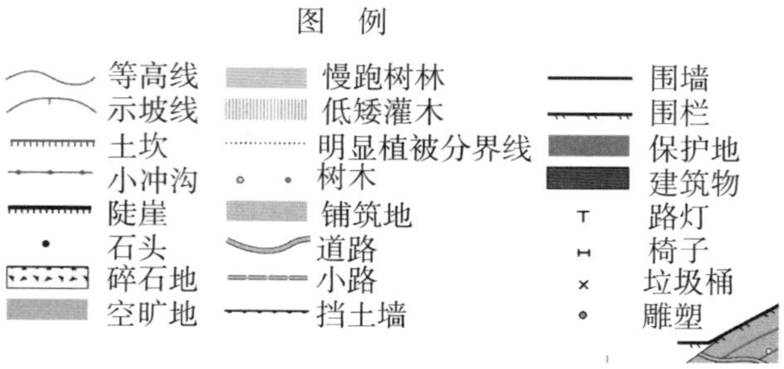

图 2-17　定向运动图例

四、磁北线

磁北线又称 MN 线，是定向地图上表示地磁的方向线。它的主要作用是标定地图的方向，确定寻找目标的方位，还可以用于概略判读比赛路线的方向和距离。磁北线在地图上以等距、垂直表示，相邻两根磁北线之间的距离为 2~4cm。除遇到重要特征物可局部中断外，磁北线在地图上必须为南北方向贯通整个赛区。

五、比赛线路

一条完整的定向运动线路是由一个起点、若干个检查点和一个终点组成的（图 2-18）。起点、检查点、终点按顺序以直线连接。为保证不遮挡地图上重要的特征信息，连线可以部分断开或稍微改变方向。当地图发布点和起点不在一起时，可以使用必经线路导向出发点。

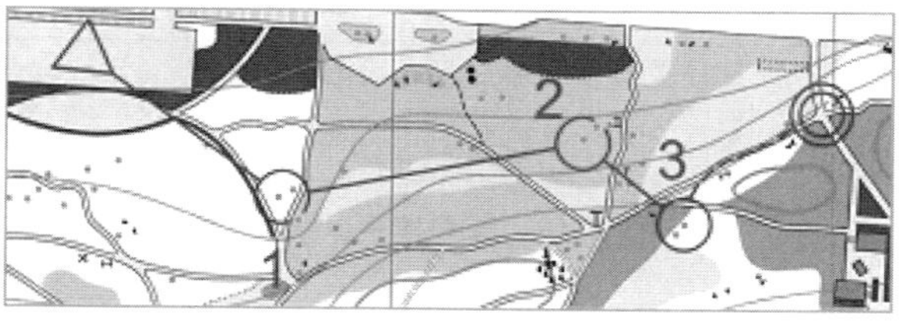

图 2-18　比赛线路

起点是一个边长为 7mm 的等边三角形，三角形的一顶点要指向并连接第一个检查点。检查点为直径 6mm 的单圆圈，检查点要依次编码，检查点编码采用大于 30 的阿拉伯数字，避免使用 66、68、69 等容易颠倒混淆的数字。检查点圆圈的中心位置表示检查点的精确位置。如果检查点圆圈遮挡了细部特征，则可以剪断圆圈的局部，以保证地图细部特征完整，使运动员能够有效读图。检查点序号不能遮挡地图上的重要信息，可以在检查点四周地物相对较少的位置设置检查点序号。必经路线是为了加强比赛的观赏性及赛事宣传，同时为了引导运动员行进路线而设定的“规定”线路。运动员不按必经线路行进，将被取消比赛成绩。终点为内圈直径 5mm、外圈直径 7mm 的双圆圈。

六、检查点说明表

检查点说明表的目的是为定向地图上的检查点特征提供精确的描述，并指明检查点特征的位置，从而帮助运动员更好地观察控制点。检查点说明表由检查点说明符号组成，目的是准确布设检查点和快速寻找检查点，同时帮助运动员提高识图、用图能力，以及提高对特征物的正确理解能力和判断能力。

（一）检查点说明表的要求

（1）检查点说明的符号尺寸在任何一张定向地图上都是一致的。

（2）寻找检查点主要靠运动员的识图、用图能力，检查点说明只具有辅助作用。

（3）不能使用检查点说明纠正定向地图绘制造成的错误。

（4）定向运动初学者在使用检查点说明时，可以使用文字式的检查点说明，加强其对检查点位置的理解。

（5）高水平的定向运动赛事，检查点说明表可以单独提供。

（二）检查点说明表的结构与内容

完整定向运动线路的检查点说明表应包括表头、表体和表尾 3 个部分。

1. 表头部分

表头部分一般有 2~3 行，包括赛事或活动名称、组别名称、线路编码、线路长度（单位为 km，精确到 0. 1km）及爬高量（单位为 m，精确到 5m）（表 2-19）。

图 2-19　检查点表头信息

2. 表体部分

表体部分主要包含起点位置行和检查点说明行两大部分。从起点开始依次对各检查点进行详细说明。IOF 对检查点说明有严格规定，必须按照 A~H 列的要求将检查点信息填入相应方格中。为了方便运动员快速阅读，每隔 3 行 3 列要加粗一条框线，每条加粗列（竖）线右侧的内容是线路表述的重点信息（图 2-20）。

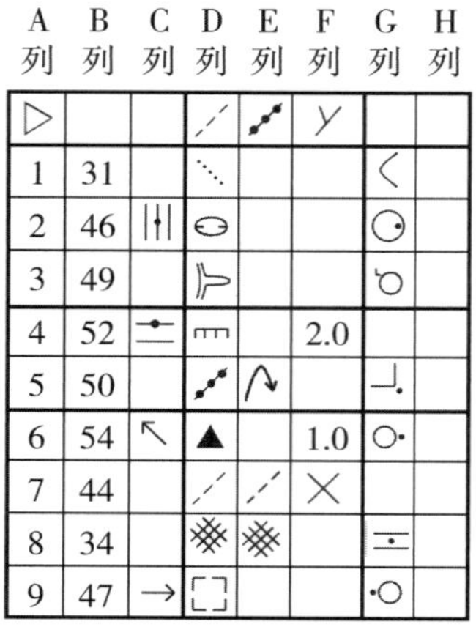

图 2-20　检查点表体信息

A 列：检查点序号。检查点序号与地图线路序号一致，积分赛除外。

B 列：检查点编码。应为大于 30 的数字，禁止使用 66、68、69 等容易混淆的数字。

C 列：哪个特征物。这列符号只有在需要时才会使用，当相似地物在地图上非常接近而无法分清时，此列符号以指明检查点放置在几个相似地物中的哪一个上（图 2-21）。

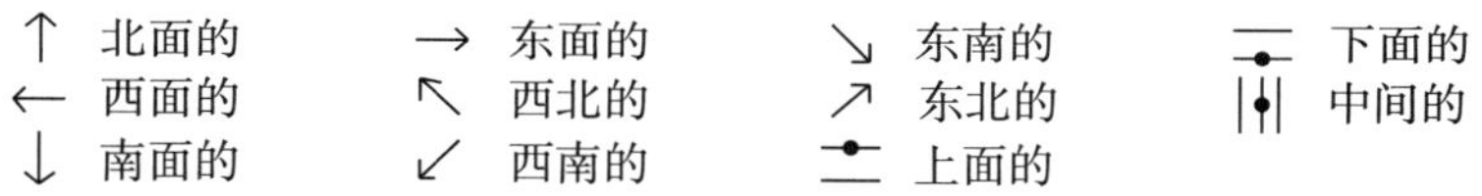

图 2-21　C 列：哪个特征物

D 列：检查点所在地物。这列表示放置检查点的地物。如果有第 2 个地物（跨接、连接、之间），则必须放在 E 列中。不允许在 D 列中放置两个图标。

D-1 地貌符号如图 2-22 所示。

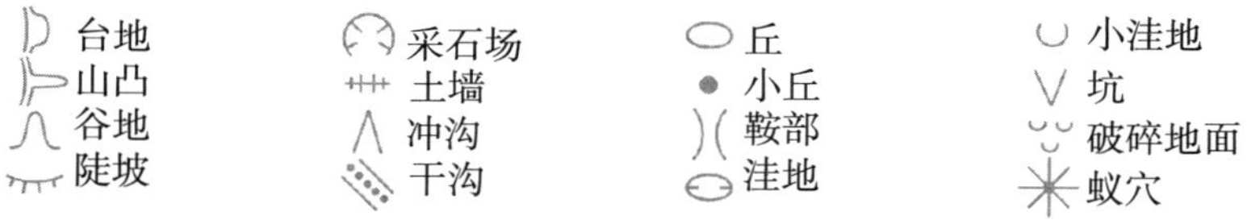

图 2-22　D-1 地貌符号

D-2 岩石与巨石符号如图 2-23 所示。

图 2-23　D-2 岩石与巨石符号

D-3 水和沼泽符号如图 2-24 所示。

图 2-24 D-3 水和沼泽符号

D-4 植被符号如图 2-25 所示。

图 2-25 D-4 植被符号

D-5 人造地物符号如图 2-26 所示。

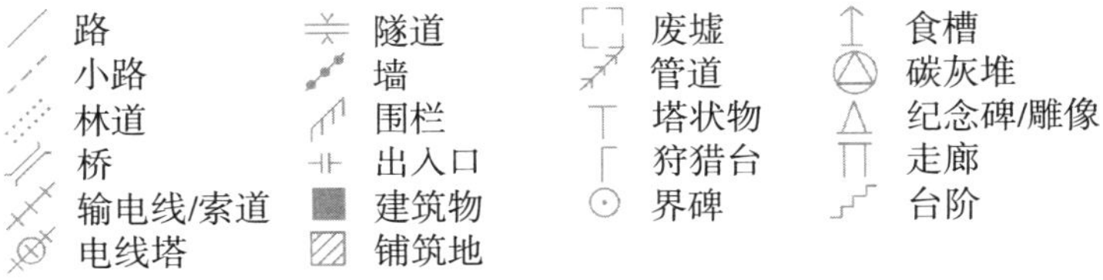

图 2-26 D-5 人造地物符号

D-6 突出/特殊地物符号如图 2-27 所示。

图 2-27 D-6 突出/特殊地物符号

E 列：外观。当需要增加地图的清晰度时，可以使用这些符号，以便让参与者更好地观察控制点（图 2-28）。

图 2-28 E 列：外观

F 列：特征物大小。当地图上的检查点特征以不依比例尺的符号描绘时，应该给出检查点特征的大小。

F-1 外形尺寸符号如图 2-29 所示。

2 高度或深度　　8×4 大小尺寸

0.5/3 坡地上的高度　　$\frac{2}{3}$ 两个特征的高度

图 2-29　F-1 外形尺寸符号

F-2 组合符号如图 2-30 所示。

× 交叉　　Y 交汇

图 2-30　F-2 组合符号

当在 F 列中使用这些符号中的任何一个时，交叉或交汇的两个地物须显示在 D 列和 E 列中（图 2-31）。

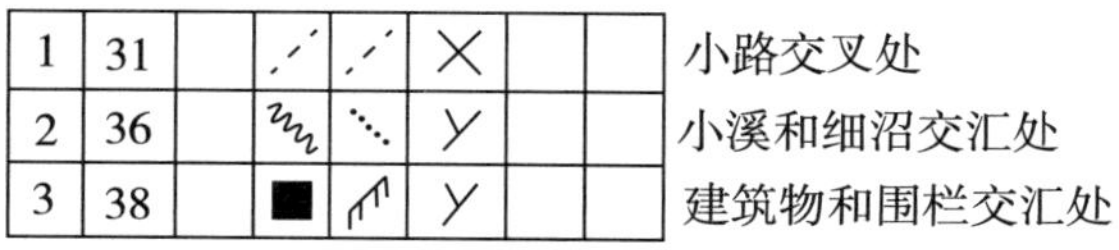

图 2-31　组合

G 列：点标旗的位置。如果点标旗位于地物的中心或者尽可能靠近地物的中心（如陡崖的脚的中心），则不需要符号来描述点标旗与地物的位置关系（图 2-32）。

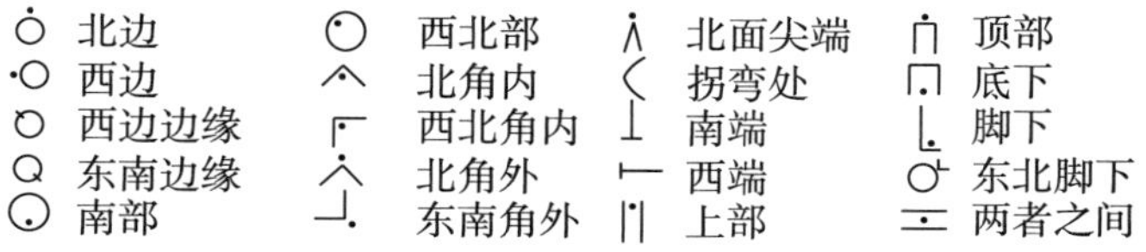

图 2-32　G 列：点标旗位置

当 G 列中使用“两者之间”符号时，控制介于两者之间的两个地物必须在 D 列和 E 列中单独显示（图 2-33）。

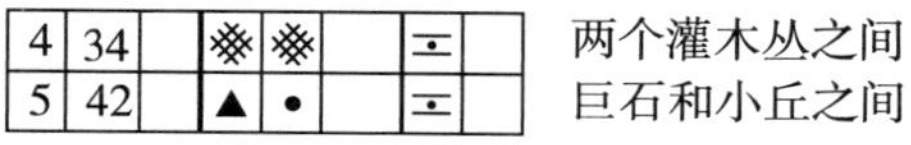

图 2-33　“两者之间”符号使用方法

H 列：其他信息。提供对参赛者可能具有重要意义的一些信息，如广播站、水站等（图 2-34）。

图 2-34　其他信息

规定路线说明插在检查点说明之间，提供某一检查点后必经路线的性质的特别说明或规定必须通过的通道（图 2-35）。

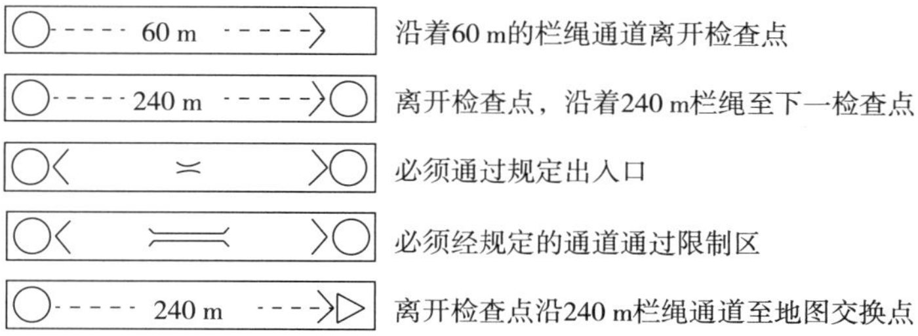

图 2-35　规定路线说明

3. 表尾部分

表尾部分是最后一个检查点到终点的情况，包括最后一点至终点的线路长度及类型，是否有必经线路及两点之间是否有栏绳等（图 2-36）。

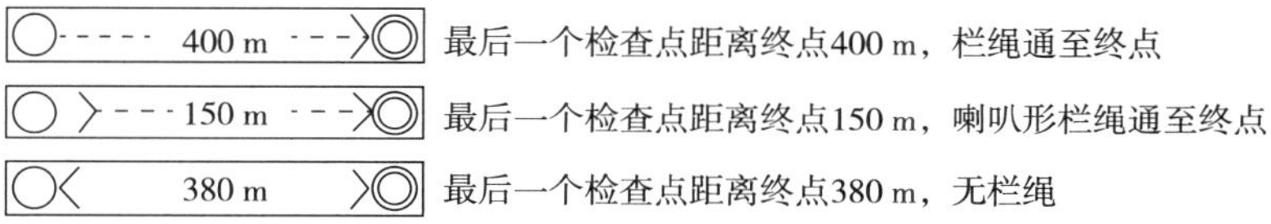

图 2-36　表尾部分

（三）检查点示例说明

检查点示例说明如图 2-37 所示。

地图	地形	检查点说明表	文字说明
		1 31	台地的西部
		2 32	谷地的上部
		3 33	菜石场的东部
		4 34 1	高1 m的丘的东脚下
		5 35 1 1.5	在高1 m和高1.5 m的两个石块之间
		6 36 2	东南高2 m的石头的东边
		7 37 y	小溪交汇处

图 2-37　检查点示例说明

（注：本示例根据国际定联《检查点说明》描绘。）

第二节　定向运动指北针

指北针是定向运动比赛中运动员唯一可以使用的合法工具，它与定向地图配合使用能起到辨别和确定运动方向、确定检查点方位的作用。在定向运动中，指北针起辅助作用，过分依赖指北针往往会影响运动员行进速度及比赛成绩。

一、定向运动指北针的类型

定向运动中最常见的指北针类型包括刻度指北针（图 2-38A）、拇指指北针（图 2-38B）和拇指刻度指北针（图 2-38C）3 种类型。每种类型指北针又分为专业的竞技型指北针和简易的教学型指北针。

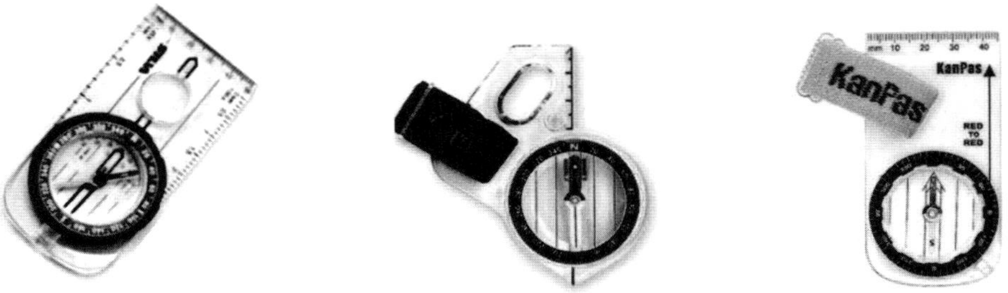

（A）刻度指北针　（B）拇指指北针　（C）拇指刻度指北针

图 2-38　定向运动指北针

二、定向运动指北针的结构

指北针主要由透明的基板、磁针盒和刻度盘组成（图 2-39）。指北针以东（East，简写 E）、南（South，简写 S）、西（West，简写 W）及北（North，简写 N）四个方位来表示方向。基板上刻有前进方向箭头，指示目标方位，磁针盒底部刻有磁北标定线。磁针盒里装有阻尼液，防止磁针转动过快并起到稳定磁针的作用。有的磁针上涂有夜光剂，便于在夜晚使用。

图 2-39　刻度指北针结构示意图

三、指北针的使用方法

（一）指北针的握持方法

1. 刻度指北针的握持方法

左手握持指北针，读图时，水平握持指北针于身体前方正中位置，与胸或腰齐平，手腕自然放松，不要弯曲，保持指北针的前进方向箭头与身体正中线平行，且指向身体正前方。

2. 拇指指北针的握持方法

在实际比赛中，最实用的指北针就是拇指指北针。将指北针戴在左手拇指上，并用左手持图。读图时，用拇指指北针前端右侧顶角压在地图上站立点的后面，水平持图于身体正前方，高度与腰或胸齐平，前进的方向箭头应与身体正中线平行并指向目标点。

（二）定向运动指北针的使用

1. 地图测绘

定向运动指北针是制图员进行定向地图测绘的必备工具之一。制图员可以借助指北针进行磁北线测量、运用后方交会法，长基板的刻度指北针是定向制图员的首选。

2. 标定地图

第一步：将地图和指北针置于水平状态下使用，指北针基板上的前进方向箭头朝向地图上方，指北针基板与地图的磁北线平行。

第二步：地图和指北针在胸前正前方使用，转动身体，直至指北针的磁针与磁北线平行且磁针红端（北端）与磁北方向一致时，地图即被标定。

3. 确定或校正前进方向

第一步：将地图和指北针在胸前水平放置，使指北针基板上的前进方向线将目前站立点与目标点的中心连成一条直线，目标点在前，站立点在后。

第二步：转动身体，使指北针与地图水平转动，直至指北针的红色指针指向北方且与地图的磁北线完全平行。

上述步骤完成后，指北针基板上的前进方向箭头所指的方向就是目标点的方向，即行进的正确方向。

（三）确定站立点

在比赛过程中，尤其是野外环境，运动员很容易迷失自己的站立点，在这种情况下，首先应保持冷静，充分运用“确定站立点”的各种技术和方法进行站立点的确定。如果所在野外环境地物特征较少，则可以使用定向运动指北针利用“后方交会法”的技术进行站立点的确定。

（四）磁方位角量测

磁方位角是定向运动中的一个重要参数，对方位的确定具有重要作用。

1. 磁方位角的概念

定向地图是以磁北为起始方向，因此所用的方位角为磁方位角。磁方位角指从某点的磁北方向线北端起，顺时针转至目标方向线间的水平夹角。角度数值变化范围为0°~360°（图2-40）。

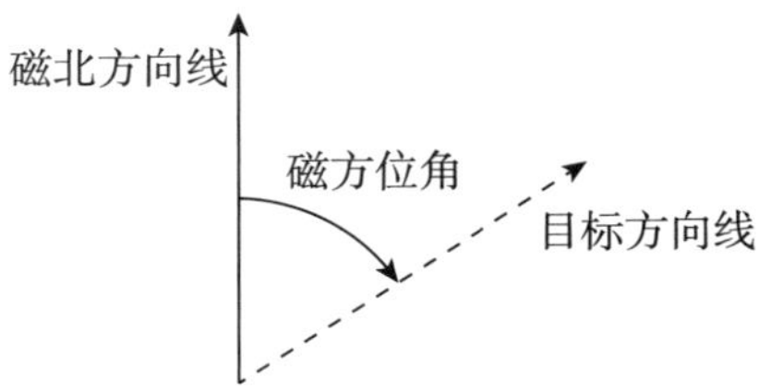

图2-40　磁方位角

2. 原理

指北针的分度盘刻有360°的角度数值，每小格为2°，将0°刻线与指北针的北端（红端）对正，90°处为东（E），180°处为南（S），270°处为西（W），根据磁方位角的原理，我们可以在地图上或实地中量测出站立点至目标点的准确方向。

3. 地图上量测磁方位角

（1）标定地图：用前进方向箭头朝向地图上方，指北针直尺边切合磁北线；转动地图，使磁针北端对正指标（读数线）（图2-41A）。

（2）磁方位角量测：将直尺边切于站立点（第9检查点）至目标点（第10检查点）的连线，前进方向箭头朝向目标方向。转动分度盘，使定向箭头与磁针重合。读取度数（图2-41B）。

（A）第一步：标定地图　　（B）第二步：磁方位角量测

图2-41　图上量度磁方位角

4. 在实地量测磁方位角

将指北针握于胸前，用指北针中间的照准线对准目标，然后转动分度盘，使定向箭头与磁针重合，读取度数。

四、使用指北针的注意事项

比赛前，要对指北针进行认真检查，检验指北针的灵敏性及准确性，保证指北针性能良好。可以使用钢铁属性物体多次干扰磁针，若磁针每次都能迅速摆动并停止于同一位置，则表明磁针灵敏；反之则说明该指北针已损毁，不能用于比赛。

比赛过程中，指北针尽量保证水平放置在胸前位置。使用指北针时要远离手表、手机等带有电流、铁质、磁性的物体。准确判读指北针的“S”端和“N”端，避免混淆而造成方向误判。

比赛结束后，指北针在存放时应避开电磁效应强及阳光暴晒的地方。

课后练习与思考题

1. 如何理解并记忆定向运动图例？
2. 初学者要注意区分图例符号和检查点符号，它们之间有什么不同？
3. 在校园或野外环境中练习指北针的使用方法。
4. 定向地图中的危险区域符号及禁止通行符号有哪些？
5. 认真区分定向运动图例中形状相同但颜色不同的符号及其含义。
6. 检查点说明表包括哪几个部分？
7. 根据检查点说明对下列检查点进行文字说明。

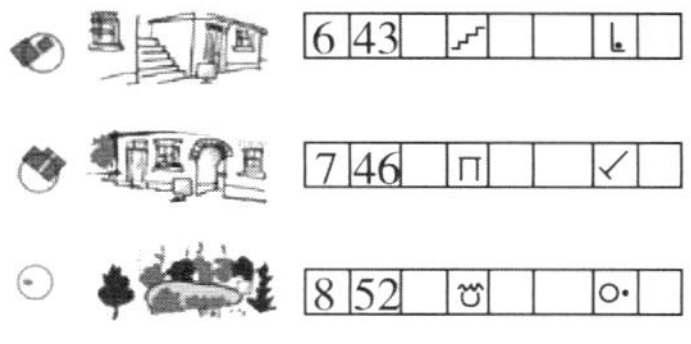

文字说明：＿＿＿＿＿＿

文字说明：＿＿＿＿＿＿

文字说明：＿＿＿＿＿＿

（注：本示例根据国际定联《检查点说明》进行描绘。）

CHAPER 03 第三章

定向运动基本技术

内容导读

定向运动属于多元变异组合项目类型的运动，根据赛场的实时变化选择针对性的技术进行竞赛。定向运动技能不是单一的技术体现，需要综合、灵活运用，保证各项技能的连贯性和一致性。通过本章的学习，掌握读图、定位与定向、路线选择、快速行进、检查点捕捉、越野跑等技术，以形成完整的定向技术“动作链”。

定向运动技术是参赛者进行定向运动所用的各种方法，科学合理地运用各种定向运动技术是参赛者取得比赛胜利的基础，是快速、经济且准确地实现定向运动竞赛目标的活动方式。

第一节　读图技术

读图是将二维的平面地图通过心理过程在大脑中视觉化形成立体的三维图形，并与实地进行对照的认知过程。准确的读图技术在定向运动中至关重要。

一、地貌判读

地貌判读是识图、用图的重要内容。地貌判读要从定向地图上识别出各种地貌的形态特征，并依据个人能力及技战术水平，达到快速行进的目的。

等高线是目前世界上公认的最好的地貌表示方法，掌握等高线表示地貌的原理和特点，就有了判读地貌的基础。因此，熟练地应用等高线图形理解地貌是非常重要的。

（一）等高线识别

地貌是指地表的高低起伏状态，如山地、凹地、平地、谷地等，其中也包括一些附属于它的地物，如小丘、冲沟、土崖等。

等高线法是现代地形图表示地貌的主要方法，虽然缺乏立体效果，但能科学地反映地面起伏形态及其特征，准确地量测地面点的高程和坡度，判断山脉走向、地貌类型及微型地貌特征，是目前在军事上主要使用的地图表示法。使用等高线进行地貌识别是从事定向运动的基础。要想充分利用等高线在定向地图上表示地貌及识别定向地图上的地貌，必须先了解并掌握等高线显示地貌的方法和运用等高线研究地貌的方法。

1. 等高线表示地貌的基本原理

等高线是按照高程进行绘制的。等高线是地面上高程相等的点连成的闭合曲线。按照“平截法”将一座山从底部到山顶按相同的高程，用一层一层的水平面横截，则山的表面与水平面相交得到一组曲线，将这组曲线垂直投影到地平面上，得到一圈一圈的曲线，因为每条曲线上的高度恒等，所以将这些曲线叫作等高线（图 3-1）。

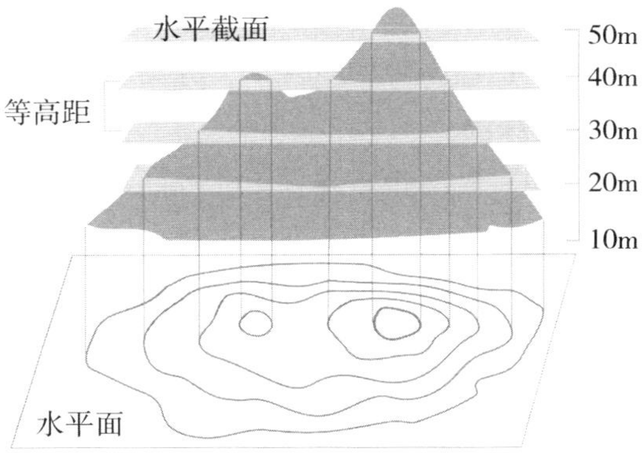

图 3-1　等高线

2. 等高线的种类

定向地图的等高线按其作用不同分为首曲线、间曲线及计曲线 3 种（图 3-2）。

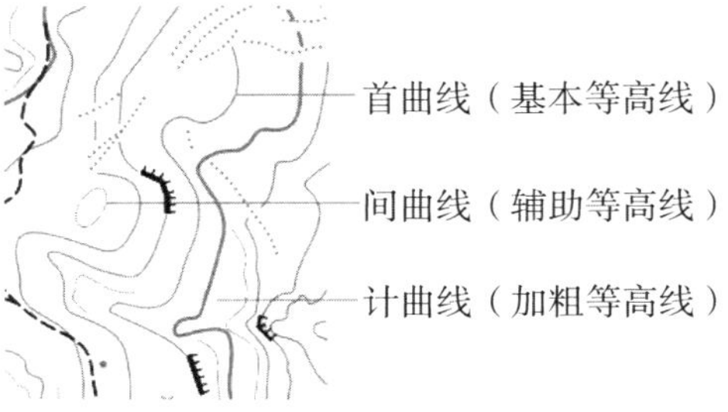

图 3-2　等高线的种类

（1）首曲线（基本等高线）：按基本等高距测绘的等高线，一般用棕色细实线

(0.14mm) 描绘，是表示地貌状态的主要等高线。

（2）间曲线（辅助等高线）：当基本等高线不能显示某些局部地貌时，按二分之一等高距描绘的等高线，一般用棕色细长虚线（0.1mm）描绘，只在局部地区使用，可不闭合，但应对称。

（3）计曲线（加粗等高线）：为了便于判读等高线的高程，自高程起算面开始，每隔4条首曲线加粗描绘的一条等高线。一般用棕色粗实线（0.25mm）描绘。计曲线是辨认、判读等高线高程的依据。

3. 等高线显示地貌基本特征

等高线是地面等高线的水平投影按比例缩小的，因此定向地图中的等高线与实地地形有一定关系，它描绘出地貌的水平轮廓和地貌的起伏特征。等高线以其疏密（平距）变化，反映实地地形的垂直轮廓（坡度变化），其特点如下。

（1）等高线为闭合曲线，在同一幅地图内，除悬崖外，不同高程的等高线不能相交。同一条等高线各点的高度相等。

（2）在同一幅地图上或同一等高距的条件下，等高线越多则山越高，等高线越少则山越低；凹地的等高线表示深浅。

（3）在同一幅地图上或同一等高距的条件下，等高线间隔小，实地坡度陡；等高线间隔大，实地坡度缓。

（4）图上等高线的弯曲形状与相应的实地地貌相似。

4. 示坡线

示坡线也称降坡线。示坡线是垂直于等高线的短线，用于指示斜坡降低的方向（图3-3）。示坡线通常绘在有特征的弯曲线段上（如山顶、鞍部或凹地底部）或在读图困难、有必要表明下坡方向的地方。与等高线相连的一端指向上坡方向，另一端指向下坡方向。在定向地图中，只有在表示较大洼地、丘及坡向易混淆的情况下使用。

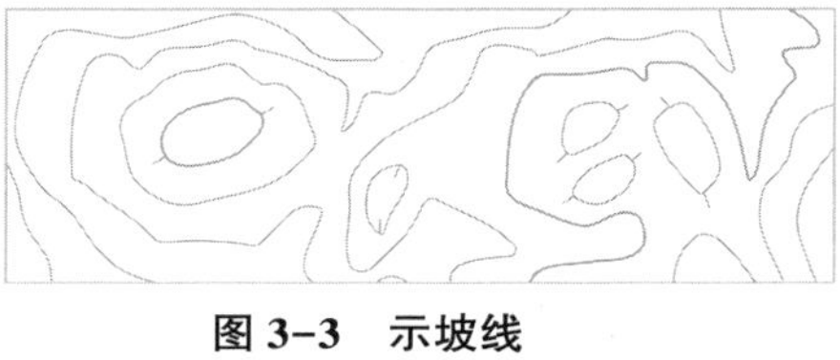

图3-3 示坡线

5. 等高距

等高距也称相对高度，指地形图上相邻两条等高线的高程差（图3-4）。地貌表示的详略程度取决于等高距的大小。等高距越大，则等高线越少，地貌表示就越概略；等高距越小，则等高线越多，地貌表示就越详细。定向地图的基本等高距一般为5m，在相对平坦的地形上，可以使用2m、2.5m的等高距；较陡的地形上也可采用10m的等高距。同一幅定向地图只能使用一种等高距，微地貌可用间曲线表示。等高距宜使用整数，信息必须标注在地图的显著位置上，醒目、清晰。

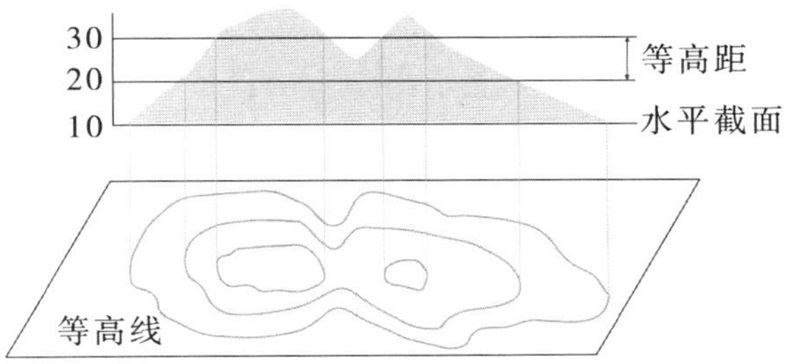

（A）10m 等高距显示地貌

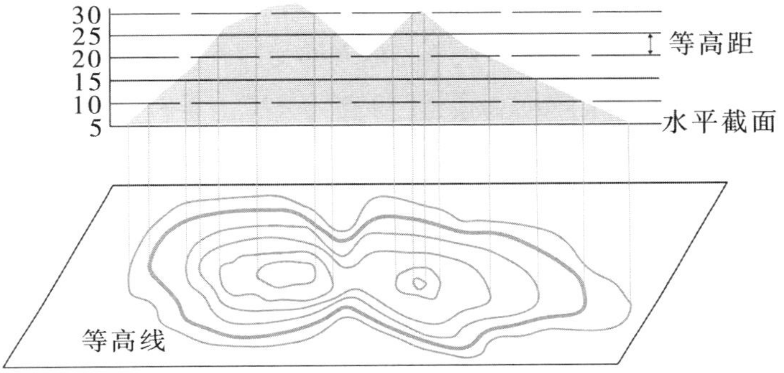

（B）5m 等高距显示地貌

图 3-4　不同等高距显示地貌

（二）地貌基本形态及其判读

地貌的每种形态都有一个独有的等高线图形。等高线上任意微小的弯曲都可以像符号一样，传达地图上的信息和特征。地貌千姿百态、千差万别，各具形态的山和丘陵都是由山顶、山背、鞍部、山谷、山脊、凹地、斜面等基本地貌形态构成（图 3-5）。不管地貌多么复杂，都可以将它们分解为基本地貌形态进行判读。

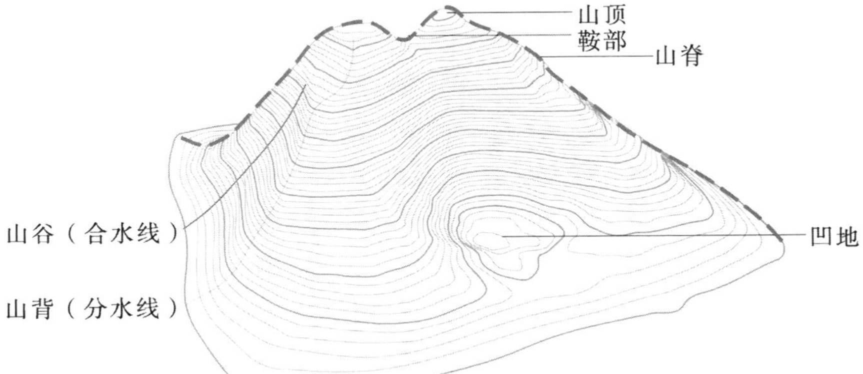

图 3-5　常见的地貌形态

（1）山顶：地面上高耸的部分称作山，山的最高部分称作山顶，也可以称作山峰、山岭。地图上，等高线形成的小环圈表示山顶，山顶依其形状可分为尖顶、圆顶、平顶和凹顶4种。

（2）山背：山顶到山脚的凸出部位称为山背，也称山梁。按其外部形态，山背可分为尖山背、圆山背、平山背等。等高线地形图中，多条等高线向外凸出的曲线表示山背。这些等高线凸出部位的顶点的连线称为山背线（分水线）。

（3）鞍部：等高线地形图中，两个相连的山顶之间如马鞍状的区域称为鞍部。按其外部形态，鞍部可以分为V形、U形及槽形等。

（4）山谷：相邻两山背之间低凹狭窄的地方称为山谷。按其外部形态，山谷可以分为尖山谷、圆山谷、槽山谷等。定向地图上等高线表示山谷时，以等高线所围成的闭合曲线的凹入部分表示，多条等高线向内凹入部位顶点的连线称为山谷线（合水线）。

（5）山脊：山顶、山背、鞍部凸出的高处相连，如同兽脊凸起的部分称为山脊。在等高线地形图中，山顶、山背、鞍部凸出的高处相连的曲线即山脊线。在定向运动比赛中，山脊线可以作为“隐形”的扶手，为运动员野外行进提供参照。

（6）凹地：指比周围地面低，且经常无水的低地。大面积的低地称为盆地，小面积的低地称为凹地。地图上表示凹地的等高线是用一个或数个小环圈，并在环圈内会有示坡线。

（7）斜面：指从山顶到山脚的倾斜面，也叫作斜坡或山坡。斜面按其起伏和纵剖面的形态分为等齐斜面、凸形斜面、凹形斜面和波形斜面4种基本斜面。斜面形状和坡度的辨认在定向运动比赛中可以帮助运动员有效避开导致体能过度消耗的地形，同时斜面又具备良好的参照功能。

（三）地貌起伏的判读

学会判读地貌的起伏是利用等高线研究地貌的基本要求。判定地貌的起伏，也就是判读现地地貌的斜坡方向。定向地图的二维性限制了读图的直观性，因此要充分利用示坡线、河流和图形等，快速进行地貌起伏的判读。

判读地貌起伏时，首先对判定的区域进行地势分析，地貌起伏状态的判读主要结合地貌基本形态进行，通过识别行进路上的各种基本地貌形态、地性线和特征点以及它们与行进路线的关系来断定地面的起伏状态。

行进时，运动路线与某条等高线近似平行即平路，行进路线与等高线相交不是上坡就是下坡。具体分析时，可根据地貌的基本形态判定，如逆示坡线方向为上坡，顺示坡线方向为下坡；沿河流（谷地）方向时，向河源为上坡，背河源为下坡；逆山背（分水线）和山谷（合水线）方向为上坡，沿山背和山谷方向为下坡；等高线注记字头方向为上坡，字脚方向为下坡（图3-6）。

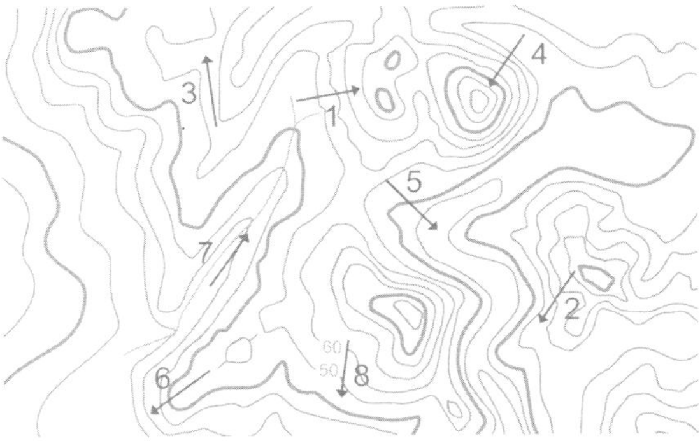

1–上坡　2–下坡　3–平地　4–上坡
5–下坡　6–下坡　7–上坡　8–下坡

图 3–6　地貌起伏判读

(四) 地貌通视状态判读

地貌通视状态判读是指在定向地图上判定两点之间的通视情况。地貌通视状态判读对运动路线的规划与选择、路线战术执行具有重要的意义。

植被覆盖情况是影响通视程度的关键因素，植被的通视程度对运动员的奔跑速度具有直接的影响。在运动中，地貌起伏，必须将实地地貌与植被的通视状态结合起来进行判读。运动员通过判读站立点（观察点）和目标点之间的关系确定地貌的通视状态，如果站立点和目标点之间没有明显的植被覆盖或者白林，则表明通视状态良好；如果植被覆盖率较高，则需要进一步判读植被是否阻断参赛者视线；如果植被对参赛者视线具有影响，则表明通视状态不良。

二、图地对照技术

图地对照技术是定向运动制图员的必修课，也是定向运动参与者需要掌握的重要技能。图地对照应以标定地图为前提，然后根据不同的需要采用不同的对照方法。图地对照就是通过简单观察，使图上和实地中的各种地物、地貌一一对应（图 3–7）。

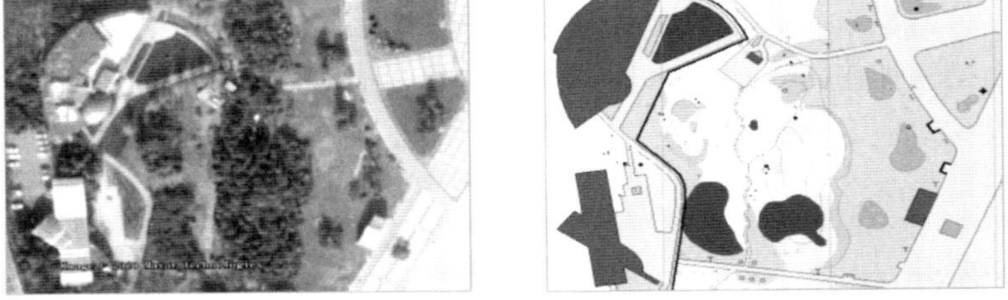

（A）　　　　（B）

图 3–7　图地对照

（一）图地对照的方法

图地对照主要是根据站立点和目标点的方向、距离、特征及目标点与其附近地形的位置关系，进行分析、比较及反复验证。目估法是图地对照的主要方法，当地形复杂，不易对照时，可以采取以下方法。

1. 地图对照实地

标定地图，确定站立点，保持地图不动，使用直尺边将站立点和目标点（要找的地形符号中心）连线，向前瞄准并画出方向线，根据比例尺，换算站立点到目标点的实地距离。根据瞄准的方向线及换算的实地距离，结合地形的位置关系、特征等，就可以找到目标点。

2. 实地对照地图

标定地图，确定站立点在图上的具体位置，使用直尺靠站立点转动，向实地的地形点瞄准，并沿着直尺画出方向线。目估站立点至实地地形点之间的距离，根据比例尺换算成图上距离。在地图上根据换算出的图上距离和地形的位置关系、特征即可确定实地地形点在图上的位置。

（二）图地对照的顺序

先对照大且明显的地形，再对照一般地形；由近及远，由左至右；由点及线，先图上后实地，再由实地到图上；由线及面，逐段分片，有规律地进行对照。

（三）图地对照注意事项

（1）定向地图是经过制图综合方法绘制的，地图比例越小，表述得越概略，小的、无关紧要的地形细部特征，在图上可能没有绘制。

（2）定向地图受场地现势性变化的影响较大，在对照时需要认真分析。

（3）牢记地形变化的规律，即地物变化大，地貌变化小。

三、概略读图

概略读图是一种在简化地图的基础上衍生的图地对照技术，是在快速行进中，忽略细小特征仅核对地图上大的特征与实地对应特征一致性的读图技术。对于概略读图，大多数细节会被忽略，只有较大的明显特征具有导航价值。

四、精确读图

精确读图是一种在简化地图的基础上衍生的图地对照技术，是借助拇指辅行技术核对地图上所有特征与实地中对应特征一致性的读图方法。这一方法主要在由攻击点向检查点行进时运用。

五、读图的一般原则

(一) 正确的理解定向地图

定向地图是地图测绘人员从运动员的角度出发，根据实地情况采用取舍、合并、移动、夸大、概括的制图综合方法进行绘制的。因此，地图上地物的数量、形状、大小、精确位置并非与实地完全一致。

(1) 在多种地物密集的区域，只绘制对运动员有参照价值的重要地物。

(2) 对地貌细小的凹凸，不需要详尽表示。

(3) 线状地物属于半依比例尺绘制，地图比例尺越小，夸张程度越高。

(二) 要有针对性地了解地图内容

阅读地图时，要具有针对性。要着重注意比赛区域、线路走向等与定向和越野跑相关的内容，尽量获取有效信息。

(三) 综合阅读各类符号

在定向地图上，任何符号都不是单独存在的，需要对符号进行综合阅读。要充分了解符号的性质及互相之间的空间位置关系，加强对地图的理解。

(四) 强化读图与记图能力

加强对定向地图的理解和记忆，有助于运动员判明方向和确定站立点，有效地读图可以在潜意识里加强对地图信息的整理，从而快速定位，规划运动路线和方向。

(五) 注意地形变化规律

定向地图具有现势性强的特点，在使用定向地图时，可以根据测绘时间考虑因人工或自然力量造成的实地局部现势性改变。地物变化大，地貌变化小。定向地图的测绘需要一个过程，不可能随时把变化的地形在图上表示出来，对照时要认真分析。

第二节　定位与定向技术

一、实地方位判定

实地方位判定是使用定向地图的基础和前提。在野外，我们用于判定方位的方法有很多，如影子末端法、手表法、地物法等，但最简单、最实用、最直观的方法就是利用指北针进行方位判定。

现实中存在3个“北”：网格北向、地球北向和磁极北向。指北针指示的北方与实际的正北方向（地球北向）会有一定的角度偏差，这个角度叫作磁偏角。指北针指向磁极北向，定向地图也是按照磁极北向进行绘制的。指北针判定方位的方法：将指北针平放，待磁针完全静止后，磁针红色端（N端）指向北方，白色端（S端）指向南方。如果运动员面向北，则其左侧为西方，右侧为东方。

二、标定地图

标定地图（又称正置地图）是一种基本的定向技能。标定地图技术是野外使用定向地图最重要的前提和技术。标定地图就是使定向地图的方位与实地的方向相一致，将地图上的地物、地貌符号与实地的地物、地貌一一对应，这不仅可以帮助我们了解实地地物的分布及地貌的起伏状况，还可以帮助我们了解它们之间的位置关系。标定地图是一个持续不断、贯穿整个比赛过程始终的重要技术。

（一）概略标定

地图方向的表示方法：上北、下南、左西、右东。当我们正确辨别了实地的方向之后，只要将定向地图的上方对向实地的北方，地图即已标定。概略标定是定向运动比赛中最常用、最便捷的标定地图方法。

（二）指北针标定

设置指北针，将指北针基板充液盒内的箭头朝向地图上方，并使箭头两侧的平行线与定向地图上的磁北线重合（或平行）。然后转动地图，使磁针北端对正磁北方向，地图即被标定（图3-8）。指北针标定地图属于精确标定。

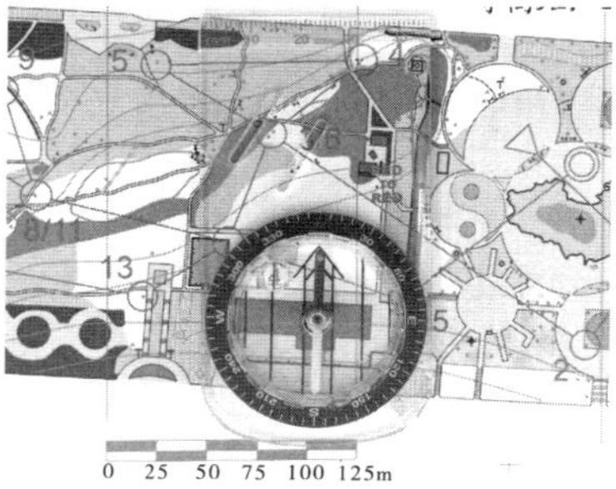

图3-8　利用指北针标定地图

（三）利用地物标定

1. 利用直长地物标定

直长地物是指实地中较长的线状地物，如道路、沟渠、输电线、管道等。首先将图上的线状地物与实地的直长地物方向保持一致；其次对照线状地物两侧的地形是否与地图上表述的地形相一致，如果直长地物左右各地形点的位置关系与图上相符，地图则被标定（图3-9）。直长地物也包括隐形的直长地物，如山脊线、分水线等。

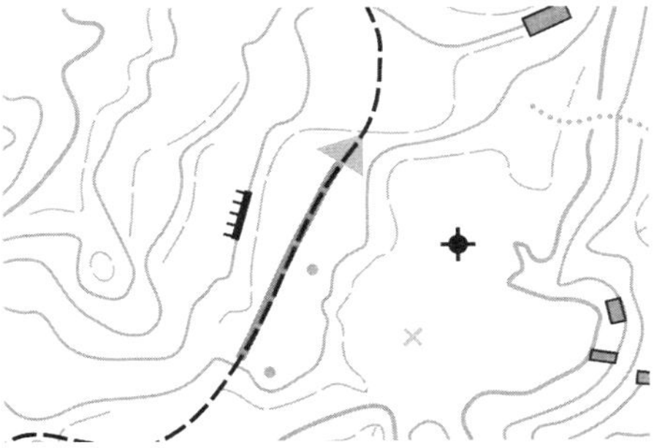

图 3–9　利用直长地物标定地图

（注：参与者面向绿色箭头方向，将地图上的小路与实地小路对应重合，然后对照左右地物，如右边的塔状物与实地中的塔状物对应，地图则被标定；如果左右地物颠倒，则转动地图 180°后，地图即被标定。）

2. 利用明显地形点标定

利用图上和实地都有的明显地形点，如高塔、独立树、桥梁、亭子、独立建筑等。首先选择一个地图上和实地中都具有的明显地形点；其次转动地图，使站立点与目标点的连线与实地的站立点与目标点的连线重合（图 3–10）。

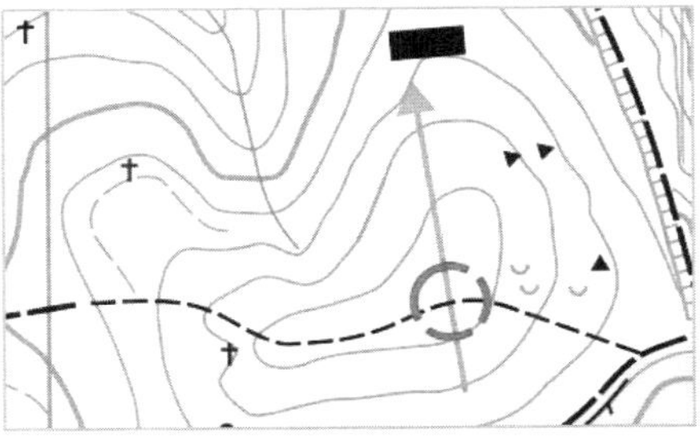

图 3–10　利用明显地形点标定地图

三、确定站立点

定向运动比赛中所谓的“不安全”就是指站立点丢失。因此，在野外要随时确定自己的站立点以及该站立点在地图上的相应位置，这是从事定向运动人员必须掌握的一项重要技能。

（一）直接确定

比赛中，当位于明显地形点上时，只要在地图上找出该地形点，站立点即可确定，这是定向运动比赛中最常用的方法（图 3–11）。

图 3–11　利用道路交会点确定站立点

在运用直接确定站立点方法的时候需要注意：当多个同类型明显地形点位置相近时，要冷静地判断、准确地区分，避免由于行进速度、心理紧张等原因造成平行错误，导致误读、误判。

平行错误是指由于误用与正确的特征相似且平行的特征确定站立点导致的站立点定位错误，或指误用与正确的特征形似且平行的特征确定行进方位而导致的行进方位错误。因此，当同一种明显的地形点位置接近时，要慎重准确地区分。

明显地形点主要分为地物和地貌两种，其中地物特征包括单个地物、线状地物（转弯、交会、交叉、端点）及面状地物的中心点或边缘特征点；地貌特征包括山顶、鞍部、台地、冲沟、陡崖及谷地的转弯、交叉、交汇点等。

（二）位置关系确定

当站立点位于明显地形点附近时，可以使用位置关系法确定站立点（图 3-12）。运用此方法依据两个要素：一是站立点至明显地形点的方向，二是站立点至明显地形点的距离。如果所在区域地形具有明显的起伏，则需要结合高差情况进行判读。

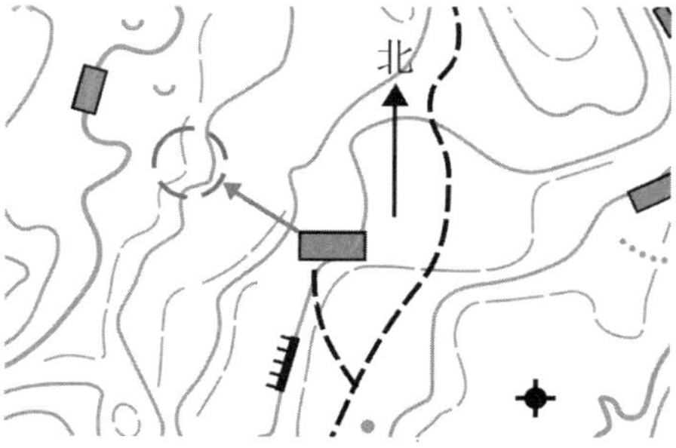

图 3-12　利用位置关系确定站立点

如图 3-12 所示，参赛者在标定地图的前提下，判明自己所处的位置位于建筑物的西北方向，通过比例尺换算（如等高距 5m，比例尺为 1：10 000，图上房屋至站立点距离为 2 cm）距离约为 200 m，然后在图上找出相应位置。

（三）交会法确定

当站立点附近无明显地形点可以参照的时候，我们可以利用远方多个地物使用交会法确定站立点。

根据比赛场地实际情况，交会法又可以分为 90°法、连线法、后方交会法等。这些方法不需要估算或步测距离也能较为准确地确定站立点位置，对初学者理解并使用定向地图具有十分重要的作用。交会法一般在迷路的情况下使用，也是定向运动制图员经常使用的基本测绘方法。

1. 90°法（约 90°即可）

当站立点位于线状地物上时，可以利用与运动方向相垂直的方向线上的明显地形点进行确定，线状地形与垂直方向线的交点即站立点（图 3-13）。

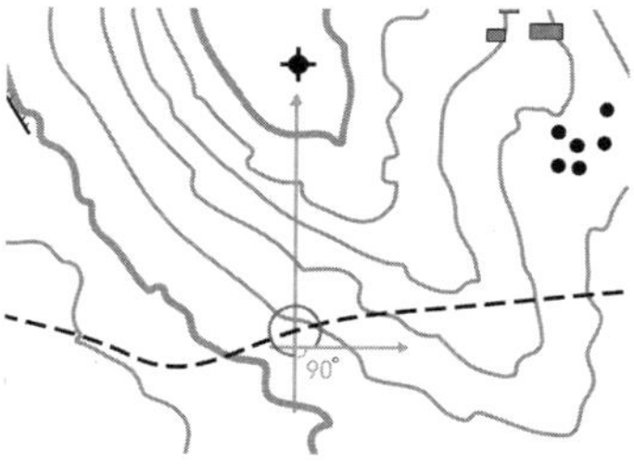

图 3-13　90°法

2. 连线法

当站立点位于线状地物上，同时站立点刚好位于有两个明显地形点的连线上，这两个明显的地形点可能位于站立点的一侧，也可能分别位于站立点的两侧，三者的关系呈“三点一线”的状态（图 3-14）。

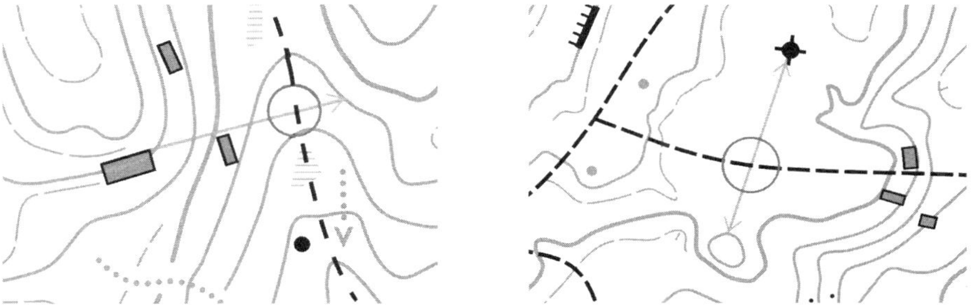

（A）站立点位于两个地形点连线的外端　（B）站立点位于两个地形点之间的连线上

图 3-14　连线法

3. 后方交会法

当站立点不位于线状地物上，且区域地形开阔、通视度好，可以使用地图和实地都有的两个明显地形点确定站立点（图 3-15）。地形点选取的时候需要注意，要先预估两个地形点与站立点的连线所形成的角度在 60°左右，操作步骤如下。

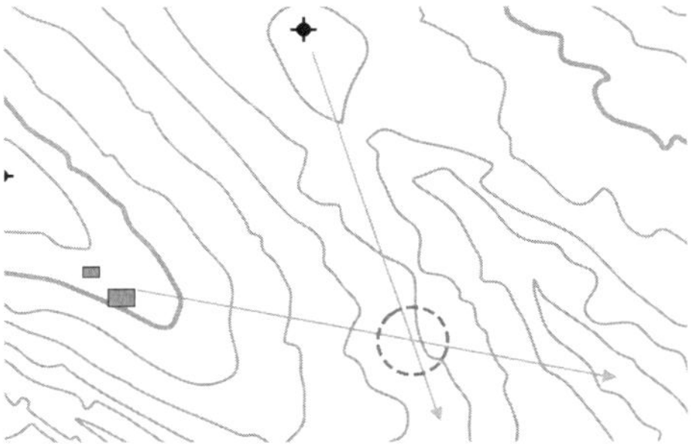

图 3-15　后方交会法

第一步：将地图放置在平坦的地面上，然后精确标定地图。

第二步：地图保持不动，单手托住指北针，使用指北针前进方向箭头对准明显地形点，转动指北针分度盘使定向箭头与指北针的指针重合，然后进行图上作业，将指北针的前端放置于该明显地形点上，微调指北针后端，直至指针与箭头重合，最后以指北针的基板绘制一条直线。

第三步：按照第二步方法测绘另一个明显地形点，然后绘制一条线与第一条线重合。两条线的重合点就是站立点位置。

第三节　路线选择技术

定向地图上检查点之间的连线是提供方位的直线，沿这条方位直线一般是不可能直接到达检查点的，运动员必须根据技术水平、体能状况等进行路线的选择，这是定向运动的魅力所在，也是比赛的重要决胜因素之一。最佳的路线是一条安全性能最高、体能消耗最少、行进距离最短、时间最省的路线，它是定向运动技术的灵魂，路线选择是更高一层意义上的技能或战略决策。

一、路线选择考虑的主要因素

（一）安全

安全是路线选择时考虑的首要问题。定向运动中必须保证站立点不迷失、不丢失，最大限度地减少失误，同时在运动中必须防止运动伤害事故的发生，选择的路线的难度不应超出自己的能力范围。

（二）距离

在其他条件一致的情况下，运动员合理规划和选择路线，有利于缩短路线的长度并降低难度。这个距离不仅指实际的距离，也指技能优势最大化、最优化而产生的最佳检查点捕捉效果。

（三）爬高量

在定向运动中最直接的路线往往是最难的，要仔细观察地图，挑选适合自己体能和技能的最佳路线。在路线选择时，应充分考虑有无爬高量以及坡度是否平缓等因素。在选择路线时尽量避开需要爬坡的路段，提前规划，以减少体能消耗并提高和维持奔跑速度。

（四）自身优势发挥

运动员要对自己的技能、体能有正确认识并合理评估，在运动过程中根据场地情况，有效地进行直穿、目标偏测、扶手、攻击点等技术的运用，最大化发挥技术优势、体能优势。

二、路线选择的原则

（一）有路不越野

定向运动比赛场地，尤其是野外场地，道路特征表示详细，利用道路行进有利于明确实地站立点在地图上的位置。定向比赛中相邻两个检查点之间不会有完整、直接的道路相连接，但会有断续的、迂回的道路存在（图 3-16）。依线控制运动方向，可以减少读图频率，提高读图准确性，维持运动速度，降低体能消耗。因此，依线行进省时省力，还可以降低

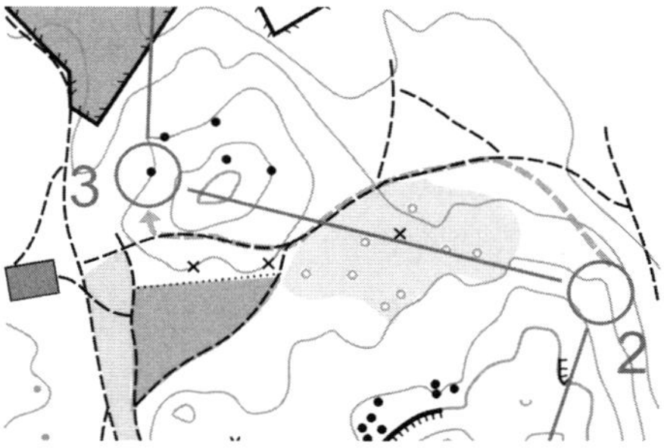

图 3-16　有路不越野

穿越林区时因地面坑洼不平而造成的运动伤害。其影响因素有以下两点。

（1）地形因素：不能只考虑直线距离，要充分考虑地形对运动速度的影响等因素，并进行综合分析。

（2）天气因素：雨雪天气（或雨雪天气之后）要充分考虑地面及能见度等情况，应尽量避免直穿强攻，多采用依线法行进，以提高运动安全系数以及减小速度耗损。

（二）选近不选远

选近不选远属于正面强攻技术，它与有路不越野是相互对立的战略指导思想。在地形起伏不大、树林稀疏可跑的地段，两个相邻的检查点之间可以使用正面强攻技术，直接穿越，选近不选远。如图 3-17 所示，从第 6 检查点至第 7 检查点，如果利用北面的道路行进，要多跑 2 倍的距离，应采用水平位移法行进，先以陡崖、石群为攻击点，采用放大法，攻击冲沟末端，然后精确定向至第 7 检查点。

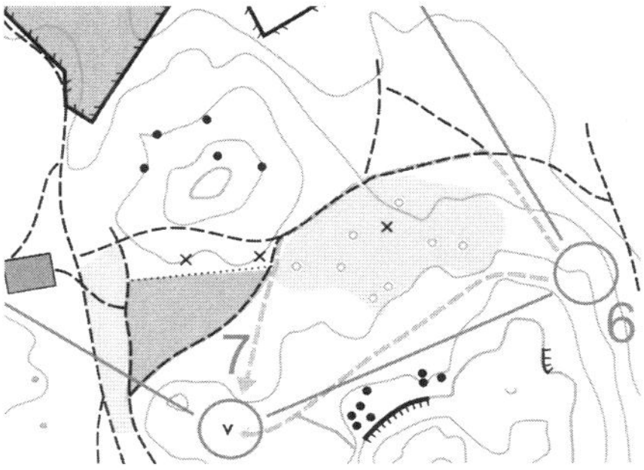

图 3-17 选近不选远

（三）遇障提前绕

在地形起伏大、树林密集、障碍物大而影响行进的区域，应坚持遇障提前绕原则。在此类区域内行进，必须认真地分析地形，合理地规划路线，对于有陡坎、大水塘或难攀登的高地，则要统观全局，尽量避开这些不能通过的区域，提前做好绕行准备，避免行进距离的延长。

如图 3-18 所示，从第 4 检查点至第 5 检查点，遇到湖泊这种大的障碍物时需要提前规划路线以进行规避。绿线以小路和桥为扶手，以鞍部为攻击点，向右以水平位移法到达目标点；红线以湖泊边缘为攻击点，然后以石群为参照，以鞍部为攻击点，利用水平位移法至检查点。

图 3-18 遇障提前绕

（四）走高不走低

在山地地形比赛时，由于高处通视度好、视野开阔，易于判定方位，可依据走高不走低原则。通常情况下，山脊的通视度和通行程度比山谷好，因此在这种地形上比赛，要结合实际检查点的位置，可以选择沿着山脊线行进。如图 3-19 所示，第 7 检查

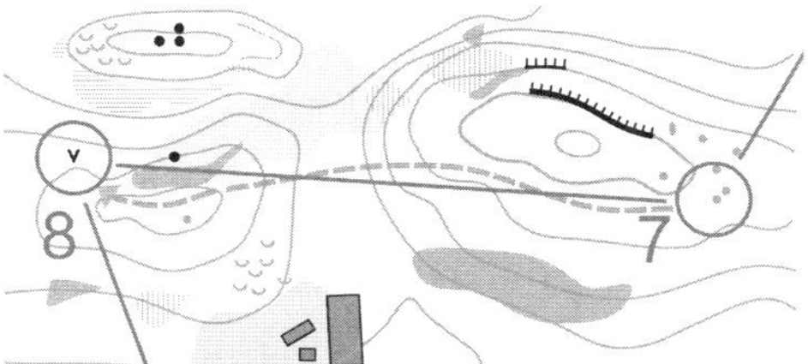

图 3-19 走高不走低

点至第 8 检查点，使用水平位移法，以山顶为攻击点，然后精确定向至检查点。

（五）依线又依点

由于地形复杂、琐碎，线状地物不连贯等因素，在比赛中可以借助这些断续的、隐形的线状地物，配合明显的地形点应用依线又依点技术。如图 3-20 所示，第 3 检查点至第 4 检查点，可以先依线攻击建筑物，再沿小路行进，攻击石群到达目标点。

图 3-20　依线又依点

第四节　快速行进技术

利用地图行进是定向运动的基本运动形式。比赛中运动员综合、灵活运用识别地图、标定地图、图地对照、确定站立点、路线选择等技术，并根据地形情况、个人技战术优势，结合以下快速行进的方法，以达到快速行进的目的。

一、持图与折图

（一）持图

持图主要分为单手持图和双手持图两种方式，持图方式通常由比赛项目性质、场地环境、通过性等因素决定。在短距离、中长距离定向赛事中，为便于奔跑以及加强安全防护，多采用单手持图的方式；在超短距离定向比赛或者是其他项目中检查点相对密集的区域，多采用双手持图或者单双手交替持图的方式。但不管使用哪种持图方式，都必须保证使用时地图始终在胸前位置。

（二）折图

在定向运动比赛中，识图能力更多的是考验运动员视觉注意方面的能力，为了将全部注意力以及时间用于规划运动路线和寻找检查点上，避免注意力的无谓浪费，在使用定向地图的时候需要根据比赛项目进行地图折叠。折叠地图技术的主要目的是缩小视图范围，提高注意力的广度以及稳定性。

短距离定向赛、中长距离定向赛中通常都会使用折叠地图技术，超短距离赛（百米定向赛）最大的特点就是运动员在高速奔跑的情况下，通过短时间读图对定向地图做出正确的判读，更加侧重于对运动员的反应以及灵敏度等素质的要求，因此不建议使用折叠地图技术。

折叠地图的方法：

（1）折叠地图时，按照磁北线的方向将地图折叠成巴掌大小的矩形，尽量使某条折边与磁北线保持平行。

（2）地图折叠后，绝大部分握在手掌内，应露出足够的可视区域，保证前方 3~4 个目标检查点即可。

（3）配合指北针使用时，指北针贴附地图的一侧应保留一定的可视区域。

二、拇指辅行法

拇指辅行法配合折叠地图技术使用。将拇指放在地图上自己能够完全确定的站立点位置后面，按照规划的比赛路线开始行进。行进中要根据自己所到达的位置，不断移动拇指，并转动地图，保持位置、方向的连贯性和正确性，时刻保证图地关联，做到"人在地上走，指在图上移"，这样能随时明确自己在图上的位置，既节省读图时间，又能保证正确的运动方向。

（1）在进行拇指辅行时，拇指应放于站立点后面，避免遮住重要的地图信息，从而影响运动员对路线的有效判读。

（2）有效地进行拇指辅行法可以及时明确站立点，避免浪费图地对照时的读图时间。

三、记忆法

记忆法是指运用地图简化等技术，找出并记住通往攻击点的路线上或其附近的一系列导航特征，然后不使用地图，借助这些导航特征向攻击点行进的技术。

这是比赛中专业选手经常使用的方法：通过短时间看图，理解、记忆前方相当长一段距离的运动路线，按运动的顺序，分段记住运动路线的方向、距离、经过的明显地形点以及两侧的特征物，以在行进中保持较高的奔跑速度，达到注意力、体能和技能的兼顾、协调与平衡。

四、扶手法

扶手法又称借线法。扶手是指在选定的行进路线附近，与行进路线平行的可以用来引导运动员沿选定路线行进的线状特征，如栅栏、电力线、山背线、溪流、山坳等，当检查点位于这些线状地形及其附近时，沿着线状地形行进，犹如扶着楼梯的栏杆行走，使自己在运动过程中方向明确，更具有信心（图 3-21）。

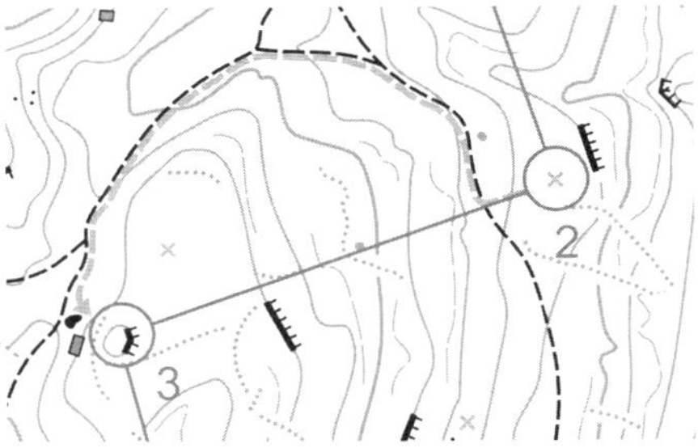

图 3-21　扶手法

扶手法不是万能的。比赛路线中，扶手多呈断续、迂回状态，因此短距离比赛中应尽量直线奔跑，如果路线较长或较复杂，则要综合、灵活地运用扶手法。将扶手法与距离估计技术结合起来能让定向更容易，尤其是在应用概略读图和概略定向的时候，可以让运动员跑得更快、更具有信心、更节省体能。

五、水平位移法

水平位移法就是沿着同一高度等高线行进的方法。沿等高线行进也是一种按隐形“扶手”行进的方法，具有一定的难度，因为会受其他地形、地貌的干扰，导致运动员偏离选定的路线，因此沿等高线跑不是绝对精确的，要将误差控制在 2~3 米范围内，尤其是当检查点（攻击点）就在同一高度时（图 3-22）。运用此方法需要注意以下两个方面。

（1）站立点（或攻击点）与检查点在同一高度上。

（2）站立点（或攻击点）与检查点之间的植被可通行性较高，且无其他影响通行的障碍物。

水平位移法在实践过程中很难掌握，在野外定向中非常重要。第一，它可以使运动员避免不必要的攀爬，节省体能。第二，等高线可以作为线性参照物，这是一个非常好的“扶手”，如果能沿着等高线行进，就意味着站立点明确。

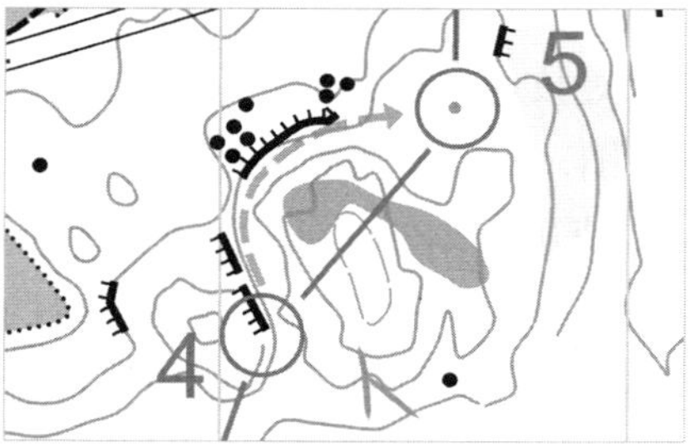

图 3-22　水平位移法

六、目标偏测法

目标偏测法（又称偏向瞄准法）是一种定向技术，是从扶手法延伸出来的一种技术，采用时需借助指北针进行精确定向。为了安全到达线状地物上或附近的检查点和特征，特意瞄准目标点的一侧行进，到达线状地物时，就能确定向某一方位前进方能到达目标，从而避免到达线状地物时迷失行进方向（图 3-23）。运用此方法时需要注意以下几个方面。

（1）目标偏测时要确定偏测的方向（向左或向右），偏测时需要考虑行进方向有无大的或穿越难度大的障碍物。

（2）目标偏测的角度要适当，不能过大或过小。

（3）不要直接瞄准检查点，由于指北针本身存在误差，加上每个人跑动时都会存在不可避免的偏移，因此绝大多数情况下都很难直接命中检查点。

如图 3-23 所示，从第 5 检查点向第 6 检查点攻击时，先使用水平位移法沿等高线行进或使用扶手沿小路行进，到达小路拐弯处，向检查点右侧进行瞄准，到达河流时向左行进，直接奔向检查点。

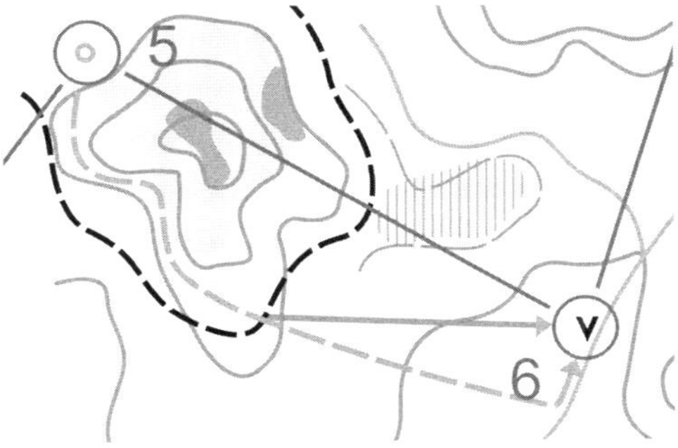

图 3-23　目标偏测法

七、借点法

当检查点附近有高大或明显的地形点时，可以从要寻找的检查点（跑向点）向站立点进行延伸，要充分利用这条线段上的明显地形点，逆向规划行进路线，将这些明显的地形点连接起来，一直延伸到站立点，形成一个连续的、大的“扶手”，然后以最快速度前往检查点（图 3-24）。

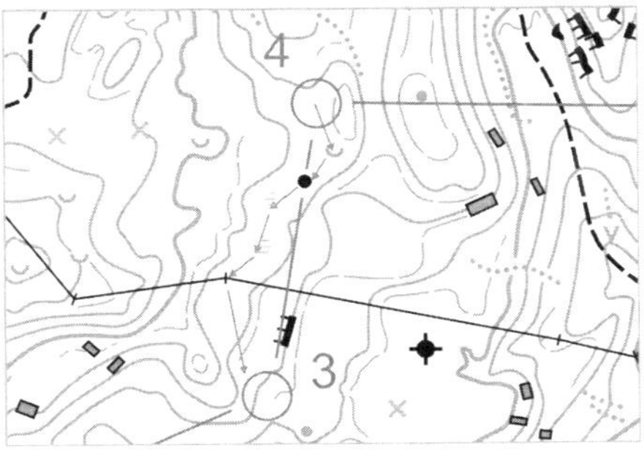

图 3-24　借点法

八、重新定位技术

重新定位是指在丢失站立点后利用标定地图、路线回忆、安全方位和多地物交叉等方法重新确定站立点的技术，重新定位技术是定向运动中的重要技术之一。在技术练习或比赛过程中会由于技术运用失误，或者心理、身体状态等原因造成判读失误，导致迷路或迷向、站立点丢失。当出现这种情况时，可以尝试以下方法进行重新定位。

（一）保持冷静，避免慌乱

当发现自己迷路或站立点丢失时应立即停止运动，调整呼吸，保持冷静。避免因神经紧张、意识混乱导致读图识图能力降低，盲目、轻率地做出判断，从而导致错误加剧，甚至造成“点在咫尺，遍寻不到”的状况。

（二）善用地形，重新定位

利用指北针标定地图后，进行图地对照，查看自己的站立点附近是否有较大的或较突出的明显地形点，以此为参照，重新定位。如果能够重新确定站立点，就可以对行进路线进行重新规划，继续向目标方向行进。

（三）迅速判断，果断返回

如现有场地地形不能为重新定位提供帮助，应果断返回上一检查点或任何有把握的特征点，再重新标定地图，规划行进路线。在站立点丢失后，往往会认为返回上一检查点会浪费很多时间，但多数情况下，原路返回是最好的选择。

（四）视线所及，充分利用

站立点丢失后，及时搜索视线区域，如视线区域内有其他检查点，快速跑向该检查点，利用检查点说明表中该检查点的序号和编码的对应关系，从而确定站立点。

第五节　检查点捕捉技术

检查点捕捉是定向运动比赛的一项重要技能，是决定比赛胜负的关键性技术。所有的技术都是围绕检查点的捕捉来进行的。当运动员接近检查点位置时，应对检查点的实地准确位置做出合理、准确的分析和判断。

一、瑞典的指北针定向法

该方法适合在特征物少、植被密度低、地形起伏不大、障碍物少的树林中使用，这是定向越野比赛中最简便、最快速的确定检查点方向的一种方法。

（1）指北针直尺边切向目标方向线，目标点在前，站立点在后。

（2）指北针平持于胸前适当位置，转动分度盘，使磁北标定线与图上的磁北线重合或平行。

（3）移开地图，转动身体，使磁针与分度盘上的定向箭头重合，目标点即在前进箭头所指的方向。

（4）向目标点行进，行进过程中要保持磁针与定向箭头始终处于重合状态。

二、攻击点的选择

攻击点（也称决策点）是指位于检查点附近 100～150m 范围内，一个运用概略定向即可到达的明显地物、地貌。到达明显地形点后，应慎重决策，使用精确定向技术捕捉检查点。

攻击点（图 3–25）必须是准确标注在地图上的容易辨认的地形点，当检查点不易采用扶手法、借点法、偏向瞄准法等方法时，选择一个合适的攻击点就显得尤为重要。

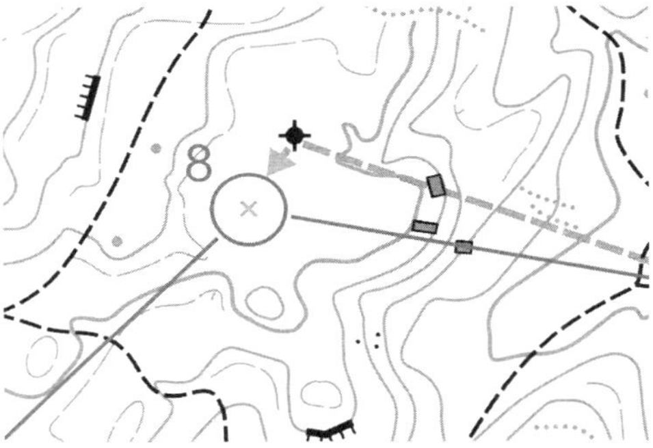

图 3–25　攻击点（决策点）

攻击点是一项重要的技术，寻找攻击点在所有类型的定向运动中都非常重要。运动员必须能够清楚地在定向地图上和实际地形上找到这个攻击点。攻击点是到达检查点之前最后一个确定的点标位置，比赛线路上的每个检查点都有其攻击点。从出发点到攻击点，需要采用概略定向技术；从攻击点到检查点，则需要慎重决策，运用精确定向技术寻找检查点。

三、概略定向

概略定向是一种利用大而明显的特征导航，采用拇指辅行法、扶手法、目标偏测法、水平位移法等行进方法快速读图行进的定向技术，为最大限度发挥概略定向的作用，运动员应提高以下能力。

（一）超前读图

超前读图是一种定向技术，其建立在运动员对定向地图全面深刻理解基础之上。读图的区域明显大于跑动中所处的区域，预先通过地图明确将出现在前方的特征，并提前做出规划。运动中，运动员将注意力集中在前方较大且明显特征物的观察、选择、判读上，这一技术的运用可以避免运动员在比赛中因为“偶然发现”特征物导致速度降低或停顿，可以减少运动中读图的次数和时间，从而保证比赛节奏更为顺畅。

（二）简化地图

简化地图是指忽略地图上小的或次要的特征，仅选择出大的或对导航和捕捉检查点有实际意义特征的读图技术。

定向地图的信息量较大，等高线零碎，地物丰富多样，为保证读图的有效性，在概略定向时必须采取“大而化之”的读图方法，将杂乱无章的、复杂的地形变得条理清晰，有利于培养运动员良好的读图习惯，保持良好的运动速度。

简化地图需要掌握正确识别地图的方法，如简化等高线，需要懂得分析地貌的结构，了解山的基本形态等。将与空间方向并不相符的地图进行思维上的加工，使之与空间方向相符，这样就会节省比赛中的识图时间，从而取得理想的比赛成绩（图 3-26）。

如图 3-26 所示，地图简化前，地貌复杂，地物细碎，不宜判读。地图简化后，就是两座小山，这样行进路线就很简单。翻过山背，到达第二座山的山脊，从左侧绕道山顶背面，即可发现检查点。

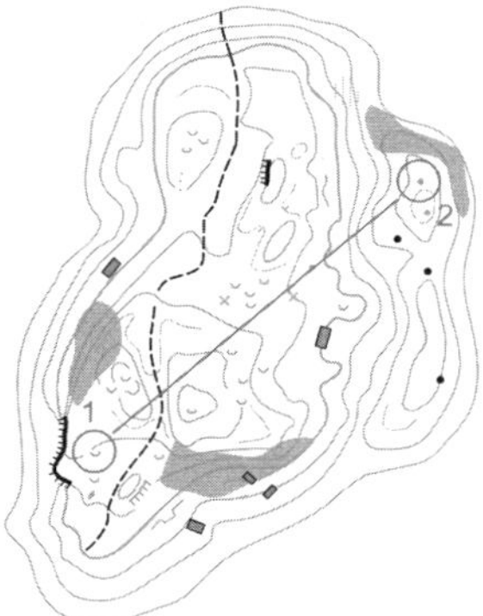

（A）

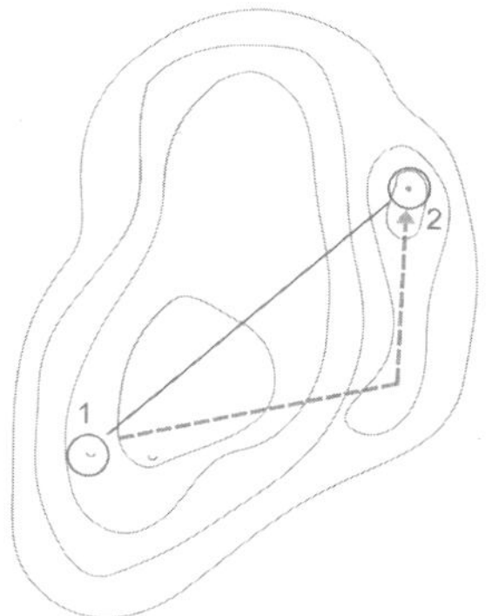

（B）

图 3-26　简化地图：忽略地物，简化地貌

如图 3-27 所示，地图简化前，地物细碎，地貌凌乱，不易判读。地图简化后，只是一条浅而长的谷地，利用其中一串湿地及部分特征物就可以到达检查点。

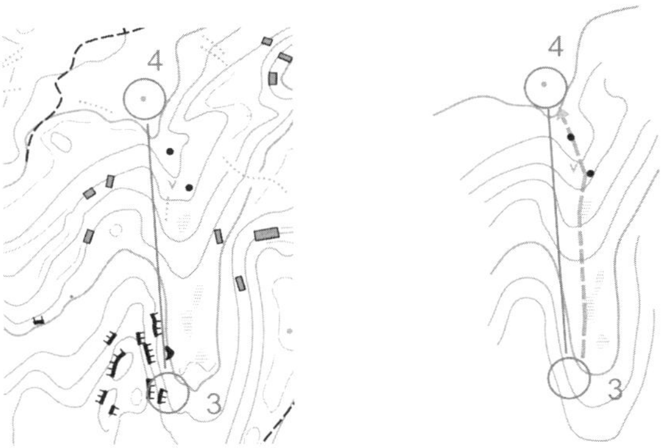

（A）　　　　（B）

图 3-27　简化地图：忽略无关的地物、地貌特征

在运动中运用地图简化技术，需要将注意力、技能和体能协调统筹分配，达到一种竞技能力平衡。为了掌握这种竞技能力平衡，需要在野外地形中反复实践，强化地图简化技术。概略定向虽然可以减少因无谓看图而造成的精力和时间浪费，提高行进速度，但难免会出现重大失误，因此在采取概略定向战术时，应掌握以下两种方法。

1. 利用拦截特征

拦截特征是在需要时用来阻止、拦截运动员继续犯错的明显特征物。这个明显的特征物最好选择线状特征物，如河流、高压线、冲沟、小路、地形坡度等，这个特征物能够避免因错过检查点而导致离检查点越来越远，将跑动距离限制在一定的安全范围内，碰到拦截特征后立刻回头确定并寻找检查点。

“步数”是一个隐性的拦截特征。山地地形上的 100m 步数可能会由于地形起伏而减少 10%，如果已经跑动了近 2 倍距离，那么已经错过了检查点。

拦截特征在每个赛段起步时就应明确，利用拦截特征有两个典型的时机：一是在选定的运动路线（或前进方向）的两侧，用于行进过程中的保障；二是在检查点的后侧，用于防止跑过检查点。

2. 利用参照物

利用参照物又称“沿途收集特征”或“利用核查点”。参照物是运动员选定的在行进路线上能够持续辅助、佐证定位的明显地形点，它可以保证前进方向与路线的正确性。

四、精确定向

精确定向是一种在错综复杂地形中，利用小的特征进行精确导航、慢速行进的定向技术。精确定向要求通过精确读图，并借助指北针、距离判断等技术时刻保持图地关联，从攻击点向检查点进行决策行进时通常采用此方法（图 3-28）。

（A）

此检查点位于平地树林中，定位困难，采用如下方法才能到达：

（1）选择小路交会处作为攻击点；

（2）以粗略定向方法到达攻击点后，在图上量出至检查点的距离（换算成复步）；

（3）用指北针测定出检查点的方向，并沿此方向步测前往。

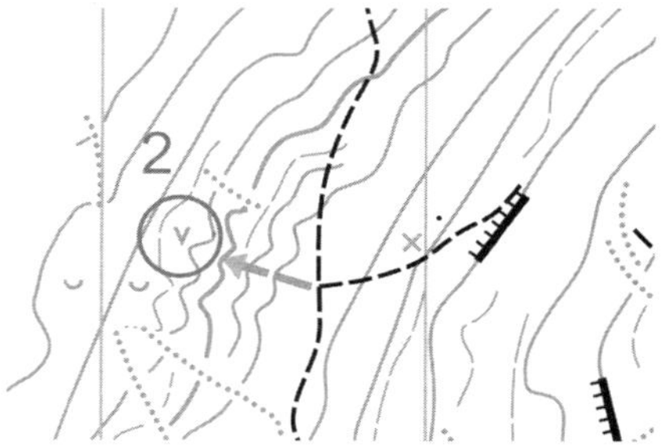

（B）

此检查点位于细碎的地貌特征之中，情况复杂：

（1）选择小路交会处作为攻击点；

（2）使用概略定向技术到达攻击点后，图上量出至检查点的距离（换算成复步）；

（3）用指北针仔细地测定检查点的方向，沿此方向步测前往；

（4）必要时，途中还需要仔细地查看地图，慎重决策。

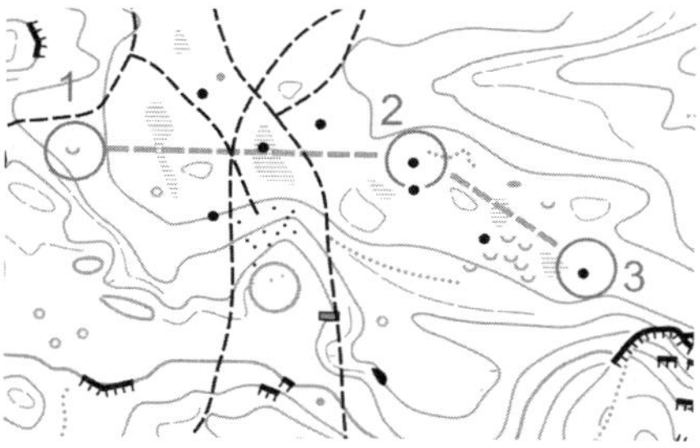

（C）

比赛路线上几乎无明显特征物可以利用，各检查点位置都很隐蔽。

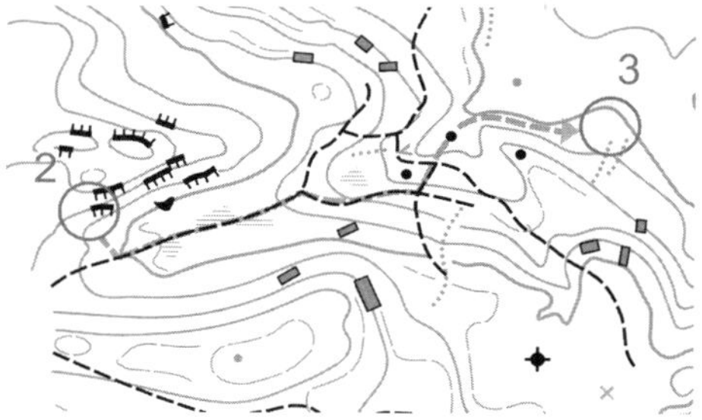

（D）

这个赛段虽然可利用明显的小路，但因为岔路口多，部分区域特征物细碎且复杂。

图 3-28　精确定向

野外山地地形检查点难度比较大，可以按照“自上而下”的目标导向搜索特征接近检查点，这样也可以利用“走高不走低”的原则及攻击点的方法，充分利用高处通视度优势，俯瞰检查点及其周围地形（图 3-29）。

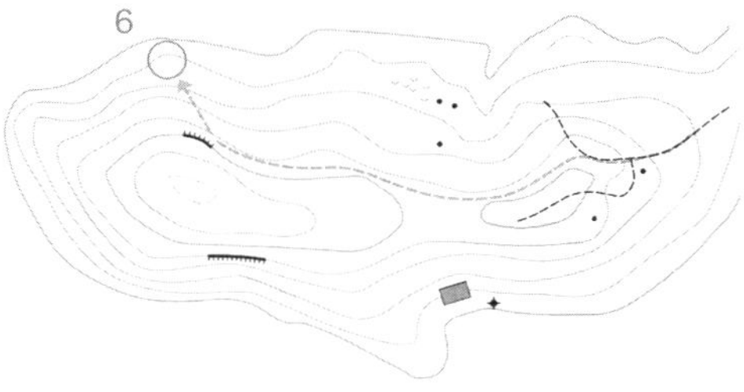

（A）

紧靠山顶的一侧以水平位移法行进，到达陡崖附近（攻击点）后向下寻找检查点。

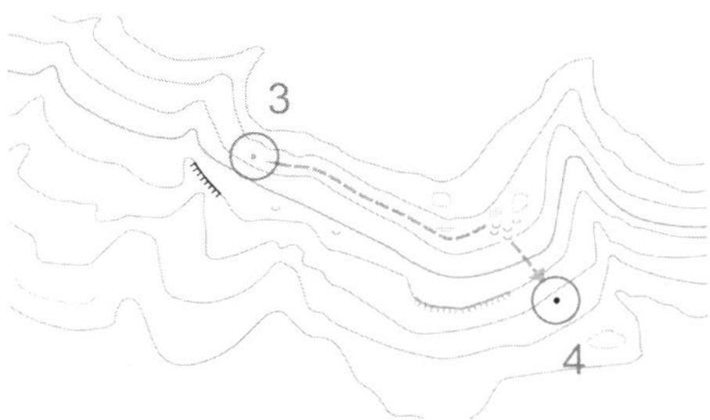

（B）

选择山丘后的湿地作为攻击点，开始时，从 3 号检查点按直线或以水平位移法行进。

图 3-29　野外山地精确定向

五、距离定点法

当检查点位于地势平坦、扶手较少、植被较多的细碎地貌特征时，可以采用距离定点法。将检查点附近的明显地形点作为攻击点，利用指北针瞄准目标点方向，通过步测和目测对实地距离进行估计和判断。

（一）步测

步测是指按照自己步幅的大小计算实地距离。为了计算方便，通常采用“复步”的方法进行计算，两个单步为一个复步。在平坦道路上每个单步的距离约为 75cm，一个复步的距离约为 1.5m。

由于身高、步长的不同，以及地形类别、天气状况等因素的影响，复步的大小也会有差别。只有在不同地形上反复练习、测算，才能确定自己的复步大小。复步大小确定后，可以使用 OCAD 制图软件设计适合自己的不同比例的复步尺，便于在比赛过程中换算复步数，以达到快速、准确换算的目的。

步测距离包含两个重点内容：一是需要测量图上的距离，二是需要用复步计算实际距离。这个方法得到的距离只是估计值，距离越长，精度越差，因此这个方法不能用于长距离的估计。在进行长距离估计时，可以将路线分解成若干段，这样能够有效地提高步测的精度。如图 3-30 所示，从检查点 2 到检查点 3 大约有 460m，首先测量从检查点 2 到溪流的距离约为 190m。用复步的方法走 150m，看到溪流。到达溪流后，测量站立点到陡崖的距离约为 270m，然后用复步的方法找到检查点 3。

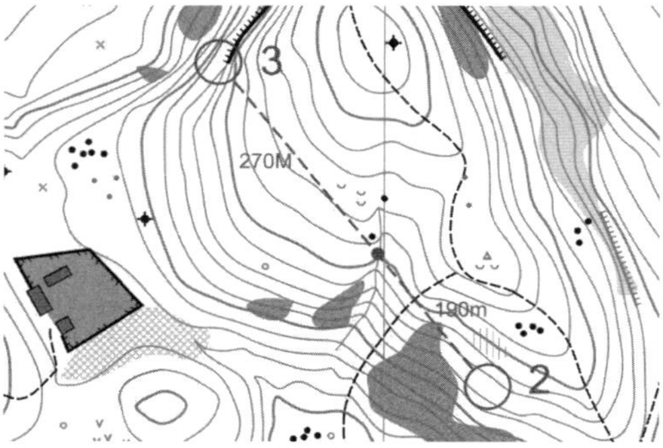

图 3-30　分段步测

（二）目测

目测就是用眼睛估算实地距离。在跑动中掌握目测技术具有非常重要的作用。眼睛的分辨力会受天气、光线照射、观察位置、地形条件等因素的影响，产生误差，因此必须反复实践，观察、体会各种地物在不同距离的清晰度。

第六节　越野跑技术

越野跑属于典型的周期性、耐力性运动项目，特别是长距离越野跑。进行长时间的周期性运动时，无论对运动员的意志力还是体能储备，都是一个极大的挑战。越野跑技术是决定定向运动成绩的重要因素之一，掌握越野跑技术不仅能保证运动员在竞赛中灵活地运用各种定向技战术，而且可以保持竞赛中的高效运动。

一、越野跑的特点

（一）间歇性

定向运动的越野跑实际上是一种长距离间歇跑。运动员在比赛过程中要进行图地对照、路线选择、定位定向等一系列大脑思维活动，因此定向运动越野跑具有走、跑、跳跃、攀爬、停顿等动作反复交替的间歇性特点。

（二）环境性

定向运动比赛场地丰富，地形类型多种多样，定向运动过程中，运动员会受到各种地形和植被的影响，在一些坡度路面或难以穿越的区域，奔跑的强度和距离增加，能量消耗也会随之增加。因此，应根据地形、环境的变化采取不同的越野跑技术。

二、越野跑基本技术

（一）跑步节奏

定向运动越野跑的跑步节奏与比赛项目有关，短距离以上比赛项目的越野跑节奏应根据赛事的线路距离合理进行体力分配，以平均配速的形式进行全程越野跑节奏的安排与调整，并保持最高平均配速，动作轻松自如，重心平稳，尽量减少体能消耗。在超短距离项目中，根据两点之间的距离及检查点的密度等对跑步节奏进行调整，配合读图技术，保持节奏平稳，在冲刺阶段及抢打点阶段应具有加速、变速及高速跑的维持能力。

（二）呼吸节奏

越野跑正确的呼吸方式应该是口和鼻同时呼吸。用口呼吸时要保持微张状态，呼吸节奏要和跑的节奏相一致。呼吸节奏不正确将导致运动疲劳并过早出现“极点”。在定向越野比赛中，大脑需氧量对运动员读图、识图有重要的影响。随着疲劳程度的增加和体力的下降，呼吸的频率有所增快，此时应着重于呼气，只有充分地呼出二氧化碳才能吸入大量新鲜空气，因此在跑动过程中为了增加吸氧量，可以将呼吸节奏与跑步节奏协调起来，四步完成“呼呼、吸吸”或者六步完成“呼呼呼、吸吸吸”的呼吸节奏。

（三）身体姿态

对于不同地形，跑步技术要进行适当调整。上坡时身体前倾，前脚掌着地，步长缩短，适当加快步频，髋关节主动发力带动大腿积极向前摆动。在进行坡度较大的上坡跑时，可以采用“之”字形跑法或采用小步快走的方法。下坡时上体稍微后仰，控制身体和膝关节方向向前跑进，全脚掌着地。下坡坡度较大或下台阶时，可采用“羚羊跳”的形式行进。在草地、松软地、沙地等地面行进时，步幅要小，频率要快，后蹬腿不宜完全伸直，同时要注意向前下方看，避免地面碎石、植被等安全风险；在跨越障碍时，落地应注意缓冲，在树林中行进时注意防止被树枝擦伤或戳伤。运动员在定向比赛中，应根据地形、路线的变化及植被情况有针对性、有目的地变换跑步技术和节奏，最大限度地提高越野跑能力。

三、注意事项

（一）合理调控运动速度

在定向运动比赛时，应以匀速跑为主。运动速度不宜过快，速度过快或中途加速、变速不仅造成体能快速消耗，而且容易导致“极点”现象提前出现，造成呼吸困难，节奏紊乱，判断力和读图识图能力下降。由于人在剧烈运动时的认知能力低于静息状态，速度过快会导致识图时间延长、错误点增多，此时应加深呼吸，加大摆臂幅度，调整跑速，尽力保持跑步节奏稳定。在良好奔跑节奏下，运动员不仅能够准确有效地读图，还能够合理调控奔跑的速度。有节奏的跑步动作不仅能节省体能，还能够达到最佳协调性。

速度技术控制的核心是将运动速度与识图、用图结合起来，没有正确的识图、用图能力，跑得再快只会加快迷失方向的速度。调整运动速度应依据下一个检查点的方向、路线情况及运动员的技战术特点。

（二）行进中距离感的培养

行进中距离感的培养主要建立在运动员良好的目测和步测技术，以及在不同环境、不同地形中跑动能力的判断基础之上，行进中距离感的培养是非重要的，它不仅可以提高寻找检查点的速度，而且有利于提前分配体力。

（三）注意安全防护

越野跑时要根据场地、天气等情况选择合适的服装、运动鞋。在树木茂密的环境下，尽量穿着长衣长裤；在雨后天气、道路泥泞的环境下，尽量穿着具有防滑纹路的运动鞋，注意加强跑步安全性。

课后练习与思考题

1. 路线规划练习。

练习一：图 3-31A 中 A、B、C 三条路线哪条是最佳行进路线？为什么？三条路线各有什么优缺点？

练习二：使用图 3-31B，根据自己的水平设计一条合理的行进路线，并说明不同阶段应使用何种快速行进方法。

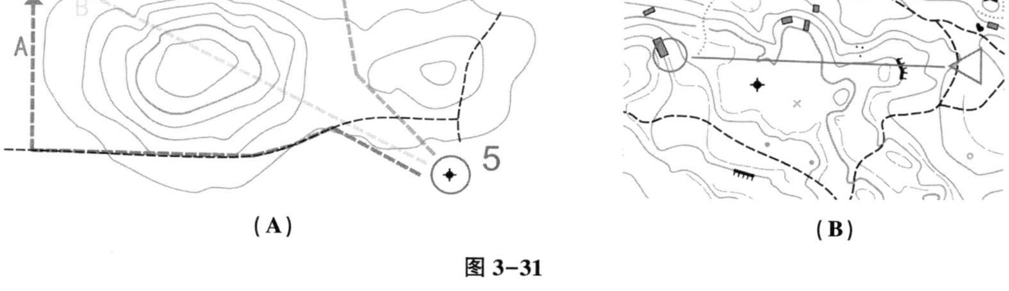

（A）　（B）

图 3-31

2. 测出自己 100m 的步数，试做 1∶2 500、1∶4 000、1∶5 000 的复步尺。

3. 捕捉检查点时需要注意哪些问题？如何快速寻找检查点？

4. 根据图 3-32 三维等高线图进行地貌判读与分析，标绘山顶、山背、山谷、凹地、分水线、合水线、鞍部和山脊。

5. 指出图 3-33 中山谷的类型。

图 3-32

图 3-33

CHAPER 04 《《 第四章

学校定向运动

内容导读

学校是定向运动启蒙与定向运动人才培养的关键场所。本章主要介绍学校定向运动的意义、定向运动社团的组织、运动队的组建、校园定向运动项目的开展形式及简单定向运动器材的选取，为构建学校特色体育课程，完善学校定向运动组织奠定坚实的基础。

学校是开展定向运动的主要阵地。定向运动课程是广大学生获取和掌握定向运动相关知识和技能的重要渠道。定向运动融合多种传统体育项目特点，使传统体育项目在新时代背景下焕发生机，与素质教育的要求不谋而合，深受各类学校、体育公司及政府部门的青睐。学校体育是全民体育事业的重要基础。在“健康第一”与“终身体育”的体育教学理念指导下，体育教育更加侧重学生素质全面发展，使青少年积极、快乐地参与体育课程，不仅能够提升学生的身体素质，还能够锻炼其品行。因此，大力推动定向运动教学与训练，成为学校体育发展的重要内容之一。

第一节　学校开展定向运动的意义

随着体育教学课程改革理念不断更新，定向运动改变了原有的体育教学模式，充分发挥教师的主导作用，体现了学生的主体地位，拓展了学校体育课程的空间。它可以使学生在参与定向运动的过程中，与大自然高度融合，陶冶情操，磨炼意志，提高团队协作意识及社会适应能力，在身心愉悦的状态下实现增进健康的目的。

一、拓展学校体育内容与空间

当前学校体育教学场地和器材设施普遍不足，因此增设学生喜闻乐见的体育课程或内容，因地制宜地开展教学活动，有效拓展学校体育的内容与空间，是一个亟须解决的问题。定向运动可以充分利用校园、田径场、足球场、篮球场、小花园等现有的场地条件进行定向运动教学，不受专项场地限制，能有效利用现有校园环境资源，迅速而有效地拓展学校体育课程内容及学生体育活动空间。定向运动参与性强，没有人数、性别及身体条件的限制，不同群体的学生都能找到适合自己的定向运动路线。因此，开展定向运动教学，对改善教学场地不足、教学形式单一等具有特殊的作用。

二、提高学生耐力素质

耐力素质是身体素质的重要指标，是人体各器官系统功能和心理素质的综合表现。提高学生的耐力素质是学校体育的重要目标之一，素质能力的好坏直接影响学生未来的成长与发展。定向运动特有的运动形式以及其饱含趣味的特点，能有效激发学生参与体育运动的兴趣，使学生乐于坚持长时间的耐力锻炼，在持续的间歇性运动中学会读图识图、检查点捕捉、确定站立点，在不自觉中进行有效的耐力训练，在不断的地形变化以及路线选择中，快乐地进行有氧锻炼，从而提高学生的耐力水平。

三、提高学生独立能力

传统教育模式使学生长期处于校园而缺乏对社会的了解以及生活磨炼，限制了学生良好个性品质的形成与发展。定向运动要求学生在整个教学过程中快速抉择、确定方位、规划与选择路线、重新定位、确定目标点等，必须独立发现问题、分析问题并解决问题。当学生独立处理比赛中发生的各种问题，寻找到所有点标时，当他们克服重重困难、胜利到达终点时，都会有效激发学生果敢、自信、善思笃行的意志品质。

四、培养学生团队精神

团队精神的形成有利于激发团队成员挥洒个性、凝聚共识、协调合作，共同完成任务目标，明确的协作意愿和协作方式能产生真正的内心驱动力。定向运动是培养团队精神的良好载体，定向运动的团队赛能充分优化团队内部资源，加强分工合作，根据每个队员的实际能力及特长合理分配任务、明确职责，使学生抛开自我中心和各自为战的心态，培养学生良好的集体荣誉感和责任感。

五、普及地图应用，增强野外生存技能

定向运动的开展可以使学生在体育锻炼过程中学习并掌握地图和指北针的基本知识与实际应用，增强学生空间感、方位感以及位置感的实际锻炼。地图和指北针是开展野外工作和活动的重要工具，使用地图和指北针的能力也是最基本、最重要的野外生存能力。培养野外生存能力的主要目的是培养学生具有一种追求真知而不畏艰险的

精神，一种积极探索问题的心理倾向，一种主动改变自己并适应环境的应变能力。

六、提高学生的逆境商

受家庭教育、学校教育及其他社会因素的影响，当前学生呈现逆商下降的趋势。定向运动的“定”不是一成不变的“定”，而是不断确定的“定”，定向运动是典型的变向运动，因此在比赛过程中会遇到各种难题，如站立点丢失、线路选择错误、迷失方向等，运动员需要不断地进行分析、判断，并不断地进行修正，保持冷静的心态，通过已掌握的技战术能力，应对所遇到的各种难题。逆境商的培养也是定向运动教学与训练的重要内容，主要的目的是让学生习惯挫折并勇于面对挫折，把逆商培养作为课程教学的着力点，使学生在逆境面前，形成良好的思维反应与应对方式。

七、培养学生的终身体育意识

运动兴趣的培养和体育参与意识的形成，是促进终身体育意识形成的前提条件。终身体育意识的培养应以学校教育培养为中心、家庭教育培养为基础、社会教育培养为平台，学校教育应使学生对定向运动的内涵及技能掌握得到不断锻炼与实践，使学生掌握一定的定向运动基本知识与基本技能，以兴趣爱好为出发点，逐渐地转化为自觉自愿参与定向活动或赛事的行为或习惯，为培养终身体育意识打下坚实的基础。

第二节　学校定向运动社团的组织与管理

学生社团是学生根据兴趣爱好自愿组成的、按照章程自主开展活动的学生组织。学生社团作为联系学校与学生的桥梁及学校重要的课外教育资源，通过开展丰富多彩、健康向上的有益活动，满足学生对体育知识的需求和参与体育活动的需要。学生社团对于进一步推进素质教育，实现学校特色办学、学生多元成长、教育均衡发展的目标，建设健康、文明、和谐的现代校园文化，培养学生的专业技能，树立学生的终身体育意识具有重要的作用。

一、学校定向运动社团的组织

（一）定向运动社团的构成

定向运动社团是高度自治的学生组织，学生在参加社团活动的同时还参与社团的组织、管理、活动策划等工作。定向运动社团的组织分工明确，充分发挥社团每位成员的优势，学生的工作能力在实践中得到锻炼，综合素质能力有所提高。

（二）定向运动社团活动的开展

1. 定向运动常规性训练

常规性训练是保证学生获取定向运动技能和定向赛事组织能力的重要途径。主要内容包括定向运动基本知识、技能训练、体能训练、赛事组织方法、电子计时系统的操作、裁判法等。利用每天早训或放学后半小时时间进行统一训练，以体验式教育的理念，进行学习、体验、交流。

2. 新生入学军训培训

参与军训是《中华人民共和国兵役法》赋予当代学生义不容辞的责任，定向运动起源于军事活动，具有高度的军事教育意义，提高学生的国防意识，直接关系到国家安全与发展的大局。定向运动社团配合学生处、武装部进行军训识图用图训练，可以有效地促进学生军事地形学知识的学习和掌握，提高学生识图用图能力，培养学生坚韧不拔的意志品质。

3. 定期举办定向系列专题讲座

为开拓学生思维、提高其技能水平，可以举办多种形式的定向专题讲座，逐渐形成长期的系列培训，为学生提供更多的学习机会。系列专题讲座应包括基本知识技能、团队战术、教练员学、裁判法、定向地图测绘、比赛路线设计等内容，其中定向地图测绘是制约定向运动发展的主要瓶颈，也是学生定向运动生涯有效延续的主要学习内容。社团指导教师可以根据社团的工作计划，每学期或每学年开设一次定向运动制图培训班。主要目的有两个：一是使学生掌握定向运动制图的能力；二是加深学生在实践中对定向地图符号及意义、比例尺、等高距的认知，加强学生对定向运动制图规范的理解。

4. 参加高水平赛事

赛事是检验专业性社团的重要载体，通过专业理论知识的积累、能力的提升，社团学生都应该具备一定的专业技能。为社团学生提供高水平赛事参与的机会，有助于检验并完善学生专业知识能力的储备，主要包括两个方面：一是鼓励专业技能好的学生参加高水平赛事；二是为社团学生提供校级、市级甚至省级赛事的裁判、志愿者、赛事地图测绘、路线设计、成绩统计等工作，将实践教学环节融入社团活动，提升学生的职业能力和综合素质。

5. 进行定向运动的推广与普及

充分发挥学生社团的专业优势及社团成员的力量，积极进行定向运动社会推广与普及工作。配合社会各团体、体育公司、政府部门进行定向运动赛事及活动的开展，同时响应政策号召，积极开展“课后延时服务”“送课进学校”等活动。

6. 编写社团教材或社团期刊

为保证学生的有效学习，应根据学生的实际情况以及社团的实践需求，编写简易的定向运动教材，全面、系统、有针对性地普及定向运动及拓展领域的相关知识。社团期刊的编写有助于满足学生阶段性学习的需要，主要包括两个方面的内容：一是定向运动基本知识与技能、裁判法、教学方法、绘图小知识、定向小常识等，二是社团近期活动总结与安排、比赛经验分享、比赛计划公布、培训通知等。

二、学校定向运动社团的管理

（一）对理事会的要求

理事会要遵循和贯彻党的教育方针，促进学生的全面发展，全面监控定向运动社团的健康发展，提高社团学生的综合素质能力，丰富校园文化生活，服务于社团成员全面成长成才。

（二）对指导教师要求

指导教师须为学校在编教师，在定向运动领域中具有权威性，具有较高的定向运动水平和较强的野外定向运动教学能力，要具有高度的责任心，要对社团组织的主要活动进行可行性、安全性论证，要充分利用时间对社团成员进行定向运动基本知识、基本技能、裁判法、赛事组织、定向地图测绘等技能的培养，同时指导教师应为协会成员提供高水平赛事参与的机会。指导教师聘任后不能随意更改。

（三）对会员的要求

严格遵守学校的规章制度，认真执行社团章程，按时缴纳会费，服从管理，根据社团年度计划积极参与社团学习与活动。严格遵守组织纪律，爱护自然，保护环境，自觉遵守公序良俗。

（四）管理制度

学校运动社团必须遵守宪法、法律、法规和校规校纪，必须制定严格的管理制度，包括会员管理制度、奖惩制度、财务管理制度以及组织内部的管理规定等。

第三节　学校定向运动队的组织与管理

学校定向运动队的组建是为了贯彻落实党的教育方针，对学生进行社会主义道德风尚教育，推动学校定向运动的发展，增强学生体质，更好地培养德、智、体全面发展的社会主义建设人才。

一、复合型训练团队的组建

复合型训练团队是指一群具备技能互补性的教师，为实现整体绩效大于个体绩效之和，充分发挥科技先导作用，实现训练过程和管理过程科学化而组建的团队。随着竞技体育技术的日趋完善，现代竞技体育已成为立体化竞争，仅仅依靠有限的知识和单一的手段已不能达到更高、更快、更强的目标，夺取竞技优胜也绝非单一学科或人员所能胜任。精英教练的时代已经或正在成为过去，凭借教练员一己之力已经远远不能满足运动队发展的需要，因此复合型训练团队的组建就显得尤为重要。

（一）复合型训练团队组建的意义

1. 有助于优化人员结构，提高团队整体实力

竞技体育日趋激烈，早已超越了训练主体“孤军作战”的时代，竞技体育组织与管理的系统化和集成化使竞技体育进入了一种团队综合能力博弈的新阶段，因此必须构建以多学科师资密切合作为特征的新型训练团队，使训练效果因训练团队的整合达到最优化。

2. 有助于提高学校定向队的科学训练水平

复合型训练团队的组建，要充分引进高素质的教练员或其他各类人才，集思广益、合理分工、各司其职，有效拓展定向运动训练的广度与深度，创新训练机制，切实提高运动队的整体训练水平。

3. 打造创新性学习团队，塑造优良的团队精神

运动队优良的团队文化建设将直接影响训练效果及比赛结果。通过团队管理理念、理论及方法的使用，有助于学校定向运动队营造良好的团队文化，培养奋进、积极的团队氛围，塑造拼搏、奋进的团队精神。

（二）复合型训练团队的组建方法

1. 训练团队结构要合理

定向运动复合型训练团队最好由 3~5 人组成，主要包括主教练、体能教练、场地教练员等，应从学科种类、知识水平、训练经验、电脑软件操作等方面进行综合考量。主教练是运动训练和竞赛的主导者，其指导作用贯穿整个运动训练的全过程，这就必然要求主教练具备转强专业知识和业务水平，教练组的搭配也应达到最优化，以便发挥最佳的效益。教练组应在年龄结构、职称结构、学历结构、知识结构和能力结构等方面形成最优化的互补状态。

2. 教练员培养

目前，学校定向运动师资多为半路出家，整体能力与素质没有达到复合型知识结构的要求，缺乏参与定向运动教学、训练以及竞赛实践经验的积累，因定向运动涉及基本知识、基本技能、教练员、裁判员、地图测绘等知识，因此需要不断加强定向运动师资的培训，培养出能够熟练运用定向知识与技能的学科人才。

二、定向运动队的组建步骤

（一）定向运动队员的来源

1. 全校招募

制订工作计划，获取学校领导及相关部门的支持，以学生自愿报名参加的方式进行选拔，也可以由班主任进行宣传工作，并通过班主任了解报名学生的学习成绩、爱好、习惯、品行等。

2. 定向运动社团推荐

定向运动社团是向学校定向运动队推送队员的中坚力量，其具有系统化、全面化技能培训的特点，可使社团学生具备较强的专业技能，社团成员对定向运动的喜爱更会成就其在学校定向运动队的发展。

3. 军训活动推优

识图用图训练是学校军训活动的主要内容，通过简单的识图用图培训，学生能够掌握基本的定向运动技能。在军训定向赛中，教练员可以很直观地挑选出在比赛中成绩优异的学生。

4. 从体育特长生中选拔

体育特长生具有体能好、运动感强等特点，因此在对他们的培训中，往往可以缩短周期，但并不是所有的体育特长生都适合从事定向运动，这也是很多学校在定向运动选材时存在的一个误区，总认为“跑得快就能跑定向”，这是极端错误的。

（二）定向运动员选材

定向运动员选材是挑选具有良好运动天赋和竞技潜力的青少年参加定向运动训练的起始工作。选材时，应充分考虑定向运动项目的特点，使用科学的方法，选拔出定向定位能力强的人才，进行科学、系统的培养，并监测其发展，这项工作对促进学校定向运动的发展及学校定向运动后备人才的储备具有重要的作用。运动员的选材在整个运动训练过程中是最基础、最重要的工作环节，必须常抓不懈，加强学校定向运动队梯队建设，使其符合持续性发展的规律。

1. 专项指标测试

定向运动是一项“智能先导”的体育运动项目，因此在进行定向运动选材时首先应着重于专项指标的测试。专项素质指的是运动员的专项技术水平、专项素质水平和其他专项能力水平的综合。专项素质水平可反映运动员的可训练性及运动潜力，是选材的重要指标。专项指标测试分 4 个阶段，考核标准可以适当降低，以满足“广选”的需要。

第一阶段：无底图定向测试。

在一块 60m×60m 的空旷区域内，设置简易的无底图地图（点位图）（图 4–1），使用标志筒或电子计时设备作为点标，记录每位队员的完成时间。选拔时，必须使用同一张地图。当一名队员找点时，其他队员不能观看场地情况，以保证选拔的公平性与有效性。选拔时，教练员应使用同一张地图对队员的行进路线进行跟踪，观察队员在找点时的定位定向能力、路线的选择、地图使用动作及队员的临场表现等情况，是否存在错点、漏点、犹豫不决、性格急躁、盲目找点等现象，并做详细的文字记录。

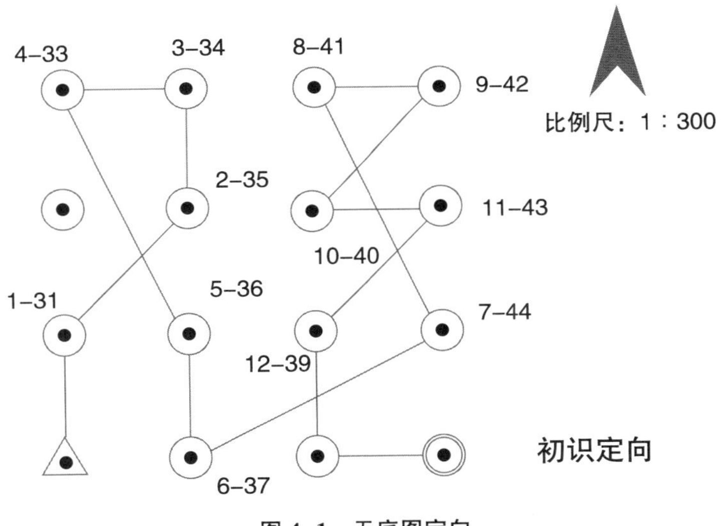

图 4–1　无底图定向

第二阶段：基本定向技能测试。

基本定向技能的测试内容主要包括方向感、距离感、识图能力 3 个要素。在野外选择合适的测试区域，带领队员行进 20min，使学生及时适应野外环境，20min 后进行调休，利用调休时间说明本次测试的方法及注意事项。

测试一：带领队员随意跑动，立即停止，集合队员，要求队员原地快速辨别方位，按照教练员的口令及时面向方位站立。重复 3~5 次，记录每位学生的测试结果，辨别用时短、准确度高的学生予以优先考虑。

测试二：给地图定向。使用测试局部地图，隐藏指北标志，让学生根据地图以及实地的具体情况，进行图地对照，将地图的北与实地的北进行对应，用时短、准确度高的学生予以优先考虑。

测试三：使用测试地图（图 4-2），间隔 4min 出发一人，让队员在无指北针的情况下按照地图的点标位置朝目标前进，观察队员方向判断的准确性以及偏离目标点情况。重复测试 2~3 次，方向判断准确、偏离幅度较小、完成时间短的队员可以优先考虑。整个测试过程中，可以使用无人机跟拍或使用 GPS 轨迹跟踪进行监测。

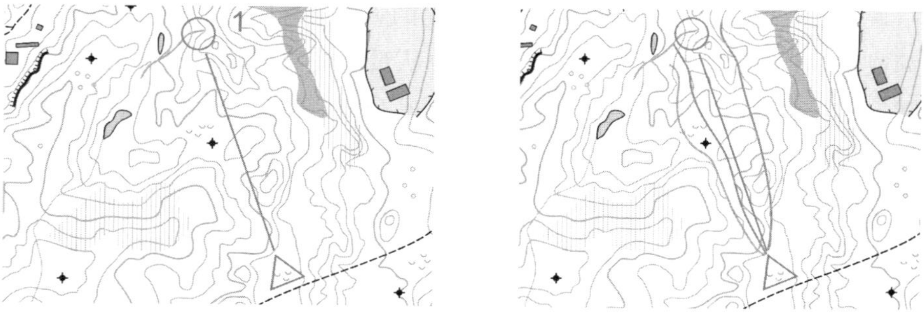

（A）　　（B）

图 4-2　方向判断练习图

测试四：进行距离感测试前，先简单讲解距离判断（目测、步测）及复步的相关知识，然后测量出平地 100m 的复步数。选择一块空旷的场地，设置一条路线，检查点数量为 10~16 个，要保证在任何一个检查点都能看到其他的检查点。间隔 4min 出发一组，组员之间全程不能交流，在进行距离估计时，按照要求将估计结果填写在表格上（图 4-3），教练员根据组员的估测结果进行评分，估计距离接近者予以优先考虑。

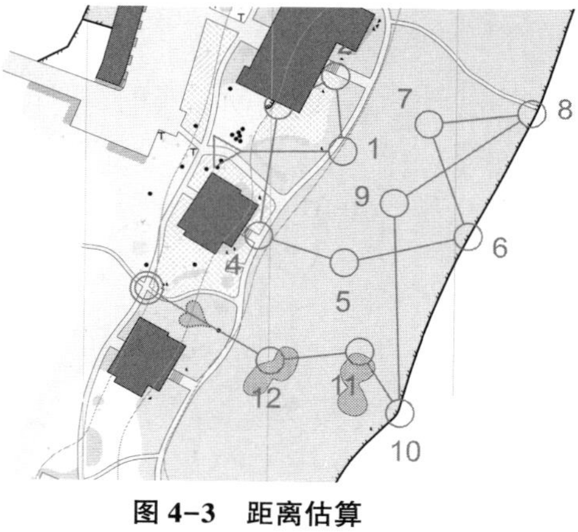

图 4-3　距离估算

第三阶段：按规定路线行进测试。

选择具有多条不同类型“扶手”的测试区域，设计一条规定路线，设置起点、终点以及沿径检查点 10~16 个。将一部分检查点设置在沿径的道路交叉、交会处或明显地形点附近，再设计几个难度大的检查点，比如相似地形点或同一地形点的不同方位等（图 4-4）。间隔 4min 出发一人，要求按照图上所标绘的路线行进。队员在行进时，使用铅笔记录规定路线上所遇到的点标旗数量并在图上标注标旗的具体位置。记录点标信息准确、完整、用时最短的队员予以优先考虑。

图 4-4　按规定线路行进练习

第四阶段：跑图测试。

严格按照比赛的程序进行，间隔 2～4min 出发一人，使用简易的定向地图，设计 6～8 个检查点，记录每名学生完成时间，顺利完赛且用时较短者予以优先考虑。整个测试过程中，可以使用无人机跟拍或使用 GPS 轨迹跟踪对队员的定位与定向、路线选择、重新定位等能力以及临场表现等情况进行监测。

上述 4 个测试阶段，基本上可以测试出队员的定向定位能力，以及在野外环境下独立分析、解决问题的能力。如果条件不允许，则可以采用 4 个阶段中的某 2 个或 3 个阶段进行测试。

2. 身体形态指标

定向运动的越野跑是一项速度和耐力运动，因此运动员的身体形态在一定程度上可反映其竞技能力的水平。定向运动员身体形态的选拔标准可以参照中长跑运动员的选拔标准，如身材适中匀称、肌肉强健，下肢较长、小腿相对较长，骨盆较窄、臀部肌肉紧缩并上翘，膝关节和踝关节围度较小，足弓较大，跟腱明显等。较为理想的身高和体重标准为：10～12 岁男子运动员身高 1. 42～1. 50m，体重 31～35kg；女子运动员身高 1. 40～1. 48m，体重 31～33kg。13～14 岁男子运动员身高 1. 63～1. 72m，体重 55～60kg；女子运动员身高 1. 60～1. 65m，体重 40～48kg。18～20 岁男子运动员身高 1. 65～1. 75m，体重 65～75kg；女子运动员身高 1. 55～1. 65m，体重 55～65kg。

3. 身体机能指标

身体机能是指运动员各器官系统的功能，是身体活动的基础。运动员心肺功能的好坏会在很大程度上影响竞技运动水平的发挥。肺活量可作为身体机能的重要评价指标。10~12岁男子运动员的平均肺活量为3000~4000mL，女子运动员的平均肺活量为2200~3000mL；13~14岁男子运动员的平均肺活量为3500~4500mL，女子运动员的平均肺活量为3200~4000mL；18~20岁男子运动员的平均肺活量为4000~5000mL，女子运动员的平均肺活量为2500~3200mL。

4. 身体素质指标

身体素质是指机体在活动时所表现出来的各种基本运动能力，通常包括力量、速度、耐力、柔韧性和灵敏度等，是人体各器官系统的功能在肌肉工作中的综合反映。根据定向运动项目的特点，运动员在比赛中需要长时间奔跑，并完成跳跃、跨越、攀爬等一系列动作，需要一定的加速能力和协调能力，特别是长时间的持续奔跑能力以及高速维持能力，是影响定向运动员体能的重要因素。耐力素质作为定向运动的基础，是保证运动员取得好成绩的关键。对定向选手进行耐力素质测试，一般采用女子1500m跑、男子3000m跑、12min跑或固定距离跑（2400m）为耐力素质的测试指标。

5. 心理素质指标

在定向运动中，除技能、体能、智能因素外，运动员的心理素质往往起到关键性作用。运动员在训练和比赛中具有稳定、良好的心理素质是获得胜利的重要因素，在运动过程中，精准的直觉、敏捷的判断力、情绪的管控和自我调节，都是制胜法宝。根据定向运动的特点，在选材时应从以下几个方面考虑。

（1）反应时间：这是定向运动员必备的一项重要品质。定向运动要求运动员在快速奔跑中迅速做出反应，及时准确地判断运动方向、运动路线。运动员的反应时间可通过简单反应时间（视、听）和复杂反应时间等测试予以评定。

（2）思维敏捷性：比赛中运动员要在瞬息万变中处理各种信息，包括图地对照、确定站立点、明确目标点等，在最短时间内，经过思考做出准确的应答行为，这就需要敏捷而迅速的思维能力。

（3）神经类型：目前关于优秀定向运动员神经类型的研究较少，但根据国内大多数优秀定向运动教练的经验发现：多血质（活泼型）的人比较适宜定向运动，但要克服粗心大意的毛病；胆汁质（兴奋性）的人比较适合短距离比赛，但切忌冲动、主观任性；黏液质（安静型）的人比较适合长距离比赛。

（三）试训筛选

试训筛选工作有助于优化学校定向运动队，完善队伍建设。通过初选的学生随队进行为期1个月的短期试训，带训教师要制订培训计划及最终的考核办法。试训期间重点观察学生的运动能力、定向运动技术水平、身体素质变化以及心理素质等表现。

试训结束后按照考核办法进行考核，依据考核结果，结合学生试训期表现进行综合考量，确定最终人员名单。

（四）组建队伍

队伍的名额应考虑各年级学生的比例，保持队伍的梯队建设，避免出现脱节现象。选拔结果公布后，立即召开全体队员会议，明确队伍的目的、任务、训练要求、管理制度等。

三、学校定向运动队的管理

思想政治工作管理、运动训练工作管理、文化学习管理是学校定向运动队的主要管理内容。

（一）思想政治工作管理

运动训练是有目的、有计划地培育人才的一种活动。教练员在传授理论知识和实践技能的基础上，要结合专项对学生进行思想政治教育，使学生潜移默化地树立正确的人生观、价值观、世界观，寓德于体，课程思政，对学生综合素质的培养至关重要。作为教育的主体，学生在接受知识的同时，也通过自身的言行举止影响教练员，使训练队形成良好的队风，这是队伍的灵魂和精神支柱。在训练过程中，教练员要构建与学生交流的良好平台，深入了解学生的思想动态、心理状况以及情绪变化。思想政治工作应进行正面引导，多树立训练榜样并对训练积极的学生予以肯定与表扬；在发现严重违纪行为时，教练员要结合实际情况给出适当的处分，绝对不能纵容，只有这样才能保障教练员可以全面掌握整体训练过程，进而保障训练管理工作的有序进行。

（二）运动训练工作管理

运动训练工作管理主要指对运动训练过程的管理。教练员要根据本队的实际情况制订详细的阶段或全年训练计划，提出具体的任务和要求，确定训练的内容、重点以及技能训练所需时间比重，全面落实训练计划，主要包括课程任务、内容、训练步骤、训练方法、时间分配、训练要求和注意事项等。

组织管理是指构建学校定向运动队的规章制度、训练秩序等，保障运动训练工作有效进行。不断完善训练条件，加强器材设备管理，提高训练服务水平，科学安排训练时间，完善、丰富教学手段，循序渐进地提高运动负荷等。

（三）文化学习管理

定向运动训练具有课余性的特点，教练员要正确处理运动训练和学生文化学习之间的关系，要做到运动训练和学习共同发展。

教练组应注重学生文化学习的管理。教练员应定期与班主任、任课教师联系，了解运动员的思想状况、学习成绩、学习态度等。一旦发现问题，及时引导、教育。制订运动员管理制度时，应将学生的文化学习列为重点内容，学习成绩明显退步的学生应立即停止训练，待学习成绩进步后再恢复其训练。形成学习帮扶小组，鼓励学生互相帮助、互相督促、互相提高。在外出训练或比赛时也要适时安排一定的文化学习时间，同时与各年级的教师就学习进度、知识点等内容进行沟通，督促学生学习，保证学生的学习效率与效果。

第四节　校园定向运动教学项目

随着定向运动不断发展，其已被纳入学校体育课程内容，如何在有限的校园场地环境中进行定向运动训练，不断提高运动员的综合技术水平，已成为学校进行定向运动教学和训练的重点。

一、无底图定向练习

在教学区域范围内约 60m×60m 的空旷区域，使用标志筒作为检查点，标志桶上设定检查点编码，检查点编码从 31 开始设定，根据学生的实际情况，可以设定数量不等的检查点，按照不同的图形摆放。教学时，设定 10 条路线，每组 10 名同学同时出发，依次寻找检查点。开展普及性教学时，不要过分强调正确性。

此练习可以多次进行，让学生体验不同的路线，场地可以采用矩形、菱形（图 4-5）、圆形（图 4-6）及不规则图形，由走到跑，循序渐进地提高练习难度。

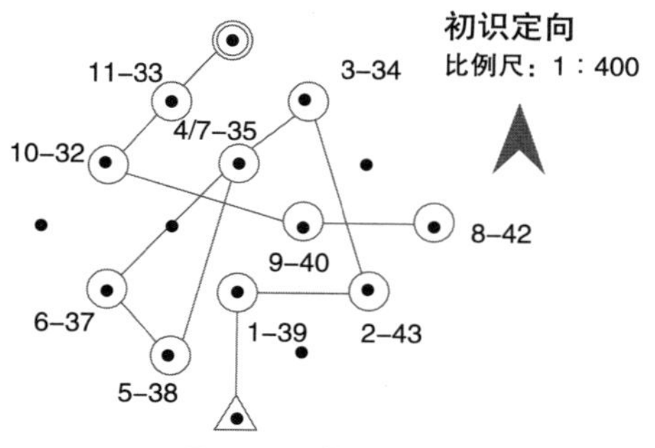

图 4-5　菱形布点

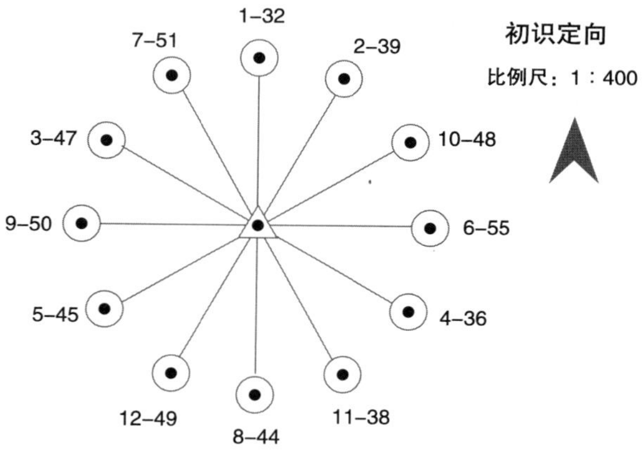

图 4-6　圆形布点

二、网格定向训练

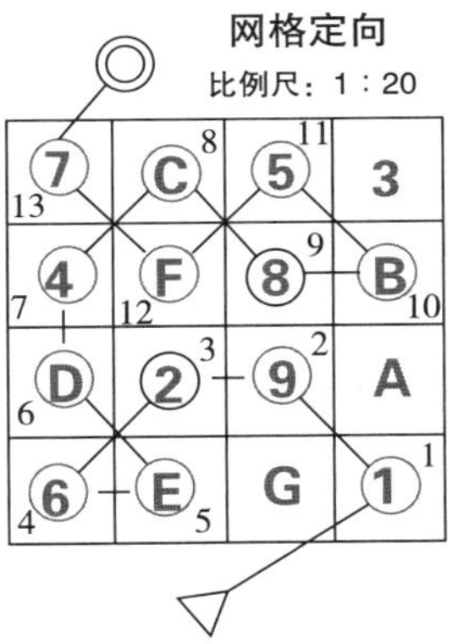

图 4-7 “格状”场地

场地可以设置为“格状”场地（图 4-7），每个格子的边长为 1~1.5m，编制编码，编码可以设置成数字式、字母式、混合式等不同形式，可以按顺序编制，也可以打乱顺序编制。设计路线时，跨度不要过大，尽量两点相邻。此练习方法适合低年级学生及普及定向时使用。练习时，学生采用双脚跳跃的形式行进，跨度较大时可以采用跨步跳的形式行进。应避免场地湿滑，并做好安全防护。

三、室内定向

场地可以设置在教学楼、训练馆、图书馆等区域，可以进行单层定向（图 4-8）或多层定向（图 4-9）。室内定向可以解决天气原因造成的场地匮乏问题，多层定向应注重加强安全教育及场地安全防护。

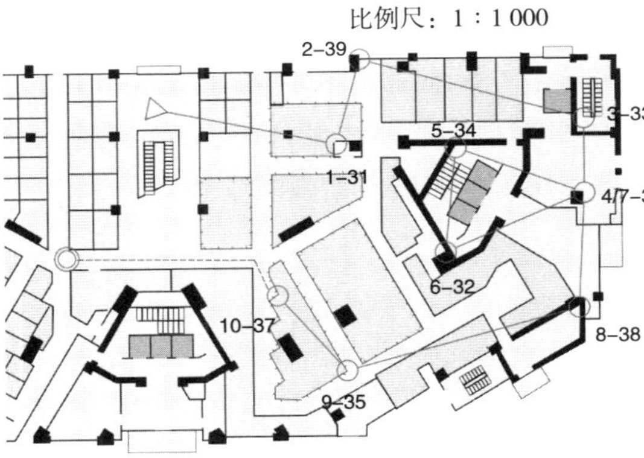

图 4-8 室内单层定向

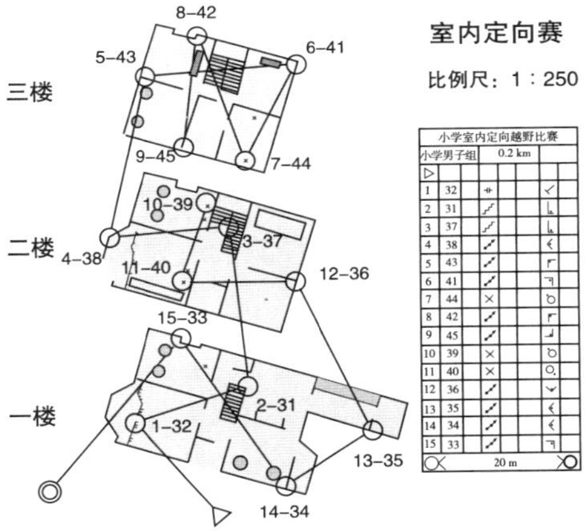

图 4-9 室内多层定向

四、微型定向

可以使用田径场（局部）（图 4-10）、足球场（图 4-11）、篮球场、羽毛球场、排球场等各种场地进行微型定向教学。教学时，设置多条路线，每条路线跑完后，教师要对学生表现进行点评、分析，使学生掌握跑动过程中的一些技巧或要领。

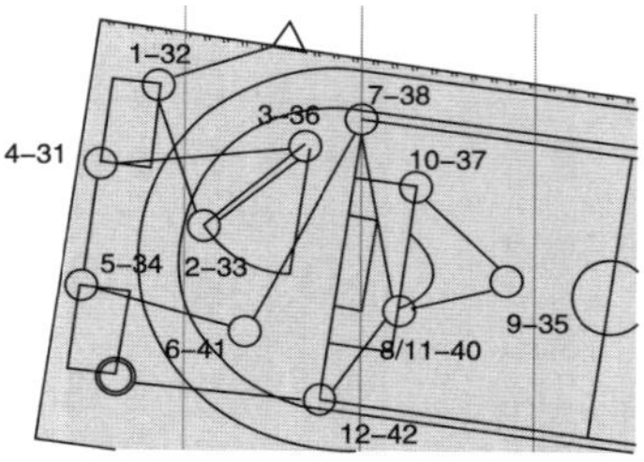

图 4-10　利用田径场（局部）进行微型定向教学

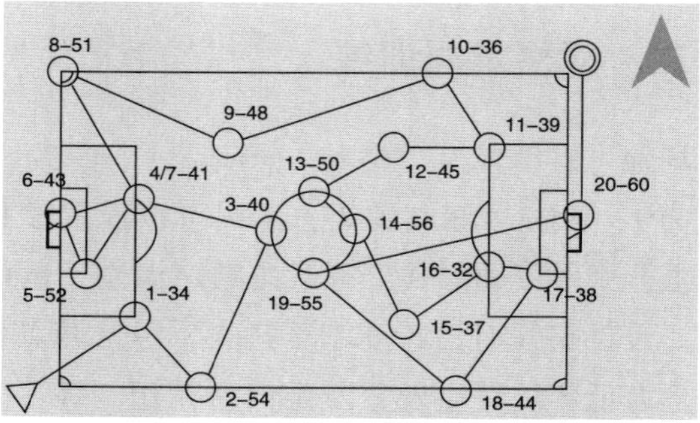

图 4-11　利用足球场进行微型定向教学

五、迷宫定向练习

（一）利用辅助器材进行迷宫定向练习

在教学训练过程中，为了增加校园场地的难度及路线选择的多样性，可以使用栏架、隔离带或 A 字板等辅助器材在场地的空旷区域设置小型迷宫，可以采用文字、字母或迷宫图形等形式。迷宫定向能够发展学生在快速奔跑中的灵活性，最大限度地拓展其思维，适合课堂教学，有利于激发学生的学习兴趣。

在教学中可以分组进行，两人一组，每名学生一张地图（图 4-12 和图 4-13），学生互相设置路线让对方进行练习，这样既可以培养学生的路线设计能力，也有利于提高学生的主动学习意识，还能够有效地提高课堂练习的密度，增强教学效果。

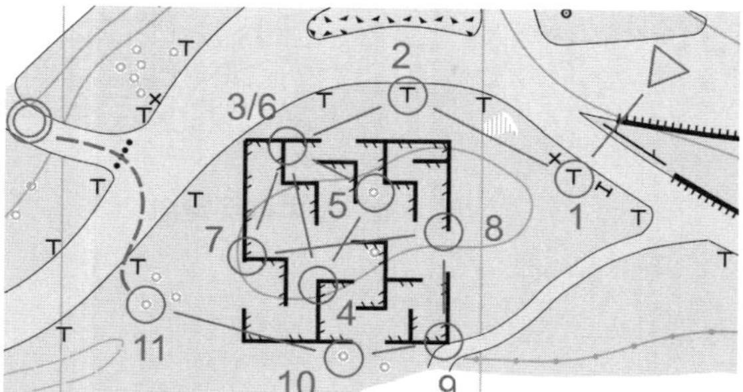

图 4-12　迷宫定向（一）

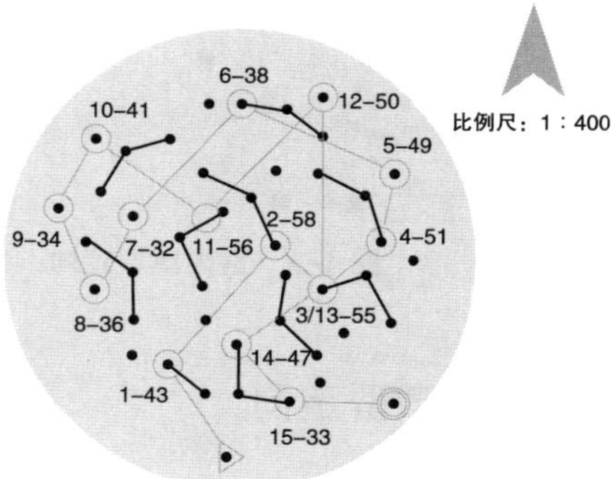

图 4-13　迷宫定向（二）

（二）迷宫竞速练习

迷宫竞速练习能更好地考查学生的技能水平、在竞赛状态下学生的心理承受能力及快速应变的能力。为保证竞赛的公平性，迷宫竞速场地的布局（图 4-14 和图 4-15）可以设置成结构相同、正反不同的两个对等迷宫。为保证等待区域的学生不能直接观察场地情况，可以选择有遮挡物的区域进行。此方法可以在对运动员进行精确选拔时使用。

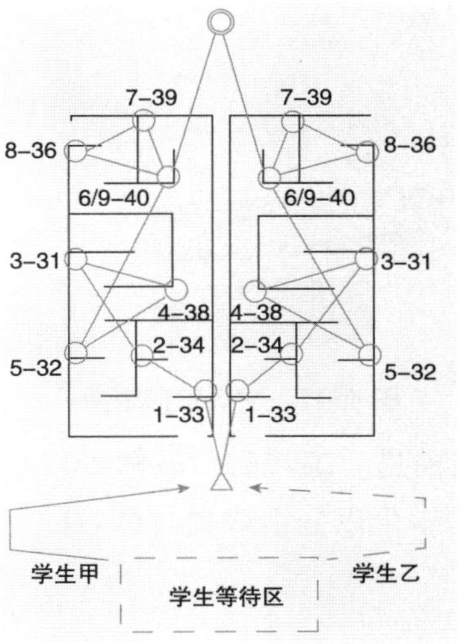

图 4-14　迷宫竞速布点图

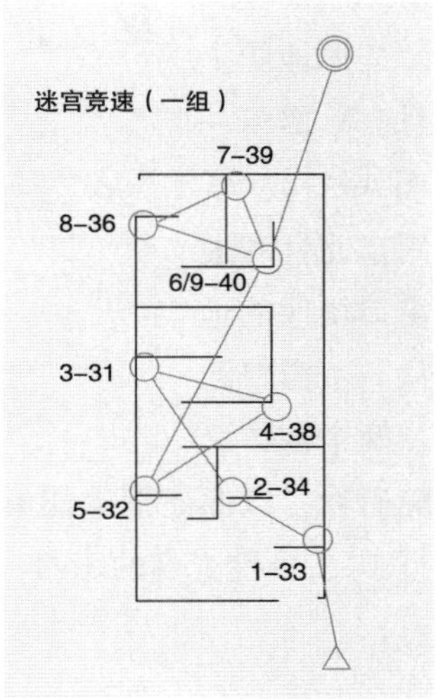

图 4-15　学生使用的地图

（三）利用自然环境进行迷宫定向练习

充分利用校园的自然环境进行迷宫定向练习（图 4-16）。选择教学区域时，一定要考虑教学安全、植被保护等情况。可以使用醒目的隔离带、标志带设置障碍，障碍高度为 1. 2~1. 5m，不宜过低或过高。在进行教学时，可逐渐增加练习难度。将学生分为 8~10 组，设计 8~10 条不同的定向路线。为了提高学生在缺氧、体能降低状态下读图识图、路线选择的能力，在进行迷宫定向之前，可以先设置一些体能训练项目，比如 1 分钟单绕跳绳、30 个立卧撑、绳梯训练等，体能训练项目完成后，快速取图进行迷宫定向练习。

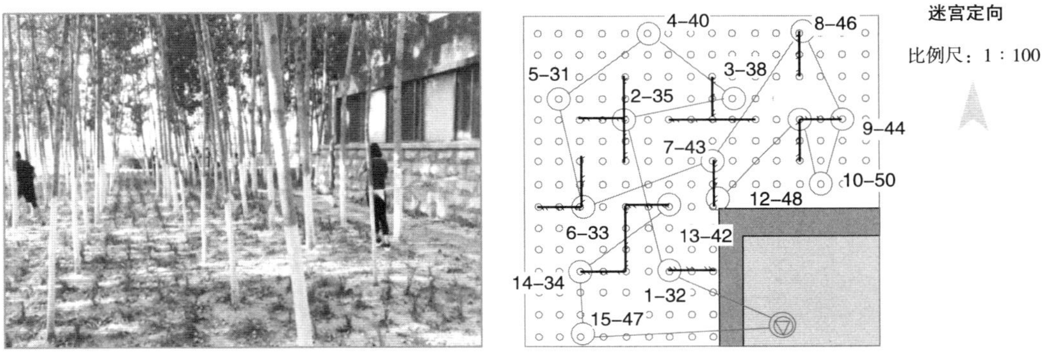

（A）　（B）

图 4-16　利用学校小树林进行迷宫定向教学

六、窗口定向

此练习可以在田径场、足球场上开展。去掉地图上其他部分的信息，只留下一个局部区域（图 4–17）。学生必须正确使用指北针和地图，充分利用窗口场地的地物特征行进，从一个窗口跑向另一个窗口。两个窗口之间没有隐蔽的障碍物，以保证学生能够直线前进。练习时，教师可以示范性教学，带领学生统一进行 1~2 个检查点的练习，然后学生以分组或独自练习的形式继续完成其余检查点的练习。

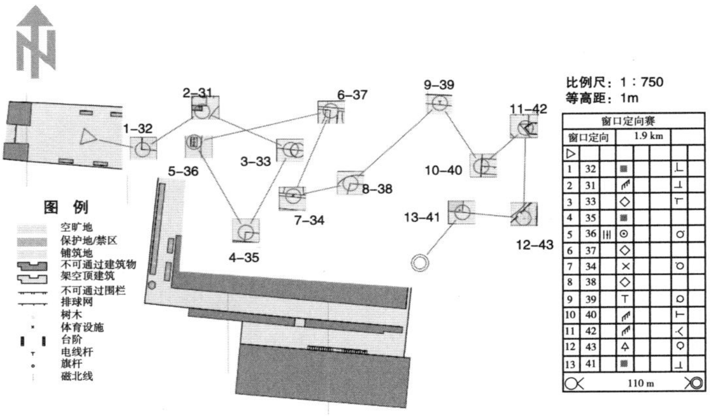

图 4–17　窗口定向地图

七、廊式定向

此练习可以在田径场、足球场上开展。定向地图是简单、没有信息的，除了连接检查点的一条狭长走廊，其他部分全部隐藏（图 4–18），类似线状识图，学生必须沿着走廊进行读图识图、寻找检查点，朝任何方向偏离都有迷路的危险，从而失去定向地图的帮助。练习时，教师先示范性教学，带领学生统一进行 1~2 个检查点的练习，然后学生以分组或独自练习的形式继续完成其余检查点的练习。

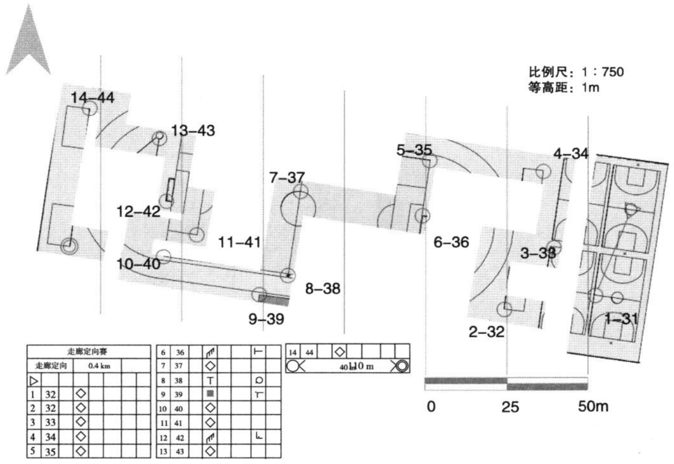

图 4–18　廊式定向地图

八、百米定向

百米定向是在大约 100m×100m 的场地内进行比赛或练习，具有观赏性强、易参与、易组织的特点。百米定向主要检验运动员在高压下读图和阅读检查点说明表的能力、迅速抉择的能力及不断改变跑速和方向的能力。百米定向检查点的难度是检查点周围有许多相似的其他线路的检查点或相同检查点特征的不同位置。教学场地多选择田径场、足球场及小花园、小公园等区域。

学生每人一张地图，间隔 2min 出发一人，学生按照检查点顺序依次打点。为加强学生的读图能力，在进行百米定向之前可以进行 30s 的无氧训练，无氧训练结束后马上进行百米定向训练，重复 6~8 次，组间间隔以学生心率降至 120 次分为开始下一组练习的依据。

九、短距离定向

短距离定向技术要求简单、难度小，主要检验运动员在复杂环境下的读图和识图能力，以及在高速奔跑状态下分析、选择路线的能力。整个赛程都体现了速度因素的重要性。短距离定向通常在校园、公园、野外进行，比赛时间为 12~15min，练习时可以整个学校为教学区域。按照短距离定向比赛的要求进行练习，学生每人一张带有路线的校园定向地图，每间隔 2min 出发一人，按照规定的顺序寻找检查点并进行打卡。完成整个赛程后，学生在地图上标绘出跑动路线，教师可以带领学生到实地进行复图。

十、积分定向

积分定向的特征是在限定时间内运动员自行规划线路，以便充分利用时间寻找尽可能多的检查点以获得最大的积分值，运动员不必把全部检查点都找到，超过限定时间则会依据规定扣除一定分值或取消成绩（图 4-19）。积分赛中依据检查点难易程度和主要赛段距离的远近，赋予不同的分值。赋值原则为难度越大，分值越大；离主要赛段越远，分值越大。积分赛属于个人赛，主要考查运动员依据自己的定向技术和体能，自我规划时间和最佳线路的能力。积分赛能在各种场地进行，能与短距离赛、中距离赛、长距离赛同场比赛。

练习时因为没有固定线路的限制，因此多名学生可以同时出发，开始进行积分定向练习时可以不限定时间要求，学生完成整个练习后，将自己的跑动路线以及找点顺序标绘在地图上，小组讨论、分析，教师总结。

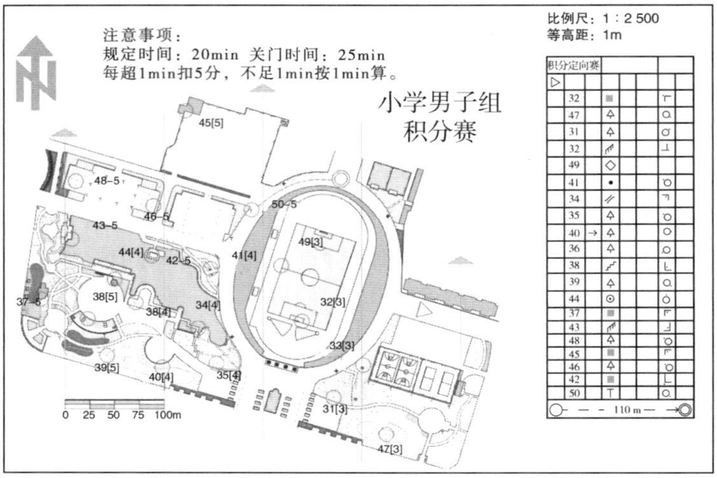

图 4-19 积分定向地图

十一、团队定向

团队定向是以队为单位进行的团体性比赛（图 4-20）。团队定向的检查点分为两类：要求所有团队成员都应按规定顺序亲自到访的必打点；只要求团队中任意一名成员按任意顺序到访的自由点。以最后一名到达终点成员的成绩作为整个团队的成绩。团队定向赛主要考验团队成员分工协作的能力，既要求团队中有一名战略意识强、专业能力突出、了解成员优势的领导者，又要求团队成员间相互理解、相互信任、相互补充，形成一种高效的群体环境。

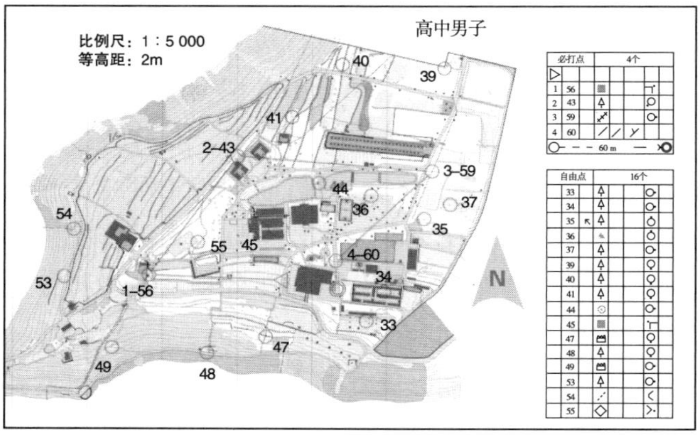

图 4-20 团队定向地图

在比赛中除了体能和技能因素，分图的实效性直接决定整个团队赛的最终竞赛成绩。分图练习要常抓不懈，开始练习时多以校园图进行练习，由简到繁、由易到难，逐渐过渡到使用公园图或山地图进行训练，也可以使用高水平赛事的团队定向赛地图进行图上分图训练，使学生掌握分图的基本方法，感受高水平赛事团队定向赛的难度以及风格。

第五节　定向运动器材的解决方案

作为一项新兴的益智类体育运动项目，定向运动的特点与阳光体育运动所倡导的理念高度融合，各级政府部门、各类学校也在大力推广定向运动，但定向运动作为一门课程在学校体育课程中发展相对缓慢，专业师资缺乏、活动场地受限等因素制约了学校定向运动的发展，专业定向运动器材（如定向地图、指北针、电子计时系统、点标旗等）购买与维护困难等因素也严重制约了定向运动课程在学校体育课程中的开设，对于专项经费本来就很紧张的体育教学部门来说是一种无形的压力。下面介绍几种定向运动器材创新、替代方法，通过对部分定向运动器材进行创新，从而促进学校定向运动的开展。

一、定向地图的解决方案

定向地图是制约定向运动发展的主要瓶颈，对于没有经过定向运动制图培训以及长时间地图测绘的教师来说难度较大。定向地图是开展定向运动最基本的器材，因此解决定向地图是首要任务。

（一）鼓励青年教师参与定向运动制图培训

这是一种一劳永逸的方法。通过鼓励年轻教师参加定向运动专业师资的培养，能够提高学校定向运动师资的专业性，同时可以使年轻教师融入更高层次的专业团体，接触更前沿的专业知识与技能，为其后续能力的培养和提升奠定坚实的基础。

（二）聘请专业定向运动制图员测绘地图

这种方法具有一定的时效性。定向地图十分强调现势性，“春图不可夏用”，同一地区的定向地图会随着季节的不同、人工建筑修整等情况而发生变化。聘请专业定向运动制图员测绘地图，除了必须支付一定的经费，后期定向地图因现地改变而不能修改是最大的弊端，同时设计的线路也不能满足长时间、多样化的教学与训练需要。

（三）自制简易定向地图

对于仍处于定向运动课程开发准备期或以普及定向运动为主要目的的学校，可以使用学校或学校某个区域的设计规划图、卫星图来进行定向运动的教学和训练，也可以使用手绘图（可添加颜色）这种类似于“藏宝图”只是表明地物逻辑关系的简单地形图。可以创造一些灵活的符号进行图例的标注与命名，同时在地图上标明比例尺、等高距等重要信息。定向地图中的线路可以手工绘制，也可以将地图扫描后使用各种绘图软件或办公软件中的图形工具进行绘制。这种定向地图的缺点是不符合国际定向运动制图规范。

二、点标旗的解决方案

点标旗需要在课前提前布置并在课程结束后进行回收，因此在整个教学和训练中会耗费教练员或教练组大量的时间和精力，同时也容易丢失，极易造成教学与训练中断，在基层的定向运动教学和训练中并不实用。为满足定向运动教学和训练开展的需要，为节省布置和回收点标旗的时间，可以在校园内设置能够满足教学或训练需要的自制点标旗。

（1）使用亚克力板材或防水材料制作规格 10cm×10cm 的点标旗（图 4-21），将其固定在校园内的明显地形点上，固定位置不宜过高。此种方法效果较好，点标旗结实耐用、美观大方。

（2）使用防水喷涂材料将点标旗喷涂在明显地形点上，可以使用镂空喷涂模板进行喷涂，保证图案的美观性与规范性。

（3）采用防水贴纸材料制作规格 10cm×10cm 的点标旗（图 4-22），将其贴在校园内的明显地形点上，此种方法的缺点是粘贴不够牢固，需要在每次教学和训练之前进行查看或补充。

点标旗设置的数量应能够满足教学或训练多条路线设计的需要。为防止人为破坏或移除，可以在点标旗上标注“课程器材，请勿移动”等提醒字样。点标旗规格设置不宜过大，一般设置为 5cm×5cm 至 10cm×10cm，在避免对环境造成破坏的同时能有效提高寻找检查点的难度。

图 4-21 亚克力板点标旗

图 4-22 自制的粘贴式点标旗

三、检查点签到的解决方案

目前，大多数定向运动比赛都使用一种基于“电子点签系统”的成绩验证装置，主要包括电子指卡和电子点签器，不但可以记录比赛总用时，还可以记录到达每个检查点的具体时间，包括点与点之间的各路段用时，详细准确，操作简单。目前研制的固定点签器更是节省了布点和收点的时间，使定向运动的开展更加方便、快捷、高效，易于组织教学，并提高学生的兴趣，可以极大地提高运动员打卡效率和比赛组织者的管理效率，保证比赛的公正性以及成绩的有效性。

下面介绍几种检查点签到的解决方案，作为简易开展定向运动的解决方案，若无法保证学生在教学或训练中严格按照顺序找点并打卡，则无法判断其成绩的有效性及到达每个检查点的具体时间。因此，在教学或训练过程中应加强学生诚信教育，使其严格按照检查点顺序进行打卡。

（一）夹钳式打卡法

夹钳式打卡器由弹性较好的塑料或金属材料制成，顶端装有不同排列组合的钢针。教学或训练时，将夹钳式打卡器与点标旗挂在一起，学生核对代码无误后使用夹钳式打卡器在检查卡片的相应检查点上轻轻按压，留下针孔图案即完成打卡。

（二）签名法

每个检查点上贴一张标有代码的白纸，学生每人配备一支彩笔，到达检查点后，使用彩笔在白纸上签上自己的名字或代号，即到访该点。教学或训练完成后，教师带领学生按照检查点顺序进行“复图”或让学生回收检查点的白纸进行效果检查。

（三）印章法

在每个检查点处放置带有与检查点号码相同的数字印章或者对应的图形印章。学生按顺序到访检查点后用印章在检查卡的相应位置或地图的检查点处盖章，即到访该点。此方法可以在小学的定向运动课程中使用，卡通图案能有效激发小学生探知定向运动的好奇心，提高学生学习的兴趣。

（四）表格文字法

表格文字签到法能够解决简易定向运动签到顺序的问题，从而判读学生成绩的有效性，具体方法如下。

（1）根据检查点数量，设计一个定向运动计时卡片（图 4-23）。

定向运动计时卡片

赛事名称：________ 赛事时间：________ 比赛地点：________

图 4-23　定向运动计时卡片

（2）设置检查点文字，按照检查点数量不规则分配到各检查点上，如第一检查点 3 个字，第二个检查点 1 个字，第三检查点 1 个字……无规律可循。

（3）使用 B5 纸设置检查点，每个点标上应体现检查点编码及分配的文字，将 B5 纸贴在检查点的明显地形点上。

（4）学生每人配备一支铅笔，跑动中要注意用笔安全。学生按规定顺序依次到访检查点。到达检查点后，核对编码并将检查点上的文字在定向运动计时卡片的方格中由左至右、由上到下地进行抄录（图 4-24），不加标点，不空格。出现标点和空格或语序错误则视为成绩无效。

定向运动计时卡片

赛事名称：________ 赛事时间：________ 比赛地点：________

×	×	市	无	线	电	测	向	和	定
向	骨	干	辅	导	员	培	训	班	在
×	×	×	风	景	区	开	班		

图 4-24　定向运动计时卡片填写方式

四、计时方法的解决方案

定向运动计时的目的是在按顺序正确到访所有检查点的前提下合理排列学生名次，是日常教学比赛的重要手段和标准。计时有利于激发学生求胜欲望，使其提高自我要求，注重技战术发挥。计时对学生的定向技能、体能和心理素质都提出了更高的要求。

（一）秒表计时

教学或训练前先编排好学生出发时刻表，每分钟出发一人或者一组。通过学生的回归时间与出发时间的差值来计算每名学生的比赛用时。

（二）专业设备辅助计时法

专业定向计时系统在野外教学或训练中极易损坏或丢失。作为辅助器材使用时，可以只携带起点、终点、清除、对时器、主站和微型打印机等设备，这样既达到了野外教学、训练的目的，避免器材设备的不必要损失，又能培养学生诚信打点、实事求是的优良品质。

定向运动器材的解决方案能够在一定程度上代替电子点签系统，很好地服务于教学与训练，但仍存在一定的弊端：一是成绩有效性的核对以及名次判定工作量较大，需要投入的裁判员数量较多，并容易出现统计结果错误；二是无法准确地根据竞赛的总用时、分段用时及检查点顺序等数据分析学生的临场状态和竞技能力的表现情况；三是在设计有星形路线的竞赛中，容易出现学生提前打点的作弊现象。

五、定向运动的整体解决方案

随着科技、互联网及大数据技术的兴起与发展，人们不再满足于简单的运动方式，更多地需要精细化的运动管理，获得隐藏在运动背后的各项数据。

深圳某定向 App 是一款专门为定向运动爱好者开发的独树一帜的互联网运动 App，用户既能报名参赛，又能获取赛事的有关数据，如完赛时间、成绩有效性判定、各路段时间、跑动路线等。定向地图、成绩单、指北针、打卡系统等都是通过手机操作软件完成的，既节省了购买器材的经费，也节省了资源损耗。因定向运动特点的限制，手机 App 的使用还是缺少使用纸版定向地图的那种流畅感。

课后练习与思考题

1. 校园定向运动教学项目有哪些？
2. 定向运动队管理内容包括哪些？
3. 简述团队定向赛的注意事项。
4. 定向运动员选材时应主要考虑的选材指标是什么？

CHAPER 05 第五章

定向运动教学

内容导读

运用现代体育教学理论，重点阐述定向运动教学的任务与内容、定向运动教学的特点与要求、教学原则、教学方法及定向运动教学的组织与实施，掌握定向运动教学大纲、教学文件的制订、错误动作纠正，了解定向运动课程风险防控的基本方法，使学生掌握定向运动教学的基本知识与技能。

教学与训练是定向运动练习过程的两个基本阶段。教学是掌握必要的知识、技术、技能的阶段，训练是提高知识、技术、技能的阶段。这两个阶段既有区别又相互联系，教学离不开训练实践，而在训练过程中仍有前沿的、新的技术需要学习。定向运动教学是从事定向运动练习过程的开始阶段，是学生认识和掌握定向运动最基本、最直接、最有效的方式。

第一节　定向运动教学概述

定向运动教学是一个特殊的、有组织的教育认知过程。定向运动教学是学生掌握定向运动知识、技术及技能的基本形式，是学生形成定向运动技能、能力的初级阶段。定向运动教学能促进学生身心素质全面发展，更好地关注学生的特点和需求，要凸显学生的主体地位并尊重每位学生的个性发挥。传统的体育教学模式已经不能够满足学生身心发展的需要，改变传统单一枯燥的教学内容，转变原来固有的教育理念，为学生树立终身体育意识打下坚实的基础。

一、定向运动教学的任务与内容

（一）定向运动教学的任务

定向运动教学是教师根据一定的教学目的、任务、计划、学生身心特点及定向运动专项特点，指导学生掌握定向运动的理论知识、技能、智能，同时培养学生认知能力与良好道德品质的教育过程。

（1）通过定向运动教学，课程思政，加强学生的思想品德教育，培养学生的组织纪律性和顽强拼搏的优良作风，提高学生保家卫国的爱国主义意识。

（2）初步掌握定向运动的基本知识、基本技术和基本技能，培养学生从事定向运动教学与训练的能力，做到会做、会讲、会教。

（3）掌握定向地图测绘、比赛路线设计及开展定向运动竞赛与活动的一般手段和方法，具备定向运动竞赛组织与裁判工作的实践能力。

（4）培养学生在逆境状态下，独立思考、分析、解决问题的能力，以及快速反应、果断抉择的能力，开发学生的智力，促进学生身心全面发展。

（5）通过定向运动教学，促使学生掌握科学锻炼方法，培养学生良好的运动能力和习惯，使其树立终身体育思想。

（二）定向运动教学的内容

定向运动教学的内容主要根据教学大纲、教学计划设计，主要包括定向运动基本知识、基本技术和基本技能 3 个方面。教学内容应根据不同课程性质进行设置，普修课或选修课一般 24~36 学时，由于教学时数少，教学内容应突出重点，兼顾一般。专项课一般在 432 学时以上，教学内容应全面、系统，注重知识、技术、技能的全面传授与专项技能培养。

1. 理论知识教学

理论知识教学以讲授定向运动概述、定向地图、指北针使用、定向运动竞赛组织与管理、裁判法等知识为主，引导学生掌握定向运动的基本知识。

2. 技术教学

学习并掌握定向运动的基本技术、定向地图测绘、定向运动路线设计、定向运动电子计时系统的使用及教学计划、教学组织、教学方法。

3. 技能教学

培养学生的讲解能力、教学比赛与裁判实习能力及制订定向运动训练计划的能力。

二、定向运动教学的特点与要求

（一）定向运动教学的特点

1. 场地制约明显

教学场地的选择是进行定向运动教学的基本条件，场地质量直接关系到定向运动教学的效果。选择郊外环境作为教学区域，会出现更多的干扰因素和意外情况，增加教学的难度。此外，郊外环境具有很大的延伸性，教师对教学过程的控制及教学效果的反馈都会受到很大的影响，而选择校园和校园周边公园能相对降低教学难度，加强对教学过程的控制及教学效果的反馈。定向运动是个人体验型项目，不可能在有限的课堂时间和空间内完成教学，因此课外时间和校外场地都应该被纳入定向运动课程中。

2. 以超短距离定向为主，短距离定向为辅

定向运动教学准备性工作较多，加上中小学的课时较短，在很大程度上限制了定向运动教学的场地范围。为了更好地提升学生的学习效果以及体现不同阶段学生的水平，定向运动的练习内容以及考核方法也应有所不同。对于初学者，利用操场、篮球场、足球场等区域进行超短距离定向赛，操作简单，容易控制。对于中级水平的学生来说，在校园内或学校附近的公园进行短距离定向教学和考核，能较全面地反映学生真实的竞技水平，提高学生学习的主动性。

3. 以小班教学为主

小班授课方便教师进行讲解、示范、观察和赛后分析总结。定向运动技能知识点较多，小班授课能保证学生听到、看到教师的讲解和示范，方便教师及时掌握学生的学习情况并在课程总结时有针对性地交流、分析、点评，从而保证良好的课堂教学效果。

4. 体验式学习为主

体验式学习是直接从体验中构建知识、技能和价值观的过程。定向运动教学过程中，教师能够摒弃传统的直线式、灌输式的教学方法，通过不同形式的教学设计，引导学生从体验开始，通过观察和反思，将自己在体验中的感受和所处的环境结合起来进行综合分析，使学生带着问题有计划地在实践中体验，从做中学，先行后知，有效提高学生求知的积极性。

（二）定向运动教学的要求

为了更好地完成定向运动教学的任务，在定向运动教学实施过程中，需要遵循以下基本要求。

1. 加强课程思政，提高学生爱国意识

定向运动教学过程中，要注重从学生全面发展的角度去设计定向运动课程教学内容。定向运动起源于军事训练，所以它从诞生之日起就蕴含着丰富的课程思政元素。在定向运动教学设计时，可以通过体育强国、健康中国、建党、建军、军事课竞赛等专题定向活动体现思政元素的育人功能，将价值观教育融入定向运动教学的各个环节，使学生内化于心，外化于行，在提高定向运动技能的同时培养学生的爱国主义精神、集体主义精神、思想道德品质等。

2. 突出学生的主体地位

定向运动教学应以学生为中心展开，除了知识、技术的学习，也需要关注学生非智力因素的培养，如学生的观念、态度、毅力、心理素质及合作精神等，而教师的作用更多的是引导和催化。

3. 突出教学内容的系统性

从培养目标及对定向运动教学的要求出发，在突出基本知识、基本技术、基本技能的教学过程中，要完善教学内容的系统性，让学生了解定向运动知识和技术体系的层次结构及相互关系，为学生的进一步发展奠定基础。

4. 突出定向地图测绘能力

定向地图是开展定向运动的基础，培养学生定向地图测绘的能力有助于学生熟悉定向运动制图规范，完善定向技术，提高竞赛成绩，同时有助于学生定向运动生涯的有效延续，避免学生只掌握“参与定向”的能力，而不具备“组织定向”的能力。

第二节　定向运动教学的基本原则

教学原则是有效进行教学必须遵循的基本要求，是教师进行教学工作必须遵循的基本原则，它既能客观地反映定向运动教学的一般规律，也是对系统教学过程中教学经验积累的概括和总结。教学过程中正确地运用教学原则，对培养学生学习的积极性，提高学生分析问题和解决问题的能力，促进教学质量的不断提高具有重要的意义。

一、科学性和思想性统一原则

定向运动教学过程中应加强课程思政元素，充分发掘定向运动课程的思想性，注意在教学中对学生进行品德教育、爱国主义教育、军事教育，教授学生定向运动基本知识和技能，并结合教学对学生进行社会主义品德和正确的价值观与世界观教育。

二、理论联系实际原则

定向运动教学要以学习基础知识为主导，从理论与实际的联系上理解定向运动的知识与技能，在学习过程中注重培养学生学以致用的实践能力。组织教法、负荷量度及强度的控制与安排都要从学生的实际情况出发。

三、直观性原则

教师在定向运动教学过程中采用直观的教学方式，结合定向运动的特点与规律，引导学生充分利用听觉、视觉、肌肉本体感觉和已有的知识、技能，对教学、训练或比赛中的某个技术环节或整个过程获得感性认识。教师通过讲解、实地路线分析及运用现代化教学手段，使学生直观地掌握正确的技术动作，准确地感知技术动作及各技术环节之间的联系，加深对综合技术动作的了解，有效促进学生掌握定向运动的知识、技术、技能。

四、启发性原则

在定向运动教学中，教师要激发学生的学习积极性，引导学生积极进行思考与探究，随着教学过程逐步深入，使学生自觉地掌握定向运动知识和技能，并学会分析、解决问题。启发性原则更注重引导学生主动探究学习，注重学生领悟、融会贯通与觉醒的能力，让学生能动地、创造性地获得知识、智能与品性的全面发展。

五、循序渐进原则

定向运动教学要按照定向运动的逻辑系统和学生认识发展的顺序进行，在结合学生实际水平及接受能力的前提下，使学生系统地掌握定向运动基本知识、基本技能，形成严密的逻辑思维能力。定向地图、线路设计及练习负荷量度安排都应遵循技能教学的基本规律，由浅入深、由易到难，逐渐深化学习，这样才能使学生掌握定向运动的知识和技能。

六、巩固提高原则

在定向运动教学过程中，教师应充分组织学生不断地进行练习，精讲多练，反复实践，从量变过渡到质变，促进学生掌握、巩固与提高定向技能，达到熟练掌握和自如运用的程度，使学生建立正确的定向思维方式及定向运动节奏，有效地巩固、灵活地运用所学的定向技能及快速行进的方法。教师通过组织各种复习、总结活动，使学生不断地温故知新，结合理论促进实践提升，结合实践进行理论的补充。

七、因材施教原则

教师要从学生的实际情况、个体差异与个性特点出发，有的放矢地进行有区别的教学，使每个学生都能扬长避短，获得最佳的专项发展。

第三节　定向运动教学的基本方法

定向运动教学方法是指在定向运动教学过程中为了完成教学任务所采用的途径和方法。教学方法包括教师教的方法（教授法）和学生学的方法（学习法）两大方面，是教授法与学习法的统一。教授法必须以学习法为基础，否则会因缺乏针对性和可行性而不能有效地达到预期的目的。

一、定向运动的教学方法

（一）理论课教学方法

1. 重点讲解法

这是一种传统的理论教学方法。针对教材的知识点、重点和难点深入分析，层层递进，有利于帮助学生加深理解并掌握定向运动教材的实质性内容。

2. 多媒体教学法

运用多媒体技术和学生多种感官功能，充分而全面地展示教材内容的细节和重点部分、直观性强、记忆深刻，教师应充分利用微课、慕课等形式进行定向运动基本知识和技能的教学。

3. 欣赏教学法

这是以欣赏活动为主的教学方法，指教师在教学中创设一定的情景，利用一定的教材内容及艺术形式，使学生通过体验客观事物，陶冶情操，培养其浓厚的学习兴趣、正确的学习态度及崇高的审美理想和鉴赏能力。定向运动教学时，教师可通过观赏定向运动赛事直播、宣传短片、技术教学影像等，提高学生学习的动机和兴趣，使其产生强烈的情感反应，也可以通过 GPS 线路轨迹跟踪，指导学生进行比赛路线的选择与规划等。

4. 讨论教学法

讨论教学法是指学生在教师指导下，为解决定向运动某个问题进行探讨、辩论，从而获取知识或经验的一种方法，有利于学生掌握定向运动知识，促进知识向能力的过渡，使教与学融为一体，激发学生的思维。

讨论前作好充分准备。问题要有吸引力，能激起学生的兴趣，能解决根本问题。讨论中要启发学生独立思考，勇于发表自己的看法，围绕需要解决的中心议题发言。讨论结束后，要做好小结。教师要简要概括讨论情况，使学生获得正确的观点和系统的知识，纠正错误、片面或模糊的认识。对于疑难和争论的问题，教师要尽力阐明自己的看法，但要允许学生保留意见。

5. 程序教学法

通过对定向运动教材结构进行分析，将教材内容划分为不同的层次，在教师的引导下，学生按照层次的顺序逐一学习并掌握知识。程序教学法更多地体现为一种教学思想，需要配合其他教学方法才能达到较好的效果。

（二）技术课教学方法

定向运动技术动作结构复杂，技术会随地形、天气、植被、坡度、战术需求等因素的变化而变化。在技术教学环节，为了提高学生学习的主动性，更好地使学生掌握定向运动技术，一般可采用以下教学方法。

1. 讲解与示范法

讲解是指教师运用通俗易懂的语言对定向运动的基本知识和基本技能进行阐述、说明的一种讲授方法。示范是指教师（或学生）以自身完成的动作为示范，指导学生进行学习的方法，在使学生了解所学动作的表象、顺序、技术要点和领会动作特征方面具有独特的作用。示范时，除注意示范面外，还应考虑示范的速度和距离。讲解与示范法常运用于定向运动教学的初级阶段。

2. 分解教学法

分解教学法就是将完整的技术动作合理地分解为若干环节或部分，然后按环节依次由易到难地进行学习，然后连接成一个完整动作，直至全部掌握。其优点是将技术动作简单化，有利于学生更快、更好地掌握技术动作。这种方法一般用于定向运动教学的初级阶段。分解教学法是定向运动教学中最常用的方法，又可以分为单纯分解教学法和递进分解教学法。

单纯分解教学法是指将动作的各步骤一一学习之后再进行综合练习（图 5-1）。

第五步：检查点打卡技术			
第一步：精确定向，确定目标点	第二步：确定偏测方向和角度	第三步：向控制点行进	第四步：达到线状地物，向目标点行进

图 5-1　目标偏侧法单纯分解教学法的教学步骤示例

递进分解教学法是指先学第一阶段动作，再学第二阶段动作，然后第一、第二阶段动作联合练习，再学第三阶段，再联合练习以上阶段，通过递进式学习，实现完整掌握（图 5-2）。

第七步：完整技术练习			
第五步：距离估算，快速行进			
第三步：标图、路线规划			
第一步：标定地图	第二步：逆向规划路线	第四步：距离估算，利用“扶手”行进	第六步：检查点打卡技术

图 5-2 扶手法递进分解教学法的教学步骤示例

3. 完整教学法

完整教学法是指从技术动作的开始到结束不分环节，完整地进行教学的方法。在定向运动教学过程中，通过完整技术练习逐步提高训练负荷和强度，提高完整技术的质量。完整教学法一般在定向运动教学初级阶段的中期教学时采用。

完整教学法既可以用于单个环节的技术教学（如捕捉检查点的快速打卡技术），也可用于定向运动竞赛完整动作的技术教学。运用于单个环节技术教学时，要注意各动作之间的紧密联系，特别注意掌握多个环节之间的串联和衔接，逐步增加训练的负荷强度，提高完整练习的质量。

教学过程中，完整教学法应与分解教学法有机结合，优势互补。运用分解教学法时，应积极创造条件，使学生完整地掌握动作；运用完整教学法时，也可以对某些环节进行分解教学。

4. 重复教学法

重复教学法是指通过多次重复练习，达到改进、完善技术的目的。定向运动技术知识点较多，每个知识点都单独存在并互相联系，需要在多变的竞赛环境中合理运用，因此只有通过反复练习，在练习过程中发现问题，才能达到改进和提高技术的目的。重复教学法一般是在初步掌握技术的前提下使用。

重复教学法有利于学生掌握和巩固技术动作，通过负荷强度相对稳定的多次刺激，可以使机体尽快产生适应性，有利于学生发展和提高专项身体素质。在进行重复教学法时，教师应注意随时纠正学生出现的错误动作，避免学生因为不断地重复练习，形成错误的动作定型。

5. 变换教学法

在定向运动教学过程中，要不断地进行训练场地、比赛路线、训练方式的变换，以提高训练效果。变换训练法是保持学生学习兴趣的有效手段，也是提高学生技能水平的有效方法。变换训练法可以使机体产生与定向运动特点相匹配的适应性变化，使学生专项身体素质和专项技术得到协调发展。变换教学法在定向运动教学的任何阶段都可以采用。

在定向运动教学过程中，同一课时、同一场地的同一路线不要重复使用。同一场地，每学期尽量不要使用两次以上。起点、终点、点标的位置要及时更换。

6. 比赛教学法

比赛教学法是指模拟定向运动竞赛环境，按统一的比赛规则和以最大强度来完成练习的一种教学方法。该方法具有鲜明的竞争性，使队员在紧张、精神高度集中的状态下，最大限度地表现出自己的竞技水平，从而促进竞赛水平全面提高，达到“以赛代练、以赛促练”的目的。比赛教学法作为重要的、实效的教学方法，在定向训练中被广泛采用。

7. 复图分析法

在教学活动或比赛结束后，在教练员的带领下，使用教学活动或比赛地图重新体验。复图分析法不是为了提高速度，而是为了解决在活动或比赛过程中出现的一系列问题，通过分析问题，找到解决问题的方案。复图分析法是定向运动比赛结束后常用的一种教学方法。

二、定向运动的学习方法

（一）小群体学习法

小群体学习法摒除传统教学方法古板、单一的教学模式，可以充分发挥团体的智慧和能力，对调动学生学习积极性、增强学生的学习能力具有显著作用。小群体学习法鼓励学生互帮、互学、互评，使学生的角色发生转变，在互相指导的过程中，巩固提高自己的技术与竞技能力。小群体学习法不仅对理论学习和赛后分析具有明显作用，还可以有效增强学生的集体责任感。小群体学习法是定向运动课程学习中运用较多的一种方法，主要用于前期的理论学习以及赛后分析和交流。

（二）信息化学习法

教师和学生要充分利用各种网络资源进行定向运动知识和技能的学习。随着信息与通信技术的快速发展，“互联网+”为学生进行定向运动的学习提供了更多的可能性，成为学校教育不可或缺的重要资源。微课、翻转课堂等教学方式作为传统课堂学习的重要补充和拓展，逐渐丰富了传统教学方式，成为学生课外延伸的个性化阅读和学习的最好载体，具有十分广阔的教育应用前景。

教师可以根据定向运动教学大纲的要求或者依据定向运动教学的特点，将定向运动基本知识和技能分模块、分层次地录制成微课、翻转课堂，为学生提供自主学习的平台，更好地满足学生对不同知识点进行个性化学习的需要，使其按需学习，查漏补缺，强化巩固知识和技能，延伸和拓展学生学习定向运动知识和技能的广度和深度。

（三）研究性学习法

研究性学习法鼓励学生进行独立的脑力劳动，是学生在教师指导下的主体性认知过程、表达过程和操作过程，是学生独立思考、独立分析、独立判断和解决问题的过程，其核心是思考，即观察、比较、分析、综合、概括、推理、判断等一系列活动，体现出学习活动的主体性、能动性和创造性。

“学起于思，思源于疑。”学生有了疑问才会进一步思考问题，才会有所发现、有所创造。定向运动学习过程中，教师不能把解决问题的办法直接告诉学生，而应让学生提出解决问题的办法。通过实践，激发他们寻求解决问题的欲望。在这种情况下，学生就会积极地获取定向运动的基本知识，而不是消极、被动地接受。

第四节　定向运动教学工作计划的制订

定向运动教学工作计划是以教育计划为依据而制订的。制订教学工作计划可以使教学工作得到科学合理的安排，是长期教学目标和阶段教学目标的有机统一。定向运动教学工作计划包括定向运动教学大纲、教学进度和教案。

一、定向运动教学大纲的制订

教学大纲是编写教材和进行教学工作的主要依据，也是检查学生学业成绩和评估教师教学质量的基本标准，它是定向运动教学的法规性文件。编写教学大纲时应注意以下事项。

（1）在定向运动教学过程中应始终以学生为中心，强调其主体参与性，多运用一些能够提高学生参与兴趣保持学生个性以及负荷量的教学内容和教学方法，加强学生在定向运动教学过程中精神、智能、情感的多维度发展，同时加强对学生健康教育为主的体育文化内容和体育文化素养的培养。

（2）定向运动教学多以校园定向为主，引导学生进行定向运动的组织方式创新，推行趣味性、健身性、简单易行的定向运动，让学生在积极参与教学过程的同时培养定向意识和创新意识。

（3）素质教育必须贯穿定向运动教学过程的始终，课程思政，寓德于体，采用现代化、多样化的教学手段，重视教学方法的改革创新以及实践教学环节对学生的引导。

定向运动教学大纲示例（仅供参考）

一、课程基本信息

（一）课程编码：GG710110688

（二）课程性质：选修课

（三）课程的总学时和总学分：32 学时，2 学分

（四）课程介绍：

定向运动（Orienteering）是一项参赛者借助地图和指北针，在尽可能短的时间内到达若干个被同时标记在地图上和实地中的检查点的运动。它融休闲、娱乐、健身、竞技、军事价值为一身，在发展学生的耐力，提高学生对体育学习的兴趣，培养学生独立分析问题、解决问题能力等方面具有独特的作用。通过定向运动课程的学习，能使人回归自然、锻炼体力与智力、磨炼意志、团结协作、提高决策能力。本课程以定向运动为体育手段，达到增强体质、掌握体育技能、实现体育课程目标的学习与锻炼过程。

二、课程的教育目标

（一）总体目标

以培养和提高学生的基本职业技能和从事定向运动技术教学并运用身体活动综合育人的能力为总体目标，以适应现代社会对定向运动人才的需求为目的，指导学生较完整地掌握定向运动教学理论知识，较好地掌握定向运动基本动作、基本技术和实践操作能力，能够更好地胜任定向运动教育中的基本教学与训练工作。

（二）具体目标

1. 知识目标

通过教学与实践，学生掌握定向运动基本理论与知识、基本方法与技能，掌握地形学、测绘学的基本知识以及增强体质、提高思维能力的手段和方法，并达到一定的技能水平。

2. 能力目标

为保证学生的后续发展，通过教学与实践，学生着重掌握定向运动基本能力、业余训练能力、竞赛组织与裁判的工作能力和定向运动健身的指导与管理能力。同时培养学生独立思考、果断处理突发事件的能力，以及野外生存的能力，初步掌握处理运动损伤的能力。

3. 过程和方法目标

通过理论与实践的教学，促进学生定向运动基本理论和技能知识的学习，培养学生形成团结协作、互帮互助、勇敢顽强的品质，并促使其综合素质发展。

4. 情感、态度和价值目标

通过定向运动课程的学习，学生从教育、竞技、休闲娱乐、强身健体以及文化特征等层面加深对定向运动的了解，充分认识定向运动在生活和工作中的价值以及在学

校体育和社会体育中的重要作用，培养学生的创新能力，让学生感受定向运动的魅力，激发学生参与定向运动的兴趣，树立正确的学习态度，形成可利用的终身锻炼身体的稳定行为动机，培养学生终身体育意识。

三、教学内容与学时分配

教学内容	理论学时	实践学时	小计
定向运动基本理论知识	4		4
定向运动技能		4	4
定向运动规则与裁判法	2		2
定向运动竞赛组织与实施	2		2
定向运动赛事（百米、短距离、团队赛、积分赛）		10	10
定向地图测绘	2	4	6
定向运动路线设计	2		2
考核		2	2
合计			32

四、教学内容设计

（一）理论教学内容

课程性质	教学内容
理论	1. 定向运动概述 定向运动的定义、类型、特点和价值，定向运动的起源与发展 2. 定向地图 定向地图组成要素：颜色、比例尺、等高距、检查点说明表、图例等 3. 定向运动竞赛 定向运动赛事的组织、定向运动规则和裁判法、参加比赛的程序与方法 4. 定向地图测绘 OCAD 绘图软件的使用方法、绘图板制作、底图获取、简易等高线测绘、制图规范 ISOM 2017、ISSprOM 2019，实景图例、地图整饰等 5. 定向运动路线设计 个人赛、积分赛、团队赛路线设计原则、方法，如何规避锐角路线等

（二）实践教学内容

课程性质	教学内容
实践	1. 定向运动技能 标定地图、确定站立点，快速行进的方法，拇指辅行、折叠地图、扶手法、攻击点、偏向瞄准法、水平位移法，简化地图、路线选择，等高线判读方法，野外行

续表

课程性质	教学内容
实践	进的原则：有路不越野、选近不选远、走高不走低、遇障提前绕，图地对照技术、重新定位技术 2. 定向运动实践 无底图定向、百米定向、短距离定向、团队定向、积分定向、迷宫定向、夜间定向 3. 定向运动教学比赛 参与定向赛事、竞赛组织与实施、赛事执裁能力培养、定向运动计时系统的使用 4. 定向运动地图测绘 底图准备、测定磁北线、确定地图比例尺、制作栅格、野外底图测绘（田径场或小公园地图）、复步尺制作、电脑成图 5. 定向运动路线设计 使用 OCAD 软件进行路线设计的方法、步骤，导出地图

五、考核方法和要求

考核采取百分制：理论成绩（占 30%）+实践技能测试（占 60%）+平时表现（占 10%）相结合的考核方式。

（一）考核内容

1. 理论考核（30 分）：考试内容包括定向运动基础理论知识、技能、裁判、制图、赛事组织等方面。

2. 技能考核（60 分）：主要包括百米定向、短距离定向及定向地图测绘。

百米定向（20 分）：检查点数量 20 个，直线距离 1000m 以内，胜出时间 8~12 分钟。

短距离定向（20 分）：检查点数量 20 个，直线距离 2000~3000m，胜出时间 40 分钟。

定向地图测绘（20 分）：场地比例 1：1 000 或 1：1 500，小花园或公园局部。

3. 平日表现（10 分）：主要从上课学习态度、考勤情况、班级纪律和课堂提问 4 个方面进行评价。

（二）评价标准

1. 理论课考核：按照标准答案进行阅卷，满分 50 分，30 分及格。

2. 技能考核参照《中国徒步定向运动规则》的规定执行。

等级	成绩	检查点准确数	时限
优秀	90~100 分	19~20 个	关门时间内完成
良好	75~89 分	17~18 个	关门时间内完成
合格	60~74 分	15~16 个	关门时间内完成
不及格	59 分及以下	14 个及以下	关门时间内完成

参与考核的学生按照性别分两条路线进行考核，在检查点准确数相对应的成绩范

围内，用时较短者名次在前。对于缺考、缓考的学生，不能计算总成绩，需要提交缓考申请表，并由课程所在学院批准。对于旷课学时超过总学时 1/3 的学生，按不予考试处理。

3. 定向地图测绘评价标准

地图测绘主要包括地图制作以及路线设计两部分。定向运动课程结束后提交电子版、纸版的地图测绘作品，逾期不交按不及格处理。

分值	考核标准
90~100 分	与实地相符，地图颜色、符号准确，比例尺准确，等高距符合规定，地物特征位置准确、数量多，线路设计符合比赛规范，无使用后的负面评价
80~89 分	与实地 95%相符，地图颜色、符号基本准确，比例尺误差较小，等高距符合规定，特征物位置准确、数量较多，线路设计合理，无使用后的负面评价
70~79 分	与实地 90%相符，地图颜色、符号基本准确，比例尺误差较小，等高距符合规定，特征物位置基本准确，数量相对较少，线路设计合理，无使用后的负面评价
60~69 分	与实地 80%相符，地图颜色、符号的表述基本符合要求，比例尺误差小，等高距基本符合规定，特征物位置相对准确，线路设计基本符合要求，存在锐角线路，基本无使用后的负面评价
59 分以下	与实地相差较大，地图颜色、符号的表述不符合制图规范，比例尺误差较大，等高距设置错误或未修测等高线，绘法生硬，线路设计不合理，使用后用负面评价较多

六、教材与主要参考教材

（一）教材

《定向运动教学与训练》。

（二）参考教材

1. 张晓威. 定向越野［M］. 北京：机械工业出版社，2019.

2. 罗智勇，等. 定向运动［M］. 桂林：广西师范大学出版社，2021.

3. 吴寿虎. 定向运动路线设计与技能训练［M］. 北京：解放军出版社，1999.

4. 张惠红，等. 定向运动与野外生存［M］. 北京：高等教育出版社，2011.

二、定向运动教学进度的制订

教学进度是教师根据教学大纲的规定，针对定向运动的教材内容所制订的教学方案。教学进度是具体化的教学大纲，是将教学大纲中规定的教学内容合理地分配到每次课中。制订好教学进度是教师进行学期教学工作的主要依据，教学进度安排的合理性直接影响教学效果的好坏。

定向运动教学进度的内容包括以下几个方面。

（1）课程信息：包括科目、班级信息、任课教师、总学时等。

（2）教学目的和教学任务：提出新学期定向运动教学的重点、难点、学时分配、教学的目的任务等。

（3）学期教学内容分配：以周为单位进行教学时数的分配，并提出每周教学的内容纲要等。

定向运动教学进度示例（仅供参考）

学期：2020—2021 学年第一学期　　体育教育专业 2019 级 3 班

任课教师：　　总学时：32 学时

教学的目的任务		通过定向运动课程教学，学生可掌握定向运动的基本知识、基本技术、基本技能，掌握定向运动教学与训练的基本理论和方法，掌握定向地图测绘、路线设计、裁判、竞赛组织的能力与方法等。
课次	**课程类型**	**教学内容**
1	理论	定向运动概述、定向运动基本知识与技能
2	实践	初识定向运动：无底图定向、星形定向
3	实践	定向运动基本技术 1
4	实践	定向运动基本技术 2
5	实践	定向运动基本技术 3
6	理论	定向地图测绘
7	实践	百米定向
8	实践	野外勘测
9	实践	短距离定向赛（校园或公园）
10	实践	OCAD 定向运动制图软件操作
11	实践	积分定向赛（校园或公园）
12	理论	定向赛事组织、竞赛裁判法
13	实践	团队定向赛
14	实践	定向运动赛事参与和赛事裁判执行
15	实践	运动路线设计
16	实践	定向运动技能考核、考试

本教学进度表以大学体育教育专业 32 学时《定向运动》（初级）选修课程为例，课时 100 分钟。

三、定向运动教案的制订

教案即课时计划，是教师按照教学大纲的要求，依据教育学原理，以课时为单位设计的具体教学计划或方案，是教师实施教学的依据。教师实施教学的效果很大程度上取决于教案设计的质量。教无定法决定了教学方案设计的多样性，任课教师应根据教材内容、要求和教学进度的课次、时间安排进行编写。科学地编写教案对全面完成教学大纲所规定的教学任务具有重要意义。

定向运动教案的内容通常包括以下内容。

（1）课程信息：包括周次、课次、时间、班级信息、任课教师、教学地点等。

（2）教材内容：课程要讲授的主要内容。

（3）教学目标：根据教学进度要求提出具体目标。

（4）课的内容及分配：分为开始部分、准备部分、基本部分、结束部分，分别阐述各部分的教学内容以及组织教法、学法和教学要求等。

（5）场地器材：课程所需要的场地数量及器材名称、规格等。

（6）课后小结：总结成功的教学经验、不足之处、突发灵感及学生表现等。

定向运动教案示例（仅供参考）

课程	课次	专业	年级	班级	授课时间	星期	节次
定向运动	5	体育教育	2019	3	2020 年 10 月 18 日	三	3~4

<table>
<tr><td colspan="2">教材内容</td><td colspan="4">1. 指北针练习
2. 指北针导向窗口定向练习</td></tr>
<tr><td colspan="2">教学任务</td><td colspan="4">1. 通过学习利用指北针定向和辨别方向，使学生对指北针具有初步认知
2. 培养学生使用指北针与地图的快速配合、判断方向的能力</td></tr>
<tr><td rowspan="2">课的部分</td><td rowspan="2">时间</td><td rowspan="2">教学内容</td><td colspan="2">练习分量</td><td rowspan="2">组织教法</td></tr>
<tr><td>时间</td><td>次数</td></tr>
<tr><td>开始部分</td><td>5min</td><td>一、班长集合整队、报告上课人数
二、师生问好，考勤
三、简述本课的内容、任务以及要求
四、检查服装
五、安全教育
六、安排见习生</td><td>5min</td><td></td><td>组织：
****
****
▲
要求：
1. 注意力集中，精神饱满
2. 见习生随堂见习，协助教师完成教学活动</td></tr>
</table>

续表

课的部分	时间	教学内容	练习分量		组织教法
			时间	次数	
准备部分	20min	一、拉伸练习 1. 颈部拉伸 2. 三头肌拉伸 3. 臀部屈肌拉伸 4. 最伟大拉伸 5. 小腿肌群拉伸	5min	4×8	组织： ********* ********* ▲ 要求： 动作幅度由小到大，最大幅度维持30s
		二、无底图16点定向跑图热身 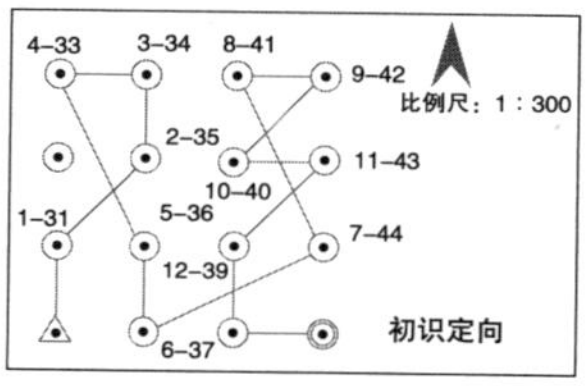	15min	6~8	组织： 按路线分组，场地上进行 教法： 1. 教师讲解示范2~3次 2. 必须按照顺序依次到访检查点，心率控制在每分钟140~150次 3. 每人跑6~8条路线，充分热身 4. 注意人动图不动技术
基本部分	60min	一、学习指北针技术 （一）指北针的握持方法 胸前使用，左手水平握持，手腕放松，不能弯曲，保持指北针的前进方向箭头与身体正中线平行，且指向身体正前方 （二）指北针的作用 1. 地图测绘 2. 标定地图 3. 确定和校正前进方向 要领： 地图和指北针在胸前水平放置，使指北针基板的前进方向线将站立点和目标点的中心连在一起，目标点在前，站立点在后，然后转动身体，使指北针与地图水平转动，直至指北针的红色指针指向北方且与地图的磁北线完全平行。基板箭头所指的方向即目标点方向标	20min	6~8	组织： ********* ▲ ********* 教法： 1. 教师使用地图和指北针进行讲解示范2~3次 2. 两人一组，研究学习 3. 同学之间互相检查、探究，共同完成6点的指北针练习 4. 集体辅导，个别纠正 要求： 1. 认真听课，注重实践 2. 转动地图时，要转动身体，不要转动手腕 3. 地图和指北针始终保持在胸前位置使用 4. 爱护器材，禁止扔、摔指北针，指北针使用时要远离磁性、铁质、电流物品

续表

课的部分	时间	教学内容	练习分量		组织教法
			时间	次数	
基本部分	60min	二、指北针导向窗口定向练习 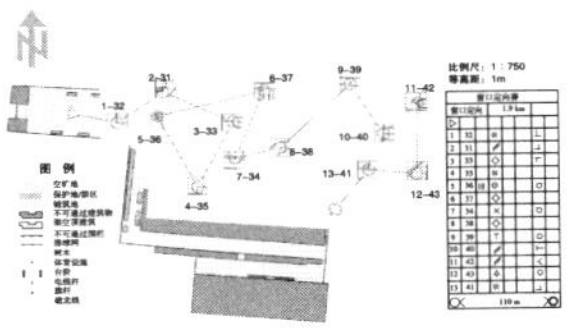 要领： 充分利用场地的明显特征设置检查点，隐藏地图上的大部分信息，只留下局部的区域信息，两个检查点之间没有隐藏的障碍物，以保证学生能够直线行进	40min	4~6	组织： 学生场地上进行练习 教法： 1. 教师带领学生进行 1~3 点的练习，边讲解边示范 2. 学生分组完成后面检查点的练习 3. 小组成员合作练习，互相研讨、提高 4. 每个小组练习 4~6 张地图
结束部分	5min	一、集合整队 二、本课小结 三、布置课后作业 认真观看 OCAD10 定向制图软件教学视频，了解并掌握绘图工具的功能及方法 四、器材回收 五、师生再见	5min		组织： ************ ************ ▲ 要求： 1. 认真记录并完成课后作业 2. 器材回收认真、仔细，注意安全
场地器材	无底图 16 点地图 20 套，每套 5 张 窗口定向地图 10 套，每套 5 张 指北针每人一个				
本课小结					

第五节 错误动作纠正

错误动作纠正的目的在于不断地发展和提高学生的技能，改进和完善技术，创造优异运动成绩。了解定向运动教学中常见错误动作及其纠正方法，不但有利于指导学生更快、更好地掌握定向运动技能，也能有效地避免运动伤害事故的发生。

一、产生错误动作的原因

（一）思想上、心理上的因素

学生学习目的不端正，对练习动作不感兴趣，注意力不集中，遇到困难时具有畏难情绪。

（二）技能、技术上的因素

技术观念不清楚，没有掌握动作要领，存在错误动作的干扰，缺乏对技术动作的综合分析能力，无法抓住关键技术环节。

（三）身体素质和认知能力的因素

学生的身体素质无法支撑技术的运用，协调性差，技术水平起点低。学生的认知能力差，识图用图、方位判定能力欠缺等。

二、常见错误动作及纠正方法

（一）方向迷失

行进速度过快、注意力不集中、定位定向不准确等原因容易导致运动员在比赛过程中迷失方向。

纠正方法：

（1）合理调控行进速度，保持注意力高度集中。

（2）加强定位定向技术的练习。

（二）平行错误

平行错误是指误用与目标特征相似且平行的特征确定站立点而导致的站立点定位错误，或指误用与目标特征相似且平行的特征确定行进方向而导致的行进方向错误。为了增加比赛的难度或为了弥补比赛场地简单的缺陷，路线设计时往往会利用两个或多个相似特征点布设检查点，以提高运动员识图用图的难度。

纠正方法：

（1）认真读图，提前判断前方将出现的相似检查点，到达该检查点时慎重决策，预防平行错误的发生。

（2）合理控制体能，合理调控行进速度，当出现疲劳时应降低跑速，保持头脑清醒，提高读图质量。

（3）迅速返回上一个明确的站立点，重新定位。

（三）180°错误

180°错误是指运动员由于标定地图错误、误用指北针等原因导致确定的行进方向与实际行进方向相反。

纠正方法：

（1）重新标定地图，可使用多种方法进行确定。

（2）在确定前进方向时，指北针磁针方向要与地图磁北线方向保持重合或平行，保证红色指针对准北方。

（四）速度控制错误

速度过快或加速过猛不仅会影响体能的正常发挥，也会严重影响判断力和识图能力，从而导致错过或丢失检查点。

纠正方法：

（1）加强平行读图技术的练习，使读图区域与跑动位置处于同步状态。

（2）立即停止跑动，预估跑动距离，回忆途中所遇到的明显特征物，重新定位。

（3）要善于利用拦截物特征，有效控制犯错的区域。

（五）站立点丢失

在比赛中，由于识图用图技术、定位定向技术失误或心理压力等原因造成站立点丢失。

纠正方法：

（1）强化识图用图、拇指辅行技术的练习。

（2）选择适合自己的行进路线，路线的难度不应超过自己的技术水平。

（3）重新定位，回到上一个确定的站立点，再沿着路线行进。

（六）检查点定位不准确

由于精确定向出现问题或检查点说明误读，导致运动员在错误的特征物或检查点区域内耗费太多时间。

纠正方法：

（1）熟记检查点说明符号，加强综合应用能力。

（2）多进行记忆跑图训练，提高对检查点说明的默记能力。

（七）第一检查点迷失

由于准备不充分或运动员心理紧张等原因，造成运动员进入比赛状态较慢或节奏紊乱，从而导致第一检查点迷失。

纠正方法：

（1）强化学生心理素质，加强学生竞赛意识的培养。

（2）要求学生保持冷静，判明方向，缓慢起步，不断校正前进方向，进入第一、

第二检查点的节奏可以慢中求稳，加强学生参赛的心理建设以及建立良好的比赛节奏，加强学生的自信心。

（八）跑出检查点时方向错误

由于持图、指北针使用不当或者读图识图不够仔细、定位定向不够精准，导致跑出检查点时容易出现方向偏移，甚至出现180°倒转的情况。这个错误的严重程度与运动员的技能水平及其临场竞技能力发挥有直接的关系。

纠正方法：

（1）练习并巩固一套与自己的技能水平相符合的检查点策略。

（2）建立良好的比赛节奏，重新定位或返回上一个确定的站立点。

（3）慎重决策，使用指北针进行精确定向，确定目标点方向。

在定向运动比赛中，发生错误之后不太可能将失去的时间追回来，运动员需要尽快调整心态，纠正错误，并在后续比赛中尽量避免失误，顺利完成比赛。

三、纠正错误动作的要求

（1）在教学过程中应采取预防措施，在技术讲解和示范时应让学生知道可能出现的某些错误，使学生的注意力集中在正确动作上，随时注意改进动作，并相应地调节动作的难度，尽量避免错误动作。

（2）当错误动作发生后，应区别主要错误和次要错误、关键错误和一般错误，先集中精力解决主要的错误，如定位定向错误、检查点捕捉错误等，有的放矢地解决实质性问题。

（3）纠正错误动作时，应循循善诱，将错误动作纠正与学习掌握技术动作有机地结合起来，在学中做，在做中改，在改中学。

第六节　定向运动教学风险防控

学校定向运动教学风险防控旨在消除或降低定向运动教学风险事故的发生概率，降低教学风险事件在发生过程中所造成的伤害与损失。

定向运动是一门以户外教学为主的体验式课程，其教学和活动本身就存在一定的风险，采取适当的风险管理策略，加强学生安全防范意识尤为重要，因此，规避或降低定向运动教学过程中伤害事故的发生势在必行。

一、学校定向运动教学风险来源

学校定向运动教学风险主要来源于教师、学生、教学环境、路线设计、课堂管理五个方面。

二、学校定向运动教学风险防控的策略

学校定向运动教学风险防控是指学校在定向运动教学过程中采取各种措施与方法，消除或减少教学风险事故的发生率。在定向运动教学中，可以采用教学风险回避、教学风险降低、教学风险转移等应对策略。

（一）教学风险回避

教学风险回避是指当没有其他策略可应对定向运动教学风险且后果严重时，教师经过慎重考虑，主动放弃教学目标或改变教学内容。若学生在课前或课中出现损伤或患病等情况，就需要考虑是否终止教学过程。这种措施能够彻底回避教学风险，但学生也因此错失了获取知识和技能的机会。教学风险回避策略的选择属于无奈之举，也是众多应对策略中最为消极的方式。

（二）教学风险降低

教学风险降低是教学风险防控的主要策略，也是教学过程中应用最多的方法，其目的主要是减少损失。风险应对主要包含两个内容：一是风险防范；二是风险减轻。风险防范是指在事故发生之前采取降低风险事件发生概率的应对措施；风险减轻是指事故发生时采取减少事故不良后果或影响的有效措施。学校定向运动教学风险防控措施主要有做好周密细致的课前准备工作、制订详细的教学计划、设计合理安全的运动线路和风险应急预案等。在定向运动教学中实行风险防范措施时，首先必须把教学过程各个环节可能面临的风险都识别出来，然后通过不同的措施与手段把这些风险因素控制并隔离开来，使风险处于一个可接受且可控制的水平。

（三）教学风险转移

教学风险转移是指一旦发生风险事故，可借用合同或协议将损失的部分风险或全部风险转移到第三方身上，减轻自己的责任。在定向运动教学，尤其是定向运动比赛中，风险转移一般采用两种方法：一是要求运动员购买人身意外伤害保险；二是要求运动员签订免责声明。

三、定向运动教学风险防控的具体措施

（一）不断加强定向运动课程体系建设

为了促进学校定向运动的发展，需要不断完善定向运动课程相关内容。目前，大

多数学校的定向运动课程内容设置缺少风险管理的相关内容，特别是风险的识别、预判及前期处理等。大学生对定向运动风险的低估，对自己的知识能力过度自信，都是导致定向运动风险增加的主要因素。

（二）加强教学组织中教学风险的防控工作

在定向运动教学组织过程中，必须从教师、学生、教学环境、路线设计、课堂管理五个方面进行考虑。

1. 教师方面

定向运动是利用户外环境进行的教学活动，因此对安全保障提出了非常高的要求，这就需要任课教师必须经过正规、系统的培训，并取得相应的专业资质。这样既可以强化教师定向运动专业知识素养以及提升专业技能操作水平，又可以丰富教师的实践经验并树立良好的风险防范意识，通过在授课过程中不断地总结和提炼，形成自身的理论经验，为定向运动教学的开展提供必要的安全保障。

教师在制订教学计划时，应认真钻研教材，全面考察教学场地，仔细分析、设置线路，充分估计与解决在技术动作、教学组织、场地条件、线路设置等方面存在的安全隐患，并采取相应的预防措施及应急预案。在备课时，要根据不同授课对象合理安排授课内容、运动负荷及练习密度，应区别对待，因材施教。授课过程中，应加强安全教育，严密组织，采用现代化科技手段对学生的运动轨迹进行跟踪。

2. 学生方面

提高学生的专项技能，避免学生因定位定向能力欠缺、快速行进技能掌握不牢造成方向迷失而导致慌乱、不知所措，学生要认真执行教师的技术操作要求，服从管理与安排，注意力高度集中，排除因不良情绪带来的非理性行为。

3. 教学环境方面

选择教学场地时一定将安全因素放在首位。选择校外场地进行教学时，必须先征得学校有关部门的同意并及时向教研室报备。场地的选择要充分考虑学生的运动技能水平，也要提前排除教学场地存在的安全隐患，对出没的动物要进行驱赶，对危险的植被要进行规避与防范，加强教学场地的可控性。在雾霾、雨雪等恶劣天气时不要安排户外授课。

4. 路线设计方面

路线设计时要充分考虑学生的年龄、技能水平等因素。线路设计时，检查点的设置要避开湖泊、陡崖等危险区域，同时也应避免学生的跑动路线经过这些危险区域。

5. 课堂管理方面

加强教学活动时的安全教育，提高学生的安全意识，课前讲授安全注意事项，帮助学生在思想上高度重视安全。上下课时清点人数，校外教学时，尽量以小组为单位进行练习，学生要随身携带通信工具，保持和教师的沟通，教师应制订应急预案。

（三）制订风险应急预案

定向运动教学的风险应急预案主要包括课前、课中、课后环节。风险应急预案主要解决定向运动教学过程中可能发生的风险、风险等级、应对措施等问题。授课前，教师要对可能出现的风险进行分析、评价，并明确风险等级，为课程安全提供参考依据。教师通过制订相应的风险应急预案，利用风险管理决策对各种风险状况提前进行干预，将风险降到最低。

课后练习与思考题

1. 简述定向运动课程的教学方法。
2. 简述定向运动教学的基本原则。
3. 定向运动教学的任务和内容是什么？
4. 定向运动技术课的教学方法有哪些？
5. 教学进度包括哪些内容？
6. 尝试编写一份定向运动课教案。
7. 学校定向运动教学风险防控的策略有哪些？
8. 尝试制订一份学校定向活动的风险应急预案。

CHAPER 06 第六章

定向运动训练

内容导读

定向运动训练的内容包括体能、技战术能力、心理能力和智能训练，通过本章的学习，掌握定向运动体能训练、技术训练、战术训练、心理与智力训练的基本理论与方法，了解定向运动训练计划的制订，掌握定向运动训练的基本原则。

运动训练是竞技体育的重要组成部分。定向运动训练是根据定向运动的特点，在教练员的指导下，为不断提高运动员的定向技能、身体素质、心理素质、智能水平，以获得最佳竞技水平，取得优异比赛成绩而专门组织的有计划的教育活动或过程。

运动员竞技能力的形成与发展具有一定的时限性。定向运动中无论是集体项目还是个人项目，都要针对运动员的个体实际情况，进行有的放矢的训练。运动员的竞技能力水平是由多因素构成的，身心的全面发展和识图用图能力以及专项身体素质能力，是运动员掌握定向运动技术和提高定向运动成绩的基础。发展学生定向运动智能，培养运动员顽强的意志品质，是完成定向运动训练任务和取得比赛胜利的重要因素。此外，运动员还应掌握定向运动的运动方式、奔跑技术和随机应变的战术能力。在运动员训练的每个周期和阶段，都应充分挖掘运动员的体能优势及个性优势，不断提高运动员的竞技能力水平，以达到预期的训练目标。

第一节　定向运动训练概述

定向运动训练是通过教练员的科学指导和运动员的积极参与，依据有关科学理论，结合定向运动项目规律和运动员身心特点对训练过程实施控制，不断巩固和提高运动技术水平，最大限度地挖掘运动员的运动潜能而专门组织的一种教育过程。

一、定向运动训练的内容

竞技能力是运动员的参赛能力，是取得优异成绩的主导因素，由身体形态、身体机能、运动素质、技术、战术、心理和智能因素所决定。定向运动训练的内容主要包括体能、技能和心理能力训练。定向运动训练的最终目的是最大限度地提高运动员的竞技能力，使其在比赛中创造优异成绩。

定向运动是体智结合的运动项目，因此定向运动训练应以发展体能和完善技术为首要任务。没有充沛的体能，运动员不可能取得优异成绩；仅有体能而没有完善技术的智能体现，体能将得不到充分发挥。此外，良好的战术素养、心理素质对运动员创造优异运动成绩具有不可估量的重要作用。

二、定向运动训练原则

定向运动训练原则是定向运动训练客观规律的反映和内在本质的体现，是定向运动训练长期积累的具有普遍意义的经验总结和概括，它决定着定向运动训练的基本方法和效果，是定向运动教练员在训练中必须遵循的准则。

（一）系统性原则

运动员从开始参加训练到出现、保持优异运动成绩的整个运动阶段，都应系统地、不间断地进行训练。定向运动训练的各个环节、过程和内容都是彼此联系、互相影响、互相促进的。掌握运动技能的本质是建立条件运动反射，如训练不系统，所建立的条件反射将会消退，这种消退不仅表现在体能上，同时也表现在技术和战术的掌握与运用上。定向运动所需要的身体素质、技术、战术等都有特殊的结构程序和内部联系。只有系统地训练，才能取得理想的训练效果，不断提高运动员的定向运动技术水平。

（二）全面身体训练与专项身体训练相结合的原则

身体训练在定向运动训练中极为重要，运动员需要在较长时间内以走、跑、攀爬、跳跃、跨越等不同的运动形式进行跑动，定向运动的跑动是必须在智能主导、技术辅助的情况下有效完成的专项运动，这就决定了定向运动的身体训练由全面身体训练和专项身体训练两个部分组成。全面身体训练使运动员身体素质得到全面发展，专项身体训练是运动员为了直接提高定向运动技术水平所必需的专项身体素质，训练中两者高度结合才能取得良好的训练效果。

（1）必须在发展全面身体素质的基础上，逐步加大专项身体训练比重。一般在少年儿童期的提高阶段、训练后期、竞赛期进行较多的专项身体训练。

(2) 应根据不同的身体训练水平，确定不同的训练比重。若身体训练水平低，则应加大全面身体训练的比重；若身体训练水平高，则应加大专项身体训练的比重。

(三) 合理安排运动负荷原则

运动负荷是指运动员所承受的生理负荷，合理安排运动负荷原则是指在训练中要根据任务、对象的水平，逐步、有节奏地加大运动负荷，直至运动员能承担的最大限度，以达到比赛的需要。贯彻这一原则应重视以下几点。

(1) 从难。随着训练水平的不断提高，要不断加大技术、战术以及身体训练的难度，使训练尽量在接近比赛的条件下进行，同时对训练不断提出新的、更高的要求，使训练的技术、战术、身体素质和心智水平达到或超过比赛的要求。

(2) 从严。严格要求、严格训练。训练过程中，对技战术的质量提出严格的要求，使其符合实战的需要。严格执行训练计划，力求取得最佳的训练效果。加强对训练和比赛作风的要求，要从平时的每次训练、每次比赛抓起，贯彻整个训练的始终。

(3) 从实战出发。训练必须从比赛的实际出发，在进行各种技战术训练时，要注意加强对运动员比赛意识的培养，在提高技战术质量的同时，加强应变能力以及运动智能的训练，才能使技战术更加符合现代定向运动技战术的发展，以适应比赛的需要。

(4) 合理安排运动负荷。平时的训练负荷只有达到或超过比赛的要求，才能符合定向运动比赛的需要。因此，安排训练负荷时应注意以下几点。

①负荷的增加要循序渐进，注意大、中、小相结合。

②安排大负荷时，一般先加量再加强度。加量时强度可略减小，增加强度时运动量应降低或保持。负荷的强度应循序渐进。

③安排运动负荷时，应考虑运动员年龄、性别和训练水平等情况，训练过程中要区别对待。

(四) 训练与比赛相结合原则

比赛不仅是训练的目的，也是训练的依据，所以训练必须从比赛的实际需要出发。比赛也是训练的一种特殊形式，运动员平时掌握的技术、战术和心理等方面的情况，只有通过比赛才能得以巩固和提高。训练和比赛是相辅相成的，只有将两者有机地结合起来，才能促进运动员更快地提高技术水平。

(1) 处理好训练与比赛的关系。注意两种倾向：一是开头苦练，不安排比赛或很少参加比赛、练赛脱节；二是不分阶段、不分周期，不了解竞技状态形成的规律，安排过多过密的赛事。

(2) 少年儿童的初学阶段，一般以基本练习为主，不宜多安排比赛，随着运动员训练水平的提高，逐步增加比赛的次数，特别是竞赛期或赛前，以战术练习为主安排各种形式的比赛，有利于运动员在比赛中发挥正常的技术水平。

（3）对于训练水平较高的运动员，要创造更多的比赛机会，加强实战锻炼，不断提高临场比赛经验和适应各种比赛的能力，有利于建立运动员的心理素质、战术意识、比赛风格等。运动员的训练水平越高，越要参加更多的比赛。

（五）统一安排与区别对待原则

在整个训练过程或训练的某一阶段，安排训练内容、方法手段及提出要求时，既要考虑全队需要解决的共性问题，又要根据运动员的不同情况解决个人需求问题。统一安排，主要是针对全队需要解决的问题，规定一定的时间，按一定的方法、步骤进行，以达到共同提高的目的；而区别对待，主要是指从训练内容、方法、步骤、手段及要求上，根据个人情况加以区别。

（1）灵活运用。教练员可以根据不同的训练周期、本队的训练水平、个人风格和身体素质情况等，有机结合、灵活运用。

（2）处理好统一安排与区别对待的训练时间分配。对于训练时间短、水平低的运动员，多安排统一练习。对于训练水平较高的运动员，区别对待的训练可多安排，有利于运动员形成各自的技术风格，更好地提高运动技术水平。

运动训练原则不是一成不变的。随着科学技术和训练实践的发展，训练中许多尚未被人们发现的客观规律，必将被人们发现和认识。因此，这些原则也将进一步得到充实和丰富。

第二节　定向运动训练计划的制订

训练的科学性是定向运动训练的重要特征。科学性主要体现在训练的计划性上。运动员按照计划有系统、有目的、有要求、有检查、有控制地进行训练，可减少训练的主观性和盲目性，从而实现训练目标。因此，在制订训练计划时，必须根据训练的基本原则，从实际情况出发，科学、正确地划分训练的各个阶段以及所要完成的任务与各项指标，确定各阶段的训练内容、时间、训练进度和运动负荷。定向运动训练计划是对未来训练过程预先做出设计，以保证训练工作有目标、有计划地顺利进行。它是加强训练管理工作的一个方面，也是训练科学化的前提，对明确训练目标、采取有效措施、总结训练经验和提高训练工作质量具有重要意义。

一个完整的训练计划，通常包括运动员的初始状态诊断、训练目标的建立、训练阶段的划分、各阶段训练任务的确定、训练内容的选择、比赛的安排、训练方法与手段的选择、完成计划的措施、检查评定的时间、内容及要求等。

一、训练计划的种类

在运动实践中，通常按运动训练时间的跨度来划分训练计划。每个时间跨度大的计划都由若干个时间跨度小一级的计划组合而成，它们紧密联系，互相依赖。

（一）多年训练计划

多年训练计划是训练的长远规划。应根据定向运动员参加训练的具体情况确定训练年限，并以此为依据确定训练目标，提出训练任务，制订出达到预定目标所需的技术、战术、身体素质及心理素质等方面的要求和指标。多年训练计划不必很具体，但目标必须明确，任务切实可行，以保证训练的系统性。

（二）年度训练计划

年度训练计划是多年训练计划的基础。年度训练计划的任务能否完成，直接影响多年训练计划目标的实现。年度训练计划的任务、指标、要求、训练方法和措施的制订，都应以多年训练计划为依据。

（三）周期训练计划

周期训练计划是完成年度训练计划的基础，其任务、指标和要求均以年度训练计划为依据。周期一般可以按季、月或根据比赛任务进行划分。

（四）周训练计划

周训练计划是根据周期训练计划确定的任务和要求而制订的一周训练计划。

（五）课时训练计划

课时训练计划是根据周训练计划制订的一次训练课的训练安排。

多年训练计划和年度训练计划属于全局战略性规划，计划内容是框架式的，不要求过于详细，在实施过程中较为稳定；周期训练计划、周训练计划、课时训练计划则是实施训练的具体计划，在训练过程中根据具体情况具有较多变化。

二、训练计划的基本内容

（一）运动队构成的基本情况

正确分析队伍的构成情况是制订计划时提出任务和指标的重要依据。其内容包括全队人数、队员年龄、训练水平、心理状况等。

（二）确定训练任务及指标

主要是依据比赛任务，预测可能达到的成绩和所要达到的身体素质指标。提出任务和指标时，要依据实际情况科学地做出预测。

（三）训练的主要内容

为完成训练计划指标，应提出在技术、战术训练方面需要重点解决的问题。安排训练内容时，要注意处理好新技术的学习、已有技术的改进以及与战术训练的结合。处理好这三方面的关系，才能保证技战术训练呈现逐步提高的趋势。

（四）训练内容的时间比例

训练计划都有一个总的训练目标。在总的训练任务之下又有许多具体的训练任务。为了完成各项具体任务，必须合理安排训练的时间，抓住重点，逐一完成。关于训练内容的时间比例，应根据不同训练时期的不同任务和运动员的不同训练水平进行确定。

（五）训练计划安排

根据不同时期的训练任务，将训练内容由浅入深、由简到繁、由分解到组合的顺序进行安排。

（六）措施与方法

措施与方法一般包括：培养运动员的责任感与荣誉感，制订检查与考核制度，确保公平竞争，加强专业理论的学习，做好训练笔记，加强医务监督。

（七）检查评定的内容、时间及标准

根据训练任务确定检查的技术内容指标及运动员达到的比赛成绩指标和身体素质指标。检查项目一定要严格按照规定的时间进行考核。

三、制订训练计划的方法

（一）多年训练计划的制订

多年训练计划是指对运动员从开始参加训练到高层次竞技水平，直至停止训练活动全过程的整体规划。在制订多年训练计划时必须确定两个问题，即训练阶段的划分和运动员在全部训练过程中进入各训练阶段的最佳年龄。确定这两点的基本依据是运动专项的特点及本专项最优秀运动员进入各训练阶段和取得优秀成绩的年龄特征。

在制订计划时，还应注意确定身体训练和技术训练的比例、技术训练与战术训练的比例以及运动负荷的变化趋势。其中，对不同情况运动负荷的变化趋势需特别注意，以符合训练负荷竞技能力形成和发展的客观规律。

（二）年度训练计划的制订

年度训练计划是多年训练计划的基本单位，是各种计划中最重要的计划。年度训练计划需确定周期的划分和大周期各时期、各阶段的训练要点、解决的问题、主要内容安排等。

周期可以分为单周期、双周期和多周期。单周期以一年为一个周期；双周期以半年为一个大周期，全年有两个大周期。确定大周期的主要依据是实际大型比赛的安排。多周期依据参赛的次数多少确定。

大周期中各时期、各阶段的训练特点：一个大周期可分为准备期、比赛期和修整期三个部分。其中准备期和比赛期又可分为若干阶段。在制订训练计划时，要特别注意各个时期、阶段的衔接，以保持训练的连续性。

（三）周期训练计划的制订

周期训练计划有两种类型，一种是全年计划过程中的一个有机组成部分，另一种是短期的临时集训。

一个周期的训练过程可以看作若干个周训练过程的组合。在训练过程中，当为完成一个特定的训练任务而制订连续几周的专门阶段训练计划时，每个周期计划都由一组独立任务的周训练计划构成，其负荷结构有多种形式。

（四）周训练计划的制订

根据训练任务、训练内容的不同，可把周训练计划分为基本训练周、赛前训练周、比赛周和恢复周四种，每种的负荷特点都不一样，周训练计划结构的确定和内容安排的要求如下。

（1）制订计划的同时要安排好各种训练的比例。

（2）制订计划结构时，需将不同负荷后必需的恢复时间和手段考虑进去，否则其他周训练计划将受到影响。

（3）在安排身体素质、技术和战术练习时，要考虑运动员的机体状态。

（4）在不同训练课中，训练内容要交替进行，避免训练过度。

（五）课时训练计划的制订

训练课的任务和内容主要根据周计划的统一要求和运动员的现实状况制订。训练课由准备、基本、结束三部分组成，准备部分包括课堂常规和准备活动两个部分。基本部分为课的主要部分，占比 80%左右，其运动负荷有一次或几次达到课的高峰。结束部分主要内容为集体恢复、课程小结等。

第三节 体能训练

随着竞技体育的日趋成熟，各种技术动作所组成的技战术体系已基本完善，运动员要想取得优异的运动成绩，越来越依赖体能的支撑。没有高效的体能，运动员竞技能力的提高和维持就难以保证。体能训练已成为一门完善、系统、科学的训练体系。力量素质、速度素质和耐力素质是所有运动项目的基本体能要素，发展力量、速度和耐力就成为体能训练的核心内容。

一、力量训练

力量是运动之源，直接决定着人体运动的能力，是人体神经肌肉系统在工作时克服和对抗阻力的能力。

（一）定向运动的力量素质

定向运动需要运动员在不用地形条件下进行长时间的奔跑、跳跃、跨越、攀爬等运动，肌肉收缩产生的动力与地面的反作用力是人体向前移动的主要动力，因此运动员的力量，尤其是下肢力量就显得尤为重要。在任何情况下，力量尤其是力量耐力是定向运动员重要的基础素质，下肢肌群的力量和髋、膝、踝关节的力量是定向运动力量训练的重点。在训练过程中，可以充分利用自然条件进行运动员的力量训练。

（二）定向运动力量训练方法

随着现代体能训练理论的不断发展，动力性力量训练已经成为竞技运动中发展运动员力量最主要和最基本的形式。在设计力量训练时，应充分考虑负荷强度、组数、每组重复次数及间歇时间等内容。

1. 发展最大力量的训练方法

最大力量的力值主要取决于肌肉的生理横断面面积，并尽可能动员肌肉的更多运动单位参加用力的能力及不同肌群间的合作能力。

2. 快速力量训练方法

快速力量取决于肌肉的收缩力量和收缩速度，只有使肌肉力量和肌肉速度两方面都提高，才能取得快速力量训练的最佳效果。

3. 力量耐力训练方法

负荷量一般控制在个人最大力量的22%~25%，可以采用持续训练法、间歇训练法和循环训练法。重复次数要达到极限，直到不能坚持为止。具体的练习次数应根据负荷量的设定而设定，一般重复40~100次的，组间间歇以心率恢复至110~120次/分为开始下一组练习的依据。

（三）定向运动力量训练手段

（1）健身法：多组多次重复最大负荷（60%~80%）。持续负荷80%，3~5组，重复8~10次，组间休息3min。逐渐增加负荷，练习组数和次数相应减少，通常练习到没有外力帮助难以完成最后一次重复为止。

（2）金字塔法：金字塔法是一种常见且行之有效的增长最大力量的训练方法，将增大肌肉体积与改善肌肉协调相结合，可使机体有一个适应的过程，防止意外伤害事故发生。开始负荷为最大负荷的85%，做6次；递增负荷至最大负荷的90%，做3~4次；而后递增负荷至最大负荷的95%，做2~3次，直至最大负荷，再做1次。

（3）负重练习法：负荷重量一般为自身最大负重的40%~80%，可以兼顾力量和速度两方面的训练。练习中运动员尽量体会最大用力和最大速度感。每组重复5~10次，完成3~6组。练习组数应以不降低完成动作的速度为限。若动作速度明显下降，则应停止练习，组间间歇2~3min。

（4）增强式训练法（piyometric训练法）：piyometric训练法一般包括各种形式和要求的、克服自身体重的跳跃或移动练习，如台阶跳、跨步跳、纵跳、蛙跳和跳深练习等。

（5）综合训练法：综合训练法是抗阻练习和快速力量练习相结合的一种方法，先进行抗阻力量训练，接着进行快速力量训练，将跳跃、杠铃等器械和跳深练习组合起来进行。

（6）跳绳训练：采用单摇、双摇的形式进行训练；可以定时2min，也可以规定固定数量完成。练习5~8组，组间间歇3~5min，练习强度为75%~85%。

（7）立卧撑跳：身体向前，两脚尖和双手支撑身体，做一次俯卧撑，然后屈髋收腹，两脚收于两手中间位置，同时蹬地起跳，身体腾空、展体。每组15~30次，3~5组，组间间歇3min。

（8）收腹跳：身体直立，两脚同时蹬地原地起跳，身体腾空，伴随蹬地两脚迅速屈膝上提，两手自两侧抱紧双膝，随放即落。反复进行，每组15~30次，4~6组，组间间歇2~3min。

（9）负重台阶交换腿：每组60~100次，4~6组，重量为10~20kg，组间间歇以心率恢复至120次/分为开始下一组练习的依据。

（10）负重跳换步：每组 60~100 次，4~6 组，重量为 10~20kg，组间间歇以心率恢复至 120 次/分为开始下一组练习的依据。

（11）负重高抬腿：每组 60~100 次，4~6 组，重量为 10~15kg，组间间歇以心率恢复至 120 次/分为开始下一组练习的依据。

二、速度训练

速度是指人体快速运动的能力，也指人体或人体某一部分快速移动、快速完成动作和快速做出运动反应的能力，对运动员整体竞技能力的提高具有重要意义。

（一）定向运动的速度素质

速度素质是定向运动员最基本的素质，绝对速度对定向运动员竞技水平具有重要的作用。对于中、短距离的定向运动竞赛，各检查点之间的直线距离一般在 300~400m，在比赛过程中，为了抢打点，为了摆脱对手，运动员必须具有较强的速度素质，否则在比赛中很难取得优异的成绩。

（二）定向运动速度训练方法

1. 重复训练法

移动速度属于极限强度，应以高强度进行移动速度训练，强度一般控制在 90%~95%。在高强度训练之前，应安排一些中等或中上等强度的练习，练习一般持续在 20s 以内。极限负荷时，间歇时间短，一组 6~7 次，重复 5~6 组，组间间歇 2~5min。

2. 变速训练法

变速训练法是指以快、慢速度交替进行训练的方法，是变换训练法的一种。变速训练的配合方案很多，第一种是基本距离不变，快速和慢速相应改变；第二种是快速和慢速距离不变，逐渐增加总距离；第三种是三者都进行相应改变。

3. 专项速度节奏训练

专项速度节奏训练是指以最高速度发挥与保持技术和速度节奏控制技术密切结合的一种训练方法。

4. 阻力速度训练

这是一种通过加大跑动阻力，提高下肢力量的训练方法，包括上坡跑、拖重物跑（雪橇、轮胎、阻力伞等）、沙地跑、水中跑及穿重背心跑。为了使加速跑阶段和高速跑阶段的水平速度达到最大限度，阻力训练必须注重伸髋肌群力量训练。

（三）定向运动速度训练手段

（1）不同距离的直线跑练习：使用不同的直线距离进行加速练习，采取 30m、60m、100m、150m 单项训练或组合训练。此项练习是提高速度耐力的有效手段。

（2）往返跑练习：5×25m 往返跑练习，采取 5m、10m、15m、20m、25m 往返冲刺。快接近终点时，不降低跑速，在高速状态下转身折返。练习 6～8 组，组间间歇 5min，练习强度为 85%～90%。

（3）等距往返跑：进行 10m、15m、20m 等距往返跑训练，往返 6～8 次，练习 6～8 组，组间间歇 5min，练习强度为 85%～90%。

（4）上坡跑：上坡跑时运动员需要加大步长，以加大伸髋肌承受负荷的能力。坡度应大于 3°，跑动距离为 80～120m，8～10 组，组间间歇 3～5min。

（5）拖重物跑：拖重物（雪橇、轮胎）跑是发展跑速的常用方法。这种方法的基本原理是增加动作阻力，要求运动员加大肌肉收缩力量，特别是髋、膝、踝三个关节的伸肌群。重量为 15～20kg，跑动距离为 80～120m，8～10 组，组间间歇 3～5min。

（6）沙地、水中跑：能有效地增加运动员的跑动阻力，使运动员在加大步长（伸髋肌）时受到限制，从而达到较好的训练屈髋肌的效果。距离 60～80m，8～10 组，组间间歇 3～5min。

（7）穿负重背心跑：增加的负荷应对提高腿部伸肌力量和跑步速度有积极作用。负重背心重量为 10～15kg，距离 60～100m，练习 6～8 组，组间间歇 3～5min。

三、耐力训练

耐力素质作为体能的基本组成，在绝大多数运动项目中起着直接或间接的作用，耐力水平是决定比赛成绩的主要因素。

（一）定向运动的耐力素质

运动员在比赛中常常需要看图识图、辨别方向、定位、打卡等，在持续较长时间的竞争中，耐力素质的好坏也决定着比赛的最终结果。为了保证训练强度、提高训练水平，使运动员以充沛的体能参加比赛，除了必备的智能因素及技能，良好的耐力素质也是重中之重。

（二）定向运动耐力训练方法

1. 持续训练法

持续训练法通常用于提高运动员基础耐力、最大摄氧量和组织呼吸能力，但长时间以较慢的速度进行练习，缺乏专项性。

2. 间歇训练法

间歇训练法在发展无氧代谢能力、提高最大摄氧量和比赛速度能力方面具有一定的优势。间歇训练法要求多次力竭性运动，对运动员刺激较大，应慎重实施。

3. 重复训练法

重复训练法能够有效提高运动速度、改善跑步经济性及提高机体对无氧代谢的耐受力。训练时，总负荷量为比赛距离的 2/3 到 1.5 倍。例如，比赛直线距离大约 5000m，运动员每次训练的总跑动距离为 3300~7500m。

（三）定向运动耐力训练手段

1. 发展有氧耐力的手段

（1）持续跑：在校园或野外场地进行持续跑或法特莱克跑训练，在训练时可以结合专项特点，使用长距离多点定向地图配合定向运动的识图用图技术进行训练。跑动时，尽量减少由于识图导致的走、停动作。训练时，采用快慢交替的形式进行，距离控制在 200~400m，跑动的总距离为 10~12km，时间控制在 60~100min。这种训练能够切合专项运动的特点，在提高运动员体能的同时，提高其识图用图能力，使其体会并掌握速度控制技术。

法特莱克训练的实质就是在跑动中插入一系列不定时间、不定距离的加速跑、反复跑和冲刺跑等，强调有氧和无氧能量代谢。法特莱克训练符合定向运动越野跑的特点，最大的缺点是教练员无法实施对训练量和强度的调控，难以控制运动员训练时的具体心率或运动强度。

（2）定时跑：在田径场、公路、校园内或森林中进行 20~30min 甚至更长时间的定时跑。定时跑时也可利用路口较多的区域，不设规定路线，随意跑动，在跑动过程中可以配合“人动图不动”技术的练习。练习时，使用带有指北标志的纸张配合训练，使训练与专项技术相结合。

（3）定距跑：利用田径场、校园进行规定距离的训练，如 2400m 跑。强度设置为 65%~85%，2~3 组，组间间歇 4~6min。

（4）变速跑：在田径场进行变速跑训练，一般以 400m、800m、1200m 等距离进行训练。强度设置为 65%~85%，4~8 组，组间间歇应控制在运动员的心率恢复到 120 次/分后再开始下一组练习。

（5）重复跑：利用田径场进行重复跑练习，强度适中，距离设置较长一点，如 1200m，4~6 组，每千米配速 4 分 50 秒。随着练习组数增加，可以适当调整每千米的配速时间。

（6）越野跑：在公路、林地、草地等不同地形、不同路面的场地进行训练，距离5000~10000m，强度中等，使运动员能够适应比赛时的复杂路面，并根据不同的地形合理分配体能。

（7）冲山跑：选择一个距离长、坡度小的登山路段，1000~2000m，强度中等，跑到返回点后再进行下坡跑返回起点，2~3组，组间间歇应控制在运动员心率恢复至120次/分再开始下一组练习；提高冲山跑难度。规划一条长1000~3000m高低起伏、路段不断变换的行进线路。按照规定路线行进，不仅加强了运动员的速度训练，运动员的技巧也得到了提升。行进中，运动员不断克服体能消耗，在快速连贯的跑跳中调整呼吸节奏，手脚并用翻越陡坡，直至完成。强度设置为60%~80%，2~3组，组间间歇应控制在运动员的心率恢复至120次/分再开始下一组练习。

2. 发展无氧耐力的手段

（1）结合专项技术进行间歇训练：使用校园场地或野外场地，采用星形定向的形式、间歇跑的方法进行训练。运动员找到检查点（区域）后必须返回中心点，方能进行下一个检查点的训练。教练员结合两点之间的距离和完成时间，并测量运动员的即时心率，从而有效监控运动员的负荷量。当运动员心率不低于130次/分，即开始下一个检查点（区域）的练习。

（2）反复加速跑：利用田径场或校园中的上坡进行训练，采取60~150m加速跑，教练员计时并记录。跑完后，放松走回起点后即开始下一组练习。4~6次一组，4~5组，组间间歇5~8min。

（3）变速跑：采用快跑和慢跑结合的方式进行，采用100m快跑+100m慢跑、200m快跑+200m慢跑的形式进行定距变速跑；也可以采用100m快跑+50m慢跑、200m快跑+100m慢跑的形式进行不定距变速跑以发展乳酸性无氧耐力。4圈为一组，4~6组，组间间歇5~8min。

（4）素质练习+专项跑图训练：采用组合的方式提高运动员的专项能力，可以使用素质练习+专项跑图训练提高运动员的无氧耐力。例如，跳绳60s后，快速拿起百米定向地图进行跑图训练。每组使用不同的百米定向地图，6~8组，组间间歇3~5min。跳深练习高低跳台10个为一组，结束后进行跑图练习。每组使用不同的地图，6~8组，组间间歇3~5min。

（5）台阶训练：利用台阶进行训练，80个台阶，每步2级台阶，10次为一组，4~6组，强度为65%~75%，组间间歇3~5min。

第四节　技术训练

定向运动技术相对独立且相辅相成，定向运动技术可以分为基础技术、中高级基础和综合技术三个层次。

一、定向运动基础技术训练

（一）标定地图训练

1. 指北针标定地图

（1）精确标定地图练习方法。学生每人一张定向地图，正确佩戴拇指指北针后，随意在教学区域内进行跑动，随机选择一个地方站立。将指北针平置放在地图上，水平放置于胸前，然后转动身体，当指北针上的红色指针与定向地图的磁北方向线重合或平行，地图即已标定。

（2）概略标定地图练习方法。使用标有磁北方向线或指北标志的定向地图，使用指北针进行方向辨别。将指北针放平后，指北针的N端会自动标北，将地图的磁北方向线或指北标志与指北针N端对齐，地图即被概略标定（图6-1）。

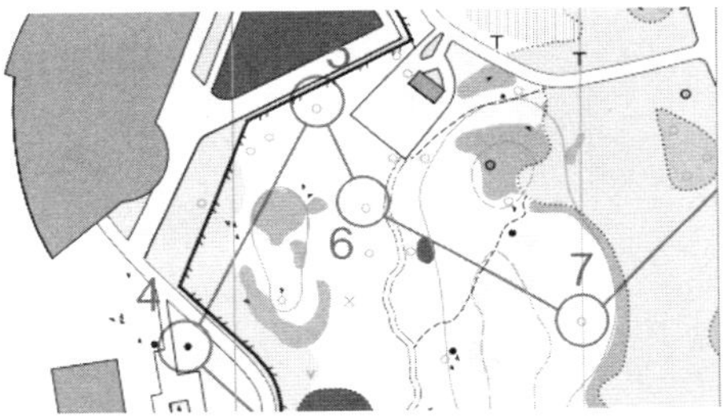

图6-1　检查点序号的“头”指向北方

2. 图地对照标定地图练习

利用教学区域内的直长地物进行标定，将地图上和实地都有的直长地物重合，重合后对应直长地物左右的地物，如左右地物与地图中的地物不一致，身体转动180°，地图与实地地物对应后，地图即标定。

随着学生技术水平的提高，逐渐增加练习的难度，由原地练习逐渐变为跑动中练习，在行进中，当方向改变后，持图方向也要随之改变，重新标定地图，保证地图的方向与实地的方向相一致。

（1）迷宫练习：设计一个简单的格状迷宫，设置简单的线路，学生沿着线路行进，每次线路方向改变，学生要改变手握地图的方向，做到“人转图定”，始终保持地图的北与实地的北相一致，这种训练方法适用于初级定向运动教学（图6-2）。

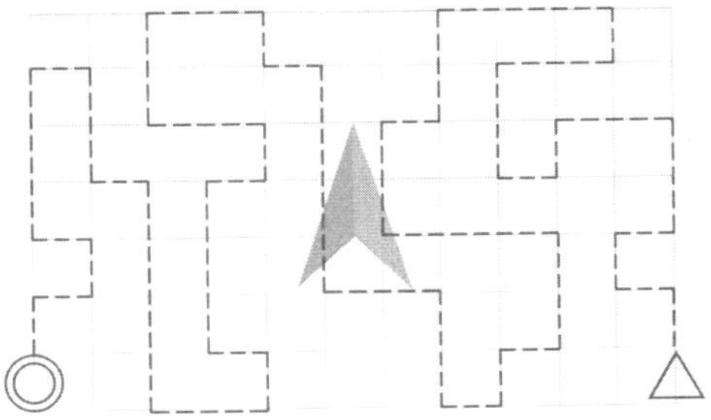
图6-2　迷宫标定地图训练

（2）特殊地图练习：采用特殊制作的定向地图进行标定地图练习。将教学区域的地图分割成6~8块不规则的区域，打乱区域方向、次序，每块区域设置1~3个检查点，整张地图的各个区域的检查点形成一条完整的定向运动线路，具有连贯性，每小块区域都单独标有指北标志。运动员从起点出发，按照规定顺序完成整条线路，在行进过程中，需要不断地重新定位、标定地图、地图对照、确定目标点。练习时，循序渐进地提高地图的难度、检查点的难度及数量等（图 6-3）。

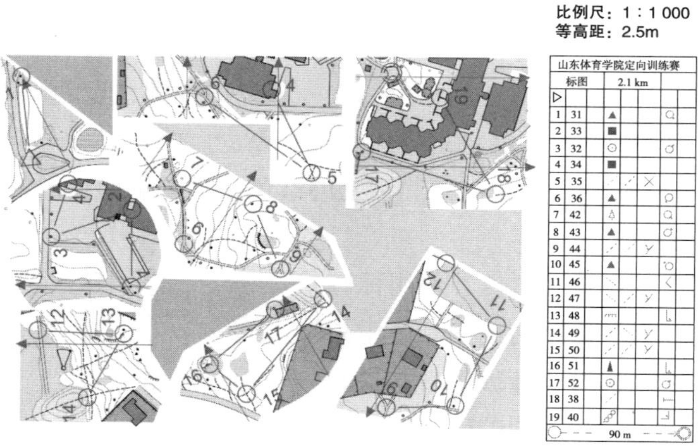

图 6-3　特殊地图标定地图训练

（二）折叠地图训练

折叠地图训练应循序渐进地进行，由原地折叠地图训练逐渐过渡到跑动中折叠地图训练。练习时，教练员应着重折叠地图的方法及注意事项的讲解，使学生明确折图的目的以及具体的操作方法，引导学生进行交流研讨。

（三）拇指辅行训练

（1）学生每人一张校园定向地图，设计简单检查点。教师带领学生使用拇指辅行技术进行 2~3 个点的练习。教练员要着重讲解拇指辅行的技术要领及方法。2~3 点练习结束后，学生以两人一组的形式完成其余检查点的练习。

（2）提高练习难度，使用地形复杂、特征点多的公园定向地图进行拇指辅行练习，由分组练习逐渐过渡到个人练习。每组或每人练习次数不少于 3 次。练习后，教师引导学生进行交流研讨。拇指辅行技术应配合折叠地图技术使用。随着练习次数的增多，逐渐提高对技术练习的要求。

二、定向运动中、高级技术训练

（一）读图技术训练

读图是通过对地图知识的理解，将二维的平面地图在脑海中形成三维图与实际地形、地物相对应的认知过程。读图是定向运动最基础、最重要的技术，迅速、准确地读图是提高定向运动水平的关键。

1. 依线行进寻找检查点

培养和提高学生在不同状态下细致地阅读地图、理解地图的能力。地图分为教师布点图（图 6-4）和学生练习图（图 6-5），布点图上标有依线绘制的路线，并标明检查点，学生用练习只标有依线绘制的路线。图上线路距离不宜太长，由简到难，循序渐进。学生一路纵队出发或每间隔 2min 出发一人，要求学生必须按照图上所标注的路线行进，教练员可以设置读图难度，并要求学生将途经的检查点标注在地图上。

图 6-4　教师布点图

图 6-5　学生练习图

练习时需要细致读图，因此不要进行时间限定，随着读图难度加大，可以先平行读图再超前读图、先概略读图再精确读图、先静止读图再跑动读图，逐渐加大练习的难度，以加强和巩固学生的读图能力。为提高练习的有效性，需要不断地变换训练场地，以保证场地环境对学生认知感官的刺激性。

2. 布点收点训练

通过辨别和确定检查点位置，提高学生在不同运动状态下精确读图的能力。

（1）规定线路练习：教练员设计多组不同线路地图，起点、终点设置在同一区域内，学生两人一组。学生 A 使用地图按照检查点说明表放置检查点，并在规定时间返回。当学生 A 返回后，学生 B 按照地图将学生 A 布置的检查点全部收回，如果学生 B 没有收回全部检查点，两名学生就要同时进入场地进行“复图”，分析原因。

（2）互设线路练习：为学生提供无线路地图，学生两人一组，要求学生 A 在主要教学区域设置检查点。检查点设置要求：设置 4~5 个检查点，设置好的检查点使用红丝带、扑克牌等辅助教具进行标记，并详细绘制检查点说明表。随着学生技术水平提高，可以进行时限的相关要求。检查点设置完成后，学生 A 返回起点将地图交给学生 B，学生 B 按照学生 A 绘制的检查点说明表结合地图将检查点标志全部取回。若学生 B 没有取回，教练员带领学生进行复图，并进行详细的分析。学生 A 和学生 B 角色互换，按上述步骤再次进行练习。教学区域的选择以及检查点数量、难度的设置要符合学生的实际水平。

（二）图地对照练习

图地对照练习是学生记住实地的特征后，在地图上寻找并确认这一特征训练。学生通过把实地地形与地图相联系，测量、估算、确定特征物在图上的相对位置。

每个学生手拿一张定向地图。标定地图后，教练员可以带领学生以“散步”的形式在教学区域内将地图与实地进行对照。遇到明显地形点时，教授学生如何从地图上确定该地形点，并在该地形点对周边的地形进行实地对照、分析，使学生明确图地对照的基本步骤以及注意事项。教师带领学生进行 5~6 个点的图地对照之后，让学生单独进行练习。随着学生技术的提高，可以不断变化训练场地，循序渐进地增加地图的难度、提高练习要求。

（三）指北针使用技术

指北针的运用必须建立在读图基础上。指北针技术根据运动的需要可分为指北针精确定向技术和指北针概略定向技术。指北针精确定向技术是指利用指北针和地图快速判定方向和导航的技术，指北针概略定向技术是指利用指北针明确大致前进方向和导航的技术。

1. 基本方向训练

使用标准定向地图进行教学，检查点数量为 8~10 个。学生利用指北针标定地图，在每个检查点都要运用指北针技术确定下一个检查点的前进方向，然后沿着指北针基板的蓝色箭头指向前进。在前进过程中注意配合比例尺灵活使用，这种训练方法适用于读图技术较差的学生。

2. 窗口定向训练

教练员在设计地图时，只留下检查点位置区域的地图信息，两个检查点之间没有影响通行的障碍物。运动员利用指北针配合比例尺以及地图信息完成整条路线。这种训练方法有助于学生提高指北针的使用技术，增强对距离感的判断能力（图 6-6）。

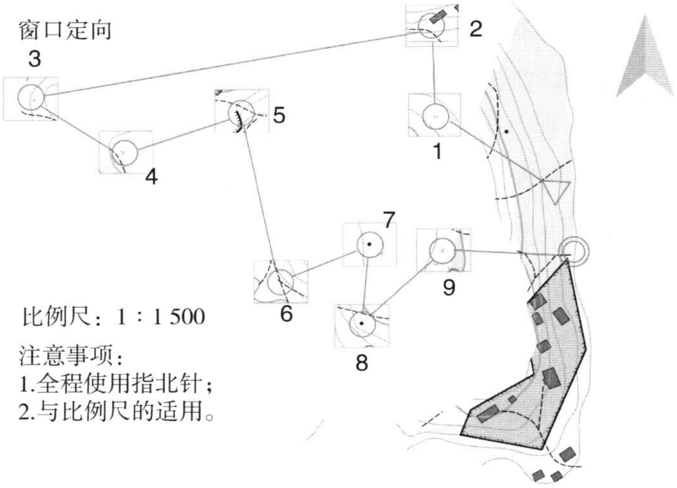

图 6-6　窗口定向

练习时，教师带领学生先进行 2～3 个点的练习，强调野外场地进行训练的注意事项以及技术要点，然后采用分组的形式进行后续检查点的练习。练习难度要逐渐提高，可以增加检查点数量或对完成时间进行限定。教师或教练组成员可以在场地中随机进行指导或纠正。练习结束后，教师带领学生进行交流研讨或“复图”，以直观、有效地提高学生对技术动作的理解和掌握。

3. 廊式定向训练

地图上所有的信息都是粗略的、简单的，除了连接检查点的狭长走廊，其他部分都被隐藏，这样就像线性识图一样，必须沿着走廊行进。练习时，可以逐渐提高练习的难度，方法有两种：一是提高场地的难度；二是提高线路的难度，使路线由简单的直线走廊逐渐过渡到曲线走廊（图 6-7 和图 6-8）。

教师在设计路线时，可以将前 2～3 个点设置为可视状态，使学生逐渐适应野外环境以及指北针的使用方法，为进入廊式训练进行心理缓冲。学生以两人为一组的形式进行廊式定向训练，练习过程中两人互相交流研讨，教师或教练组成员在场地中随机进行指导或纠正。

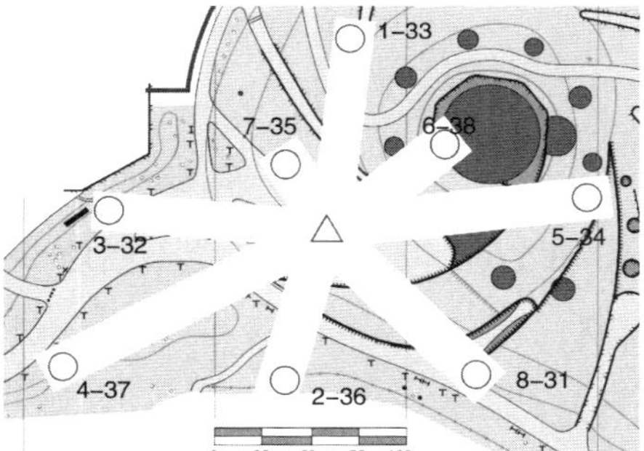

图 6-7　星形廊式定向

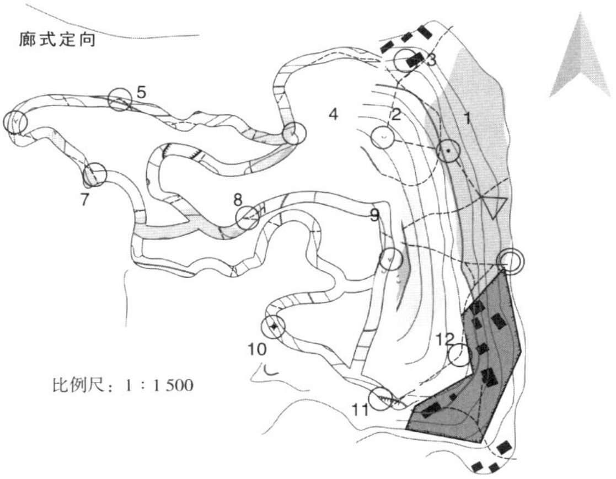

图 6-8　廊式定向

（四）距离判断技术

距离判断技术主要包含比例尺换算技术、步测技术、目测技术、时间判断技术。距离判断的准确性主要取决于平时积累的经验，是一种经验性的估计手段，受运动员所处环境和自我心态的影响。步测技术是指通过计算复步数来估计两点间的水平距离，一般在平坦地形通用，上下坡则需折合换算或运用其他距离判断技术综合判断。目测技术是指通过平时目测观察对某段距离感的经验积累来判断两点之间或行进间的距离。时间判断技术是指通过运动员跑动的时间来判断行进间的距离。

1. 利用比例尺换算距离练习方法

使用不同比例尺地图，根据不同地形，选择两个检查点，使用指北针刻度尺测量图上两点之间的距离，并依据比例尺换算两点之间的实际距离。随着训练水平的不断提高，逐渐使用目估法等方法取代刻度尺测量的方法，以提高效率。

2. 步测技术

选择学校场地 100m 长的直线距离，计算出跑完这段距离所需要的步数。在此基础上，到其他地形上进行练习，计算出跑完相应单位长度所需要的步数，使用不同比例尺的地图，反复进行练习，总结出自己在不同地形中的步数规律。

初级练习时，学生每人一张田径场的定向地图，通视状态下检查点清晰可见，学生依次打点并对每个检查点进行步测，并记录下步测的距离，完成练习后与教练员测定的距离进行对比分析。

中高级训练时，可以加大场地的难度，使学生体验在不同地形上的步测距离的差别，同时缩短完成的限定时间，增强时间的压迫感，使学生逐渐由走动过渡到跑动状态。

3. 目测技术

选择空旷的教学场地，并在此区域设置 6~8 个检查点，并保证任何一个检查点都能看到其他的检查点，学生使用地图在场地内进行目测训练，可以结合步测法进行验证。反复练习，熟练掌握，逐渐提高练习难度。

4. 时间判断技术

在场地上选择不同距离的路段或使用不同比例尺的地图，在自身合理配速的基础上，反复测试不同距离路段的跑动时间，并做好记录。此方法的练习要结合不同地形进行，要充分考虑地面硬度、坡度、植被等带来的影响。

（五）路线选择技术

路线选择技术包含扶手法技术、攻击（决策）点技术、目标偏测法技术、水平位移法技术等，以上技术在实际的路线选择过程中都不是独立存在的，而是相辅相成、紧密相联的。

1. 扶手法技术练习

利用标准定向地图进行练习，利用明显的道路、围墙、高压线、围栏、明显植被分界线等线状地物行进。教师引导学生进行学习，辨别、分析哪个检查点可以使用扶手法，并说明原因。使用扶手法时要注意检查点和所利用线状地物的相对位置关系，当检查点不在线状地物上或附近时，一定要注意离开线状地物的时间，避免跑过头。随着学生竞技水平的提高，可逐渐加大练习难度，由校园、公园地形逐渐向山地地形过渡。检查点之间的扶手由连续状态逐渐过渡为断续、迂回、多样性状态。

（1）领头羊练习：练习时，学生5~6人一组，采用领头羊的形式进行练习，领头学生先带领大家按“扶手”行进，并在行进过程中描述“扶手”特征以及选择“扶手”的依据（图6-9）。到达第一检查点后换第二名学生领跑，并讲解扶手法的使用情况，其他学生有疑义或有更好的行进路线，可以立即停止行进，并进行研讨。

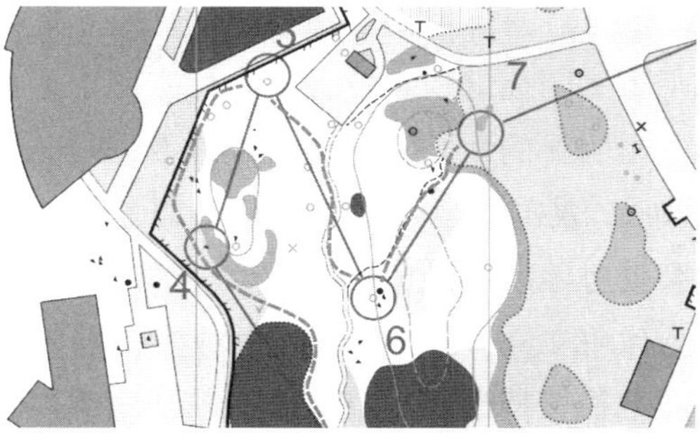

图6-9　扶手法技术练习

（2）分组设点练习：为学生提供定向地图，学生2人一组，互相为对方设置8~10个检查点的定向线路。学生根据对方提供的地图进行路线规划，规划时要充分利用扶手法行进，并明确行进过程中使用“扶手”的情况。

2. 攻击（决策）点技术练习

（1）无底图“盲图”训练：使用学生非常熟悉的定向地图，制作一张难以识别的地图，先在地图上设置攻击点和检查点，然后将地图上的攻击点和检查点绘制到绘图膜上，就形成了一张没有地图只有攻击点和检查点的线路图（图6-10），复印该图，一人一份。

学生使用该图寻找攻击点和检查点，并分别记录它们的位置，回到起点后，在定向地图上标绘各点的具体位置。

（2）廊式攻击点训练：利用廊式地图进行攻击点和检查点的设置。练习时学生充分利用“扶手”行进，在达到攻击点时，精确定向寻找检查点（图6-11）。教师带领学生进行1~2个点的练习，学生分组完成后续检查点的练习。练习结束后，教师引导学生进行研讨。

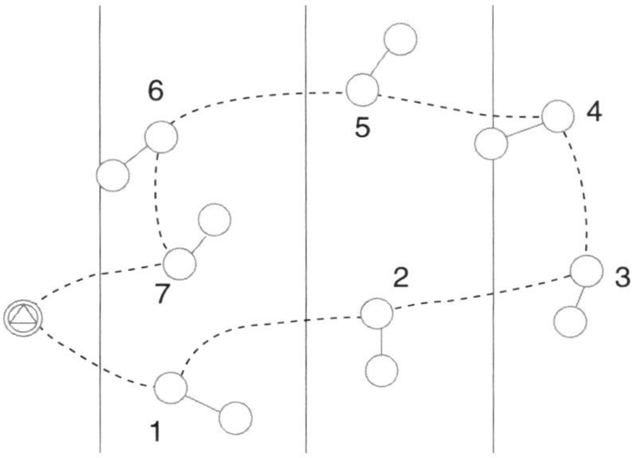

图6-10　无底图“盲图”训练

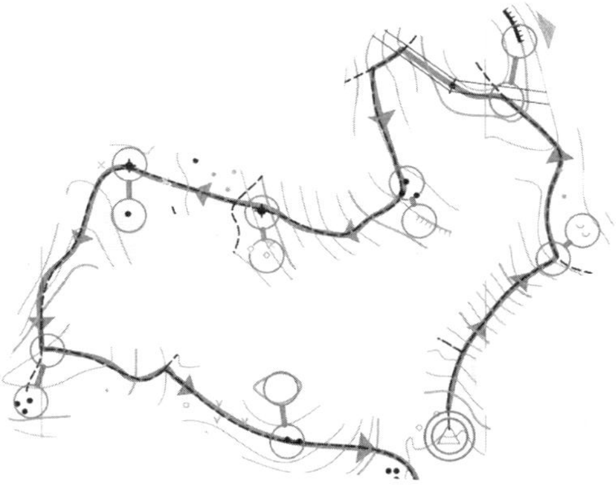
图6-11　廊式攻击点训练

（3）双点训练：在定向地图上设置4～6个不太明显的检查点，每个检查点附近都要有一个明显的地物特征作为攻击点，距离为50～80m，攻击点必须容易辨认，如道路交叉和交会处、池塘、建筑物、塔状物等（图6-12）。学生每2min出发一人，先对检查点附近的明显地物特征进行定点攻击，找到相应点位后慎重决策，运用精确定向技术寻找检查点。完成整条路线练习后返回终点，进行讨论、分析。

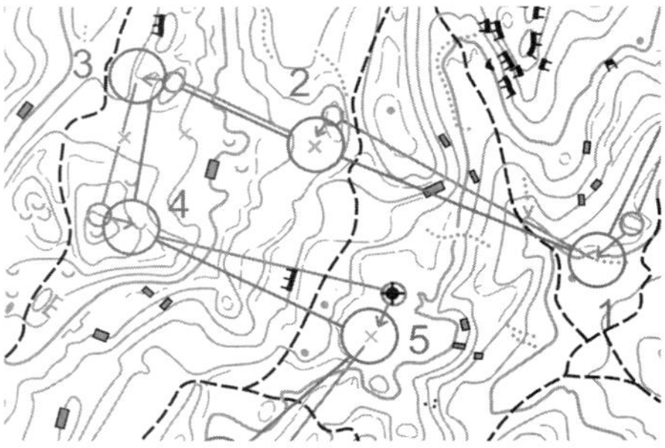

图6-12　攻击点技术练习

随着学生竞技水平的提高，可以通过使用不同比例尺地图、等高线地图及增加检查点数量等方法逐渐提高练习的难度。这种训练方法可以使运动员快速确定检查点范围，有利于运动员选择最佳行进路线达到攻击点，然后由攻击点出发捕捉检查点。

3. 目标偏测法技术练习

学生要辨别哪个检查点更适合使用目标偏测法，确定偏测方向与角度，并使用彩笔标绘行进路线。完成整条路线练习后，回到终点进行研讨或实地“复图”。随着学生技能水平的提高，逐渐增加练习难度，可以使用不同比例尺的公园图、山地图进行目标偏测技术的练习（图6-13）。

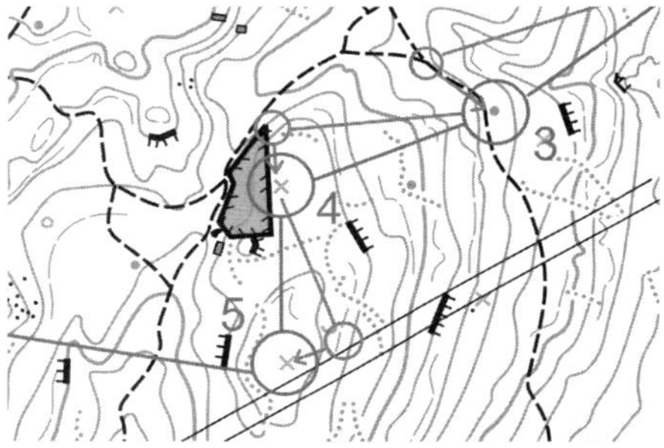

图6-13　目标偏测技术练习

4. 水平位移法技术练习

使用具有等高线的定向地图进行练习，在地图上利用等高线变化设置4～5个检查点。学生按照等高线行进，并尝试穿越一条等高线或多条等高线，用红笔画出行进轨迹，完成后进行交流、研讨（图6-14）。

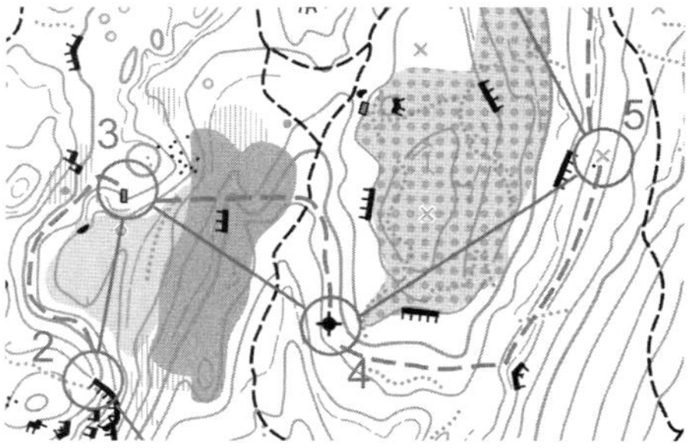

图6-14　水平位移法技术练习

5. 双路训练

在地图上设置3个检查点，每个检查点由2条线路组成，一条从起点通向检查点，另一条从检查点返回起点。教练员在设计线路时，要科学、准确，根据教学需要设置不同的难度。初级阶段训练时，两条线路要具有明显的区别；中、高级阶段训练时，两条路的差别不应太明显，使学生养成“会仔细审图，细致揣摩最佳线路”的良好习惯。

（1）双路对比训练：练习时，学生按照 A、B、C 的顺序依次完成各检查点，完成后进行小组研讨，分析两条线路的差异，并选择最佳的行进线路（图 6-15）。

（2）双路同一检查点训练：学生两人一组，分别从不同的路线跑向同一检查点，先到达的学生等另一名学生到达之后，再开始进攻下一检查点（图 6-16）。

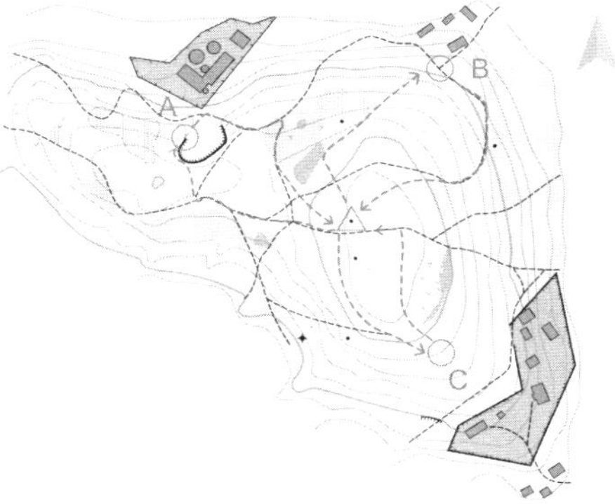

图 6-15　双路对比训练

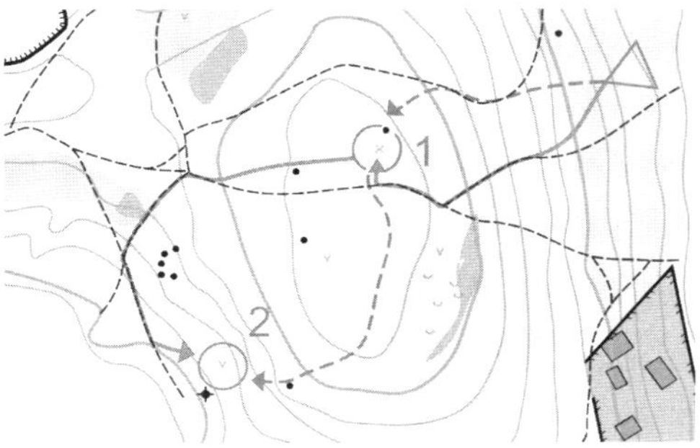

图 6-16　双路同一检查点训练

6. 重新定位技术

以走或跑的形式带领学生在教学区域内进行运动，不设规定路线，到达一个检查点后，让学生指出是图上哪个检查点，使学生通过点状、线状、面状特征物进行站立点的确认；也可以通过回忆已经过路线特征，重新返回上一检查点，从而确定站立点，进行重新定位。

（1）区域分割训练法：选一块地形相对复杂的区域作为教学场地，设置好检查点，教练员在设计线路时将完整线路分成点对点的单点地图，教练员带领学生在场地中任选一个检查点位置作为起点，学生拿到地图后快速观察地形，确定站立点，然后使用单点地图寻找检查点，完成任务后回到该起点。教练员组织学生对本次练习进行分析，然后更换起点开始下一轮的练习。

（2）走图讲解训练法：使用专业定向地图，设置若干检查点，可以不设置规定路线（图 6-17）。教练员带领学生使用地图行进，在行进过程中教练员要重点讲解，也可以安排学生之间互相讨论，提高学生对地图的理解和认知。这种训练方法可以帮助学生了解实地的地物、地貌以及快速搜索有效信息，帮助运动员确立站立点位置，正确寻找检查点。

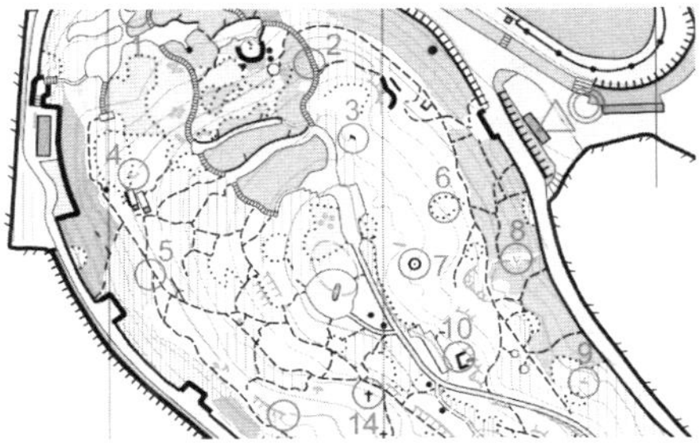

图 6-17　不设置规定路线的地图

7. 记忆地图训练

（1）速记（细节记忆）练习：为学生准备多张定向地图，给学生限定读图时间，观察并记忆地图的局部或检查点附近，然后学生描述细节。

（2）综合记忆：限定时间，看完全图，对地图进行综合概括性回忆。练习难度应逐渐增加，可以逐渐减少看图的时间，增加检查点的数量，也可以选择有难度的教学场地进行练习。

（3）实地记忆地图练习：将一条定向运动线路按照路段的形式做成一张张局部地图，按照顺序将这些路段地图放在检查点上。学生间隔出发，在起点处读图记图后，凭借记忆前往下一检查点，主要记忆检查点序号、检查点代号、检查点特征及方位、路线规划选择、参照物等。到达检查点后，核对检查点信息无误后，查看该点地图，读图记图后前往下一检查点，如运动中遗忘地图信息，可以返回上一点重新记忆后再继续找点，直至整个路线练习结束（图 6-18A）。

可以通过以下方法逐渐提高练习难度：增加路线长度和复杂性、使用不同比例尺地图、增加每次检查点的记忆数量等（图 6-18B）。

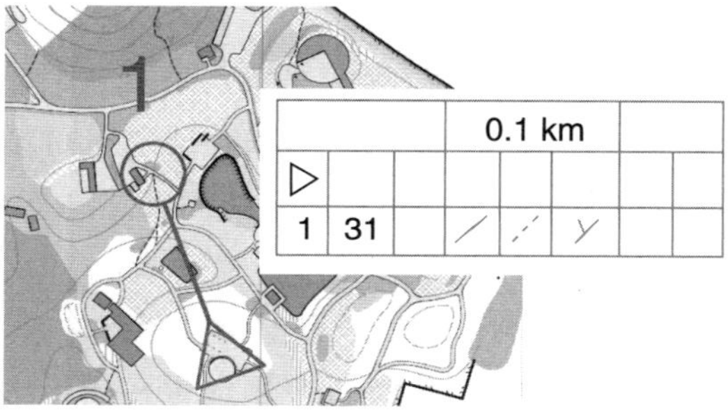

（A）一张地图一个检查点（示例）

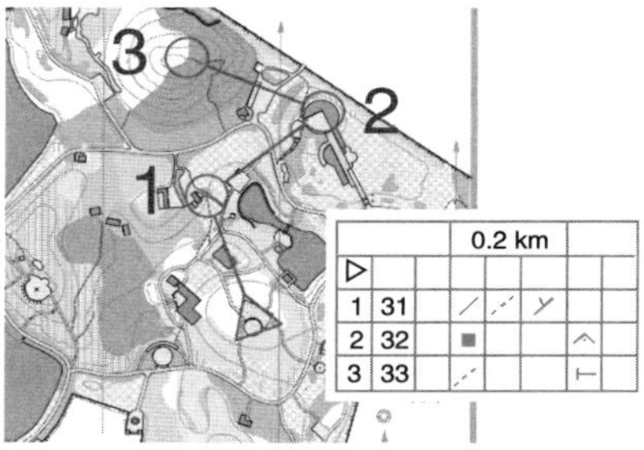

（B）一张地图包含三个检查点（示例）

图 6-18　地图记忆技术练习

8. 利用等高线行进的练习

进一步提高读识和应用等高线的能力，利用等高线的细节找出实地地貌特征的差异进行定向练习，在山地地形中，使用地图行进是学习等高线的最佳方法。

（1）沙盘等高线：简易的定向沙盘图是一种很好的训练立体形象化感觉的辅助方法，可以使用形状特殊的大石块或沙土进行沙盘等高线的练习。训练时，进行沙盘和地图的对照，使学生初步了解等高线（图 6-19）。

训练一：让学生依据地图上山（丘陵）的等高线堆或小山。

训练二：教练员使用沙土堆成的小山或使用形状特殊的大石块，示范如何使用等高线表达，再让学生进行实践练习。

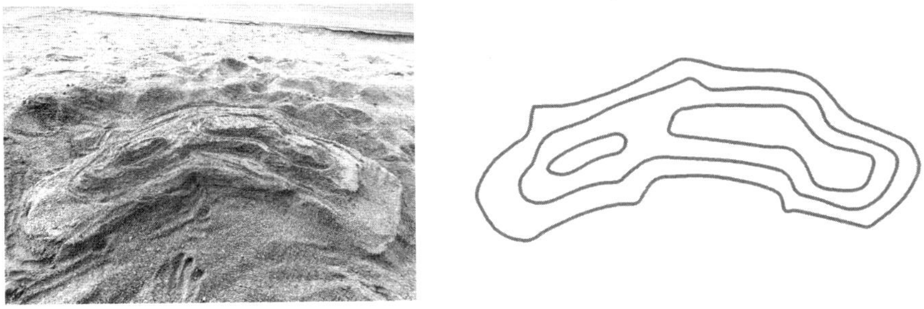

（A）　　（B）

图 6-19　沙盘等高线训练

（2）地平线定向：站在一座小山或者一片开阔地上，对远处可观察到的小山与地图上的形状进行对比（图 6-20）。

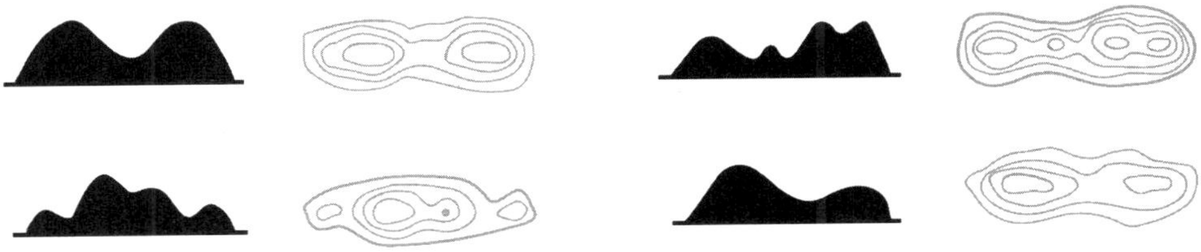

图 6-20　地平线定向

（3）沿等高线行进：教练员带领学生在教学场地内进行持图步行，辨认山背、山谷、鞍部、凹地、山脊、台地、山垄、山凸、丘等地貌。带领学生利用等高线走完或跑完路线全程，教练员先带领学生沿路线走一遍，然后学生使用带有检查点的地图分批出发，寻找点标（图 6-21）。

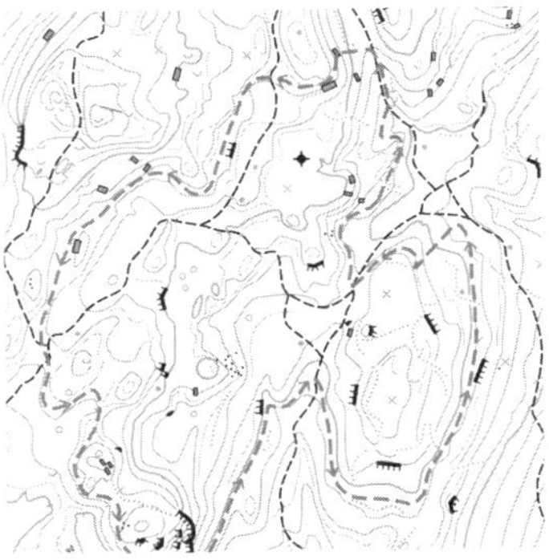

图 6-21　沿等高线行进

（4）啡图训练：啡图训练就是利用等高线进行训练。啡图训练时，地图中除了等高线，不设置其他信息，学生只能依靠等高线来确定方向（图 6-22）。教学时，在教学场地中设置若干个检查点，间距 100~300m。设计一个赛程，要求学生利用精确定向技术，尤其是利用等高线确定检查点的位置。

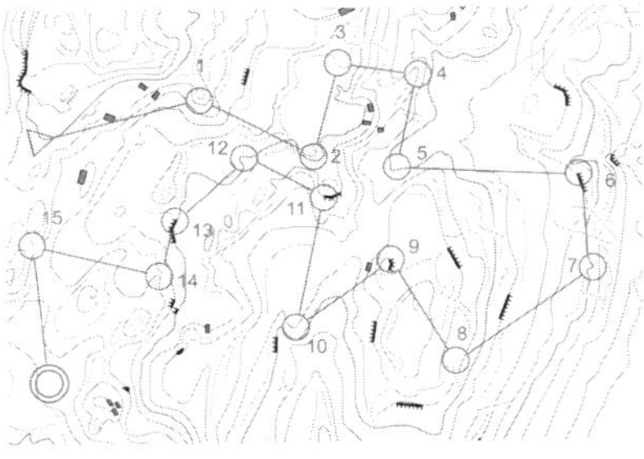

图 6-22　啡图定向

（5）留白路线规划训练：设置一条线路，线路部分断开，学生两人一组，从起点开始沿着箭头指示的线路行进，在箭头断开的区域，学生进行路线规划，规划的目标点是下一线段开始的位置。依此类推，直至返回起点（图 6-23）。

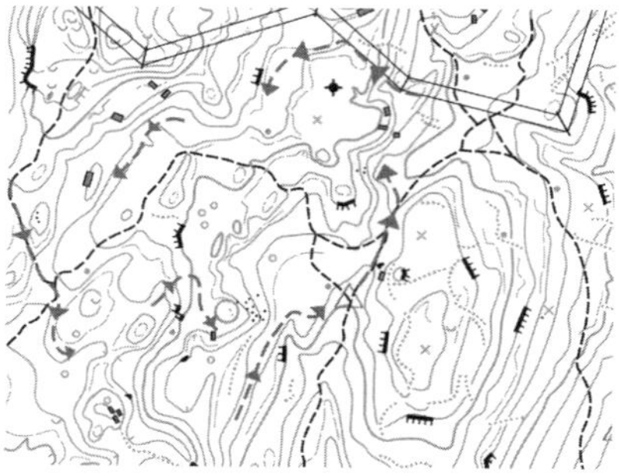

图 6-23　留白路线规划训练

9. 直线穿越练习

攻击点、目标偏测和等高线虽然是安全的导航，但基本上会由于路线的迂回、障碍物等原因导致距离增加。因此，在地势平缓、无难以穿越的障碍物时，应尽量沿连线进行穿越。直线穿越对运动员的定向定位能力、距离判断能力、重新定位能力、检查点捕捉能力及心理素质都具有较高的要求。在进行直线穿越时，应充分利用连线两侧的特征或使用指北针进行导航，避免偏离方向。直线穿越是一项重要的技能，学会直线穿越对运动员具有重要的意义。

三、定向运动技术综合训练

（一）长距离多点训练

使用标准定向地图，尽可能多地设置检查点，学生每人一张定向地图，间隔 1min 出发一人，培养学生在长时间的奔跑中捕捉检查点的能力（图 6-24）。教学时，不需要布置检查点，学生跑到点位后，用手触摸检查点即可，在考查学生检查点捕捉能力的同时加强学生的诚信教育。此方法多用于初步掌握定向运动技术的学生，随着学生技术水平不断提高，可以逐渐提高训练要求，将检查点捕捉的准确性和完成时间作为训练的主要标准。

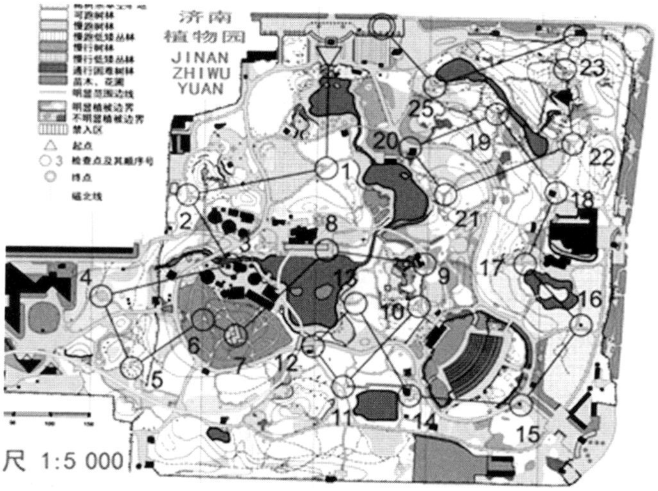

图 6-24　长距离多点训练

（二）星形接力

模仿接力赛的形式，在起点周围设置 4 条完整的线路，每条线路可以设置 3~4 个检查点。学生 4 人一组，一次出发 4 组，每组面对不同的区域路线，一组对应 1、2、3 检查点，二组对应 4、5、6 检查点，三组对应 7、8、9 检查点，四组对应 10、11、12 检查点。同一组内，第一棒运动员先出发，完成 1~3 号检查点，待其返回后第二棒运动员出发，完成 4~6 号检查点，以此类推，直至全部完成（图 6-25）。

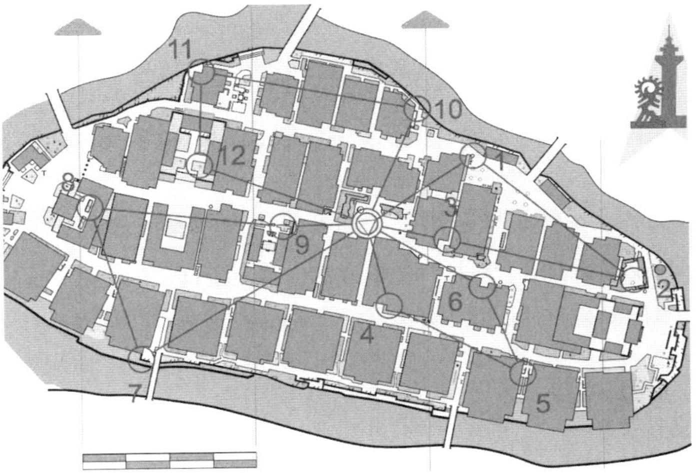

图 6-25　星形接力

（三）定向运动制图训练法

定向运动中所学到的知识技能，在定向运动制图中都有着不同程度的体现。定向地图是制图员从运动员角度出发，通过取舍、合并、位移、夸大、概括等综合手法进行测绘。同样，运动员也应该从制图员的角度理解定向地图制作的基本原理以及基本知识，不仅能够提高自身基本技能，也有利于技术的精进和节奏的掌控。

定向运动制图训练可以有效促进运动员对地图色彩、符号、比例尺、等高线、等高距、禁区、通行程度的直观认知，提高运动员的空间感知能力以及地图运用能力。同时，学生通过定向运动路线设计，有利于发现路线设计的基本规律，有效提高学生路线选择和地形判读的能力。定向运动制图作为辅助训练手段，可以有效提高学生的综合知识水平和技能的运用能力，具有内省的作用。教师可以利用课余时间进行定向运动制图的训练，使学生“过眼即知”“得心应手”，从而提升竞技能力。

（四）游戏训练法

Catching Features（http：//www. catchingfeatures. com）软件是即时徒步定向越野的

竞赛软件，而瑞典 Melin 公司设计的“Win OL”是专门针对定向运动设计的 3D 游戏，都可以作为趣味性模拟训练的辅助教学工具。可使用软件自带的地图和路线，也可以由计算机随机生成地图和路线或自己制作地图和地形，还能设定白天、黑夜和雾天各种环境。完成比赛后，可以通过网络把自己的比赛成绩和别人的成绩进行对比。这些软件可以真实地虚拟出定向运动的整个过程，使运动员足不出户地体验各种地形、各种难度、各种环境的定向运动。

利用电子虚拟环境进行定向运动训练操作简单，趣味性较强，能有效激发运动员训练的积极性，但不宜过多使用，交互设备的滞后感和不适感会对学生正常的技术动作习惯产生负面的影响。

第五节　战术训练

战术是指在比赛中有针对性地综合运用技术、意志、智能和体能素质，是运动员根据对手的实际情况而采取的各种手段和方法。在定向运动比赛中，所有的战术都是建立在个人技战术的基础之上的，因此本节只对团队战术进行阐述。

一、战术训练的要求

（一）树立正确的战术思想

定向运动的计分方法与其他竞赛项目有很大的区别，不管是个人项目还是团队项目，必须保证零失误（积分赛除外），只要有一个检查点失误就可能满盘皆输，因此在比赛过程中，必须坚决贯彻“以己为主，以准确性为主”的战略思想，把自己的训练水平充分发挥出来是参加比赛的主要目的，限制对手特长发挥是次要目的。

（二）培养战术意识

提高战术能力是战术训练的中心环节。战术意识是运动员在比赛中为达到特定战术目的而决定自己战术行为的思维活动过程。主要包含两个内容：一是运动员对自己所采取的战术方法具有充分的认识和理解；二是在复杂多变的比赛环境中，随机应变，迅速判断并执行自己的战术行为。在势均力敌的情况下，战术的执行能力也是取胜的关键因素。

（三）掌握具体的战术手段和战术方法

掌握具体的战术手段和战术方法，并提高执行运用的能力，才能在比赛中达到团队作战的战术目的。

二、团队赛战术

（一）接力赛战术

团队战术的执行完全依赖运动员个人竞技水平的发挥及团队成员的默契配合。目前国内的定向运动比赛中，团队接力赛的人数一般设置为 3 人，为了符合国际定向越野联合会和我国定向运动赛事的相关要求，我们以 3 名运动员组成的参赛队为例进行团队接力赛的战术安排。

为了取得理想的成绩，教练员在队伍组建的时候，往往会充分考虑运动员的技战术水平和心理状况，然后以合理的组合安排接力战术，保证团队最大合力的发挥。与团队赛不同，接力赛是在团队背景下发挥个人竞技能力的结果，整个竞赛过程注重的是个人竞技水平的体现。因此，在进行战术安排时，更应注重团队成员的技战术特点，合理安排队员的棒次。

1. 具有三名高水平运动员

团队由三名高水平运动员组成，这是最理想的队伍组合方式。在进行战术安排时，第一棒和第三棒可以安排心理素质比较稳定的队员，因为在比赛过程中，第一棒必须在争先前提下稳定参赛节奏，而第三棒是决胜棒次，担负着胜败的压力。因此，第一棒和第三棒运动员的压力较大，第二棒运动员的压力相对较小，有利于整体技术的发挥。

2. 具有两名高水平运动员

团队由两名高水平运动员和一名水平稍低的运动员组成。在进行战术安排时，可以将水平高的运动员安排在前两棒出发，有利于保证团队处于第一集团中，将水平稍低的运动员安排在最后一棒出发，争取在最后能跟随第一集团返回终点。

3. 具有一名高水平运动员

团队由一名高水平运动员和两名水平稍低的运动员组成。在进行战术安排时，高水平运动员第一棒出发，有利于队伍保证在第一集团。将水平稍低但体能好的队员安排在第二棒出发，有利于先机优势的保持。

4. 没有高水平运动员

队伍中没有高水平运动员时，能够在规定时间内顺利完赛就是最大的目的。第一棒可以安排技能好的队员，准确打点，顺利完赛，稳定军心以及节奏；第二棒安排体能好的队员，争取保持先机优势；第三棒还是安排技能好的队员，保证顺利完赛。

（二）团队赛战术

定向运动团队赛除了需要具备个人项目所需战术，还具备独有的战术要求。团队赛战术掌握与运用效果，直接影响团队的最终成绩。

目前国内的定向运动团队赛人数一般设置为3~4人。相比接力赛，团队赛更接近于“团队”的概念界定。团队赛突出团队协作的核心特征，根据个人的技战术特点，进行合理分工，优化、放大个人优势，形成合力，从而取得比赛的优胜，这就需要每名运动员都具备更高、更全面的技战术能力、良好的心理素质和充沛的体能。

1. 队员的安排战术

团队赛由3人组成时，由技术全面、头脑清晰的队员担任队长，主要负责“分图”，将地图上的自由点根据必打点的情况及实地情况进行科学合理的分工。第二名队员负责串联，主要负责与第三名队员进行检查点核对工作。

2. 分图的战术

分图时，必须结合队员的特点，充分考虑每名队员的技术优势。如果队员技术水平相差不大，则务必做到分点均匀，以保证回归时间尽量统一。

分图时，队长必须统览全图，明确地形特点，了解线路走向。然后根据队员的技术特点和优势进行区域的划分，应遵循以下原则。

（1）场地情况比较复杂、地形比较琐碎、检查点设置较多的区域，应分给技术比较全面、头脑比较清晰的队员。

（2）检查点分散、较远，爬坡量较大，地形比较简单的区域，应分给体能好、技术水平一般的队员或刚接触定向运动的新手。

（3）在给定位定向能力差、技术一般或者新手安排自由点时，应尽可能地降低难度或减少检查点数量。

（4）终点区域的检查点可以安排给技术和体能相对较差的队员，以备后期其他区域队员可以对其实施帮助。

3. 分图模式

团队赛分图模式是实施团队战术的核心内容。分图模式对比赛结果具有直接地影响。分图模式主要包括按区域划分、按路线划分、按必打点划分等。

（1）按区域划分：按团队成员人数将整张地图分成若干区域，每名队员负责到访一块区域的自由点及所有必打点（图6-26）。

优点：分图区域明显，有利于团队成员对负责区域的自由点进行路线规划，不易漏点。

缺点：对队长的要求较高，需要根据每位队员的身体素质、体能和技战术能力进行划分，容易出现漏点。分图耗时过多，团队成员容易受分图快的队伍影响，产生心理压力，从而导致节奏紊乱，影响竞技水平发挥。

（2）按路线划分：将整条路线按照团队成员的技能特点划分若干条独立路线，每名队员负责完成一条路线，所有自由点都分布在各条路线中，每条路线都包含指定顺序的必打点（图 6–27）。

优点：可以根据队员的体能、技能划分路线。体能较好的队员主攻距离较远且分散的检查点；技术较强的队员主要解决场地地形复杂、检查点密集的区域，各司其职、分工明确。

缺点：队长工作量较大，容易导致分图漏点。并且，在起点领图划分过程中耗时较多，如果自由点的分布与地图线路方向不契合，个别自由点就容易导致路线突变而产生折返效应，从而导致路线延长，也容易给运动员造成技术和心理上的压力。

（3）按必打点划分：将团队赛拆分成若干个小团队赛，以起点为分图的总起点，以必打点为小团队赛“聚分”的起终点，终点为最终点。团队成员采用必打点“聚”、自由点“分”的形式进行分图、打点（图 6–28）。

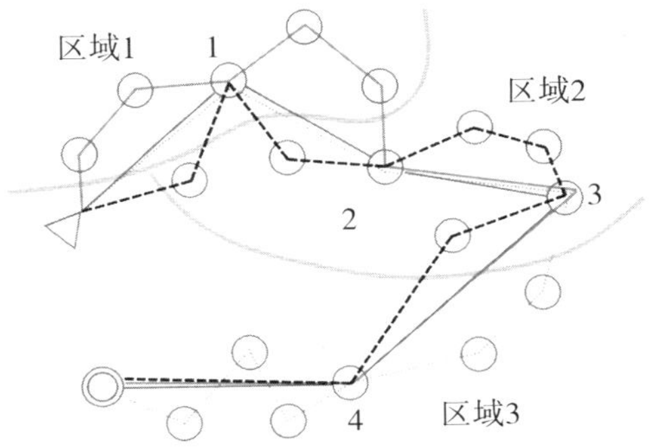

图 6–26　按区域划分

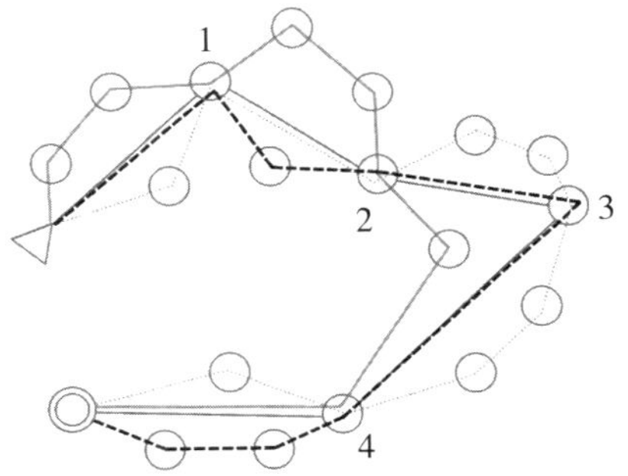

图 6–27　按路线划分

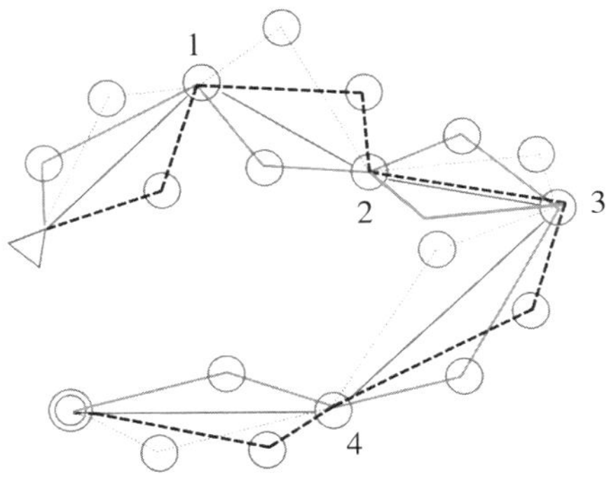

图 6–28　按必打点划分

优点：队长能够快速地进行分图，可以避免队员刚进入比赛，因精神紧张而导致识图困难，出现“晕图”现象，可以使队员快速融入比赛，同时能对其他团队造成压力。队长负责的自由点可以少一点、简单一点，队长到达必打点（集合点）可迅速读图，依据线路走向，迅速划分团队成员到达下一必打点（集合点）的自由点分配，为下一段小团队赛提前规划线路。等其他队员到达后，团队成员先审核上一阶段每个成员的完成情况，无误后，队长公布下一阶段的自由点划分，这样既可以节省时间，又可以提高准确性，从而保证总成绩的有效性。

缺点：必须保证团队成员的技能水平接近，如一名队员技能水平较差或临场发挥失误，在途中迷失方向或检查点捕捉不及时，将导致其他两名成员“卡在”某一集合点，最终影响整个团队的行进速度以及最终成绩。

此种分图方法适合在军事课教学活动展示识图用图（桑赫斯特定向越野赛）比赛中使用。

三、心理战术

（一）心理战术的意义

心理战术就是运用某些心理手段促使对手产生心理负担，而使自己处于良好的心理状态，以达到制胜的目的。身体素质和技术水平是心理战术的基础，成功的心理战术运用，能充分调动运动员的积极性和创造性，从而促进运动员技术水平的发挥。

（二）心理战术的运用方法

（1）尽量了解对手，而不让对手了解自己。

（2）麻痹对手并给其造成一定的心理负担。

（3）通过暗示鼓舞团队成员，强化自信心。

不利于比赛的心理因素有很多，如赛前期盼值过高，对于奖金、荣誉的期望过强，过分看重比赛结果，过高估计自己的实力等。心理战术要求运动员在比赛中胸有成竹，不为对手的战术所左右，不被利益所影响，保持适当的紧张感，专心致志地完成每一赛段的比赛。

第六节　心理与智力训练

心理与智力训练主要指针对运动员的心理能力和运动智能的训练，这是运动员竞技能力的重要决定因素之一，也是运动训练的重要内容。

一、心理训练

良好的心理素质和心理能力是定向运动员取胜的重要因素。随着运动员竞技水平不断提高，比赛竞争日趋激烈，在比赛的关键时刻，决定胜负的因素不仅是运动员所具备的技术和体能，还包括其心理素质和意志品质。对于一名优秀的定向运动员来说，良好的心理素质的建立必须经过长期的训练和比赛的磨砺。

（一）心理训练的作用

心理训练就是有意识地对运动员的心理过程和个性心理特征实施影响，促使其形成积极的心理品质，并使运动员学会调节心理状态的方法，为更好地参加训练和完成比赛做好心理准备，促进其形成最佳竞技状态。

心理训练能充分挖掘运动员内在心理潜力，使运动员有效控制自己的心理活动，保持稳定、积极、适宜的心理状态，并进入最佳竞技状态，从而保证训练的质量并在比赛中表现出最高的运动水平，创造优异成绩。

（二）心理训练的方法

1. 模拟比赛训练法

模拟比赛是创建与实战比赛接近的技术参数、地形、线路长度、检查点数量、气候条件的模拟赛事。

（1）适应场地、气候、温度等自然因素的变化而进行的训练。带领学生进行野外环境的适应训练，定期在野外环境中进行露营、跑步、技术练习等，使学生对自然环境由适应状态过渡到热爱状态，乐享自然。

（2）适应场地、设备、器材、照明、音响等因素的改变而进行的训练。定期组织校内联赛，并采用多校联合的方式进行小型定向运动教学比赛，使学生熟练地掌握设备器材的使用方法等。

（3）适应观众、裁判和对手等因素的改变而进行的训练。积极参加市级、校级、单项体育协会等单位主办的定向越野赛事，使学生适应竞赛环节、氛围，在实战中提高学生的竞赛适应能力。

2. 自我谈话法

语言是思维的工具，控制思维可以借助自我谈话进行。自我谈话是一项重要的心理技能。积极的心理谈话可以提高自尊、集中注意力和运动表现。消极的自我谈话则会增加焦虑，导致注意力不集中，削弱自信。自我谈话法就是运动员以自己的语言对自己进行暗示，调整自己的心理、情绪，进而调整良好的心理状态。自我谈话的语言多种多样，可以分为以下几种。

（1）意念语言：主要用于技术方面，内容包括技术要领、技术应用等，达到强化技术概念、集中注意力的目的。

（2）自我控制、自我调节语言：如用意识使肌肉放松，控制赛前状态等。

（3）自我动员语言：增强决心和信心，克服消极情绪等。

3. 诱导训练

诱导训练是指通过教练员的诱导或使用影像资料等外界刺激对运动员的状态进行调整。当运动员兴奋性不强时，教练员可以让其观看定向运动赛事视频或第一视角拍摄的竞赛视频，唤醒学生的增力情绪，使其达到兴奋状态。当运动员过分注重比赛结果而导致心理紧张时，教练员应引导运动员注重比赛过程，注重如何定位定向、如何实施战术、淡化比赛结果，以平常心、放松的心态对待比赛。

4. 注意力集中训练

注意力是人的心理活动对一定对象的指向和集中。注意力能否高度集中，往往对训练效果和比赛成绩具有重大的影响。要培养运动员良好的注意力，主要靠平时的严格要求。造成运动员注意力分散的原因有很多，如疲劳、轻敌、失眠、环境变化等，可以通过专线定向、接力定向、星形定向、廊式定向、窗口定向等方法进行调节、改正。

此外，阻断训练法、表象放松法、音乐调节法、激励法、升华法等也是定向运动员心理训练常用的方法。

二、智力训练

智力又称运动智能，是指运动员在一般智能的基础上，运用包括体育运动理论在内的多学科知识，参加训练和比赛的能力。

（一）智力训练的作用

体智结合是定向运动的显著特点，具有较高智能的运动员对定向运动的特点和规律有较为深刻的体会，对于训练理论和方法也有更为准确的认识和体验。

具有高智能的定向运动员能明显缩短掌握技术的过程，并在比赛过程中灵活运用，从而在比赛中更为出色地发挥自己的竞技水平，表现出更高的综合竞技能力。

（二）智能训练的方法

1. 一般智力训练

运动智能的提高是以一般智力能力为基础的，提高影响智能的各个因素，如运动员的观察力、注意力、思维想象力等是提高运动智能的基础。因此，在平时的训练中，要通过多种方法提高运动员的感觉能力、观察能力、记忆能力、探索知识的想象能力、分析解决问题的能力、信息接收的能力等。同时加强思维速度训练，注意开拓思路，养成集中注意力的习惯。

2. 运动智能训练

运动智能训练的主要途径是传授知识、掌握技能、开发智能 3 个方面。

运动员要想提高专业理论水平，首先应掌握学习文化理论的一般方法，其次应结合训练实践学习专业理论知识，最后应广泛学习相关学科的理论知识。

课后练习与思考题

1. 训练计划包括的种类有哪些？
2. 简述定向运动训练的原则。
3. 简述定向运动体能训练的概念。
4. 如下图所示，第 4 点至第 5 点可以使用什么方法行进？训练的方法和手段有哪些？

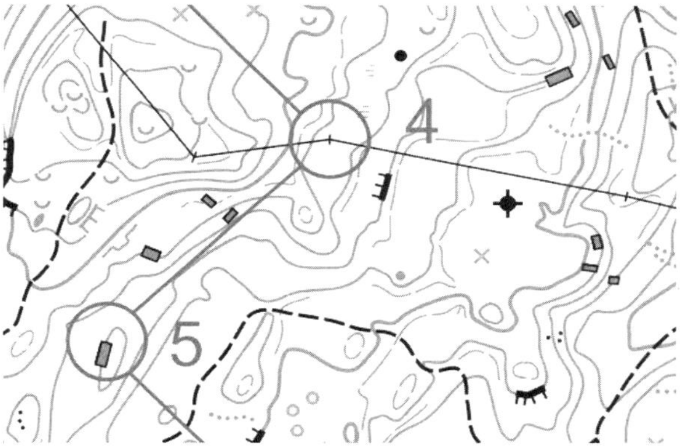

CHAPER 07 第七章

定向运动裁判与竞赛的组织

内容导读

本章主要围绕定向运动竞赛器材、场地，定向运动竞赛裁判，定向运动的组织与管理、定向运动线路设计、定向运动赛事的管理等方面进行阐述和说明，能熟练地掌握定向运动比赛流程、赛事管理、路线设计的基本原则和基本要求、竞赛风险防控等知识，培养定向运动竞赛的能力，以胜任一般定向运动竞赛的组织与裁判工作。

竞赛是体育运动的一种特有形式，定向运动竞赛是体现体育竞赛功能的一个重要组成部分。开展定向运动竞赛是普及定向运动和提高我国定向运动竞技水平的重要措施，也是学校体育工作的一项重要内容和实现素质教育的有效途径，对扩展定向运动团体、提高定向运动水平、健全定向运动组织、提高民族多元智能、推动全民健身以及社会经济文化发展具有重要的社会意义。

第一节　定向运动竞赛器材、场地

竞赛器材和竞赛场地是举办定向运动竞赛的前提条件。定向运动是一项与自然环境高度融合的体育运动，不同类型、不同形式的定向运动所需要的物质条件会有所区别。

一、竞赛器材

（一）个人装备

在定向运动竞赛中，运动员的个人装备主要包括服装、定向鞋、竞技指北针等。

1. 服装

定向运动竞赛多数在野外场地进行，植被茂密、杂草丛生、蛇蚁蚊虫较多，因此应尽量选择紧身且不影响呼吸与四肢活动的服装，面料应选择具有弹性的轻质化纤速干面料，一般穿着领口较高、较紧的长衣和长裤。服装的选取可以根据比赛项目、场地环境、天气状况等综合因素进行选择。

2. 定向鞋

定向鞋的选取应以“合脚、轻便、结实”为前提，鞋底要有胶钉，防滑、具有抓地力，防水透气，能够轻松适应山地、公园、校园等各种地形。比赛时，为避免磨脚，尽量不要穿着全新的定向鞋参与比赛。

3. 竞技指北针

目前，国际上已经有多款久经考验的定向专用指北针，在定向运动竞赛中一般使用拇指式竞技型指北针，专业级充液机芯、三元强磁、专业比例尺、高档底板等功能使其具有高速、灵敏、稳定、超厚耐摔的特点。

（二）赛会提供的器材

1. 定向地图

定向地图是定向运动最重要的器材。《国际定向运动地图规范》对地图比例尺、等高距、符号、色彩等多方面进行了详细规定，尤其是高规格的定向运动赛事，必须使用符合 IOF 规范的定向地图。如果是初次开展定向运动赛事，则可使用其他依比例尺绘制的地图，如普通地图、规划图、手绘图等，但此类地图也需要经过实地修测，尽可能与实地地形完全一致。

比赛线路也是定向地图重要的元素，比赛线路通常设计成环形，线路难度、长度主要根据运动员的水平以及比赛的预定时间来确定。

2. 检查点

检查点由点标旗、点签及特征物（点）三部分组成（图 7-1）。

（1）点标旗。

点标旗是由三面尺寸为 30cm×30cm 的标志旗连接组成的，每面正方形旗帜沿对角线分开，左上为白色，右下为橙色。通常设置在检查点上或检查点附近。

图 7-1　检查点

（2）点签。

定向运动竞赛使用“电子点签系统”的成绩验证装置，为运动员提供到达检查点的凭证。随着电子、网络技术的不断进步，现在有些公司的电子指卡也附带 GPS 功能，随时能监控运动员在场地上的位置，并投放到屏幕上进行实时播放。

当使用电子指卡在电子打卡器的限位圈感应时，电子打卡器会将实时时间自动写入电子指卡，完成比赛后，电子指卡上不但记录了比赛的总用时，还记录了到达的检查点顺序及到达每个检查点的具体时间，包括点与点之间的各路段用时。

（3）特征物（点）。

特征物（点）包括地物和地貌两种类型。在比赛时，点标旗和点签放置在特征物（点）上或其附近的位置。

3. 号码布

号码布的大小一般为 24cm×20cm，号码的高度不低于 12cm，字迹清晰，字体端正。号码布是用来识别运动员的必需物品，以利于裁判工作的顺利进行。

4. 检查点说明表

这是一种以表格形式体现的、在赛前发给运动员的全世界统一的符号或文字系统。检查点说明表一般有两种使用方式，一种是直接印刷在地图上；另一种是单独印制后，使用检查点说明表袋将其固定在手腕处。

二、竞赛场地

竞赛场地是构成定向运动的内核因素之一，是定向运动专业性、技术性的基础。由于竞赛场地地形对定向运动竞赛的难易程度和用时长短有较大影响，因此要根据比赛的规格及需要选择竞赛场地。

定向运动竞赛场地包括起点区、赛场、终点区在内的所有区域。起点区域包括运动员备赛区、检录区、起点区。赛场区是比赛线路及运动员在选择路线时可以涉及的区域。终点区是以观察检查点、最后一个检查点、最后一个检查点至终点的必经线路及终点为中心的综合区。

第二节　定向运动竞赛裁判

定向运动竞赛裁判工作是定向运动竞赛的重要组成部分。在竞赛中，裁判工作起着极其重要的作用，直接影响到竞赛的进程以及运动员技术水平的发挥。裁判员应掌握定向运动基本技术、比赛规则和方法，裁判工作中要贯彻严肃认真、公正准确、谦虚谨慎、团结协作的工作方针。

一、定向运动竞赛规则

竞赛规则是运动技术发展的指导性原则，可以为组织、裁判、欣赏体育比赛提供客观统一的依据。与其他竞技性体育项目相比，定向运动的比赛规则具有一定的“弹性”，每场定向比赛都可能会根据实地地形等情况专门制定一套比赛规则，我们必须了解并严格遵守一些最基本的比赛规则。

（一）违规与处罚

1. 下列行为给予通报批评或警告

（1）擅自出入隔离区、出发区。

（2）携带移动电话、对讲机、电脑或其他通信设备进入隔离区。

（3）携带涉及赛区的旧版地图进入隔离区。

（4）在起点区和终点区不服从现场工作人员指挥。

（5）在出发区影响他人准备比赛。

（6）整个代表队完成比赛、离开赛场前未到竞赛中心签到。

（7）携带分图用笔进入赛场。

（8）第一次出现犯规。

（9）有违反环保指南的行为。

2. 下列情况如果运动员获利，取消其比赛资格，否则给予警告

（1）没有将号码布准确地佩戴在胸前和背后显著位置。

（2）没有按原样佩戴号码布。

（3）在比赛中接受他人帮助。

（4）在比赛中为他人提供帮助。

（5）在比赛中使用通信工具。

（6）在离开出发线之前从地图箱取得地图。

（7）在比赛中使用非组织方提供的地图。

（8）在比赛中跟跑。

（9）在比赛中进行语言交流。

3. 下列情况取消比赛资格

（1）没有按规定着装。

（2）拒绝按组织方的要求携带其他必要的装备。

（3）没有佩戴号码布。

（4）号码布号码与秩序册不一致。

（5）拿错地图。

（6）在赛区中或返回终点时号码布、地图或检查卡丢失。

（7）第二次出现犯规。

（8）被警告后仍接受他人帮助。

（9）被警告后仍为他人提供帮助。

（10）被警告后仍使用通信工具。

（11）被警告后仍带分图用笔进入赛场。

（12）被警告后仍跟跑。

（13）被警告后仍进行语言交流。

（14）同跑。

（15）使用其他交通工具。

（16）进入或穿过禁区。

（17）通过地图上表示为不能通行的特征物（点）。

（18）没有沿着标记线路行进。

（19）使用禁用的辅助设备。

（20）乱吹报警口哨。

（21）在没有得到批准的情况下变更接力赛或团队赛运动员。

（22）接力赛中不按规定的棒次顺序交接，或变更运动员棒次而没有向成统裁判长报告。

（23）整场比赛尚未结束，完成比赛后再次进入赛场。

（24）通过终点后没有上交地图或没有在成统处录入成绩。

（25）有意妨碍他人比赛。

（26）其他违反体育道德的行为。

（27）严重违反环保指南的行为。

4. 下列情况取消当场比赛资格及下一场或若干场比赛资格

（1）中途退出比赛，未到成统处报到。

（2）中途退出比赛，没有上交地图。

（3）在场地中交换地图或检查卡。

（4）替跑或被替跑。

（5）蓄意破坏、移动、改动、带走检查点器材。

（6）其他严重违反体育道德的行为。

5. 下列情况取消所有场次的比赛资格

（1）违反参赛规定。

（2）个人报名信息混乱、前后矛盾。

6. 下列情况取消代表队比赛资格

（1）在当场比赛中有 2 名以上（含 2 名）运动员被取消比赛资格。

（2）代表队人员或没有参加比赛的运动员擅自进入赛场。

（3）经警告和通报后，再次在完成比赛、离开终点前未到竞赛中心签到。

（4）代表队有成员在赛前勘察过比赛场地。

7. 下列情况对教练员采取禁赛处理

（1）在国际赛事中，有损国家形象。

（2）组织运动员提前勘察赛场。

（3）一场比赛中有 3 名运动员接受同队队员帮助或帮助同队队员。

（二）抗议、申诉和仲裁

（1）各参赛队领队、教练员、运动员等可以对竞赛过程中的问题提出抗议或者申诉，但必须按照竞赛规程的规定顺序向总裁判长或大会组委会提交抗议或申诉报告。若设有仲裁委员会，则可向仲裁委员会提交抗议或申诉报告。

（2）对竞赛判罚提出异议，或对主办单位、裁判工作人员违规行为进行抗议，或对参赛队及其成员的违规行为进行检举，必须在本场竞赛的终点关闭 1h 内向大会组委会或仲裁委员会提交抗议书或申诉书。对竞赛成绩提出异议时，必须在成绩公布后 20min 内向组委会或仲裁委员会投诉。

（3）大会仲裁委员会必须对抗议者或申诉者提出的抗议或申诉做出裁决。仲裁委员会根据实际调查和裁判原始记录，按照定向运动裁判规则及竞赛规程进行裁决。有争议的问题则以仲裁委员会全体委员表决，表决以 2/3 委员通过有效。必要时，仲裁委员会还应对裁决做出说明。

二、裁判机构及工作职责

（一）裁判机构组成

裁判委员会由总裁判长、副总裁判长和各组裁判长组成。具体为总裁判长 1 人、副总裁判长 1~2 人。起点裁判组：裁判长 1 人、检录员 3 人、发图员 3 人、发令员 1 人、序道员 3 人。场地裁判组：裁判长 1 人、布点员（巡视员）3~4 人、看点员 10~20 人、试点员 2~3 人。终点裁判组：裁判长 1 人，收图员 2 人。成统裁判组：裁判长 1 人、裁判员 2 人，裁判员的人数根据比赛的规模进行适当的增减。

（二）工作职责

1. 裁判委员会

裁判委员会受竞赛委员领导，直接领导竞赛工作，负责竞赛实施和确定竞赛成绩，并监督领队、教练员、运动员遵守竞赛规则。

根据竞赛具体情况，在不违背竞赛规则的原则下，赛前可制订有关规定及注意事项，协同有关部门检查场地及竞赛用品，进行裁判人员的分工训练，做好竞赛的技术准备。举办全国竞赛或大区域、省级竞赛时，应任命一个仲裁委员会（或仲裁组），仲裁委员会通常由3名或5名仲裁人员组成。其中1人为主席，1人为秘书，主要处理规则抗议条款中提及的各项抗议，对竞赛中提交仲裁的其他事宜做出裁决，仲裁的裁决为最终裁决。

2. 总裁判长

总裁判长是竞赛裁判的组织者和领导者。总裁判长应是组委会和竞委会的成员，工作中必须做到严肃、认真、公正、准确，保证规程正确执行。

（1）遵循竞赛规程，全面领导竞赛的裁判工作，负责组织裁判队伍，并进行赛前培训。

（2）接受组委会、竞赛组的领导，执行组委会的有关规定，协调裁判委员会与组委会各机构的工作。

（3）视情况制订有关补充规定和通知，召开裁判长和教练员联席会议，说明和解答有关规定。

（4）赛前参与竞赛场地选择、线路设计工作，制订竞赛计划，竞赛时负责指挥工作。

（5）对竞赛中的突发问题或违规现象依据规则进行处理，如遇重大问题或纠纷，应上报仲裁委员会最终裁决。

（6）核对运动员的成绩表，签字并公布，赛后检查成绩统计表，并以书面形式提交大会组委会。

3. 副总裁判长

副总裁判长协助总裁判工作，完成裁判委员会分配的任务，必要时可兼任裁判组的裁判长职务，与有关部门一起负责代表队报到及运动员资格审查等工作。负责组织代表队、工作人员、参观人员按时到达赛区或从起点向终点的转移。

（1）认真学习规则、规程和大会有关竞赛的文件，熟悉大会组织机构，有关人员及日程安排等。

（2）到各裁判组指导工作，协助解决问题。

（3）负责起点、终点裁判组，做好起点和终点的裁判工作。

（4）对竞赛中出现的问题，应积极收集资料，与其他领导小组成员协商处理。

4. 起点裁判

起点工作是竞赛的开始，是保证竞赛顺利进行的主要环节，也是运动员能参加竞赛的保障。起点工作的顺利完成，将给整个竞赛带来良好的开端。

（1）起点裁判长全面负责起点裁判工作，对裁判员进行分工，明确职责。

（2）竞赛开始前，裁判组对起点场地进行勘察，对场地的布置进行分工安排。

（3）裁判长必须熟悉掌握检录员、发令员、取图监督员的位置，了解工作程序及各项业务，负责起点标志的合理挂放，维持起点区域秩序。

（4）序道员应组织运动员由准备活动区进入就位区和准备区，取图监督员也可兼任序道员。

（5）发令员负责发令并核查进入待发区的运动员资格。

（6）如发现违反规则和规程的现象，应及时通报总裁判长。

5. 场地裁判

场地裁判是保证竞赛顺利完成的关键。检查点的位置是否正确，直接影响竞赛的公平性、公正性。场地裁判出现的任何差错，都会将全部的竞赛工作带入被动局面，甚至给大会组织者带来极大的负面影响。

（1）场地裁判长负责组织、检查裁判员的学习情况，分配裁判员的工作。

（2）布点裁判员由定向能力强、方向感好、责任感强的人员担任。竞赛前，要与制图员、线路设计员对竞赛路线和检查点进行实地勘察，核定检查点，并做好相应的标记。试跑员应在比赛正式开始前进行试跑，检查布点员放置的检查点位置的准确性。

（3）看点员应穿着与赛场环境颜色相近的服装，并在检查点附近隐蔽观察，防止检查点被移动或被破坏，但不能给予运动员竞赛方面的帮助。

（4）场地巡查员全面负责比赛的起点、终点和赛场的检查工作，保证竞赛顺利进行。

（5）比赛结束后收回点标，带回迷路、退赛的运动员。

6. 终点裁判

终点裁判员是保证竞赛顺利完成的最后程序。终点裁判必须公平、公正、快速、准确地执行裁判工作，对运动员所取得的成绩尽快反馈。

（1）终点裁判长组织终点裁判员学习，分配裁判员的工作。

（2）比赛前，勘察终点竞赛区域，画出终点布置图，重点是接力布置图。

（3）预告员在运动员跑向终点时要准确报告运动员号码。

（4）收图员负责收回运动员的竞赛地图。

（5）受理运动员申诉，收集运动员犯规情况，并提出处理意见，报请总裁判长裁决。

（6）比赛结束（关闭时间），收拾场地，清点器材，报告总裁判长。

7. 成统裁判

成统裁判的工作是对运动员成绩进行统计和管理，必须公正、准确和及时，任何错误都会影响整个赛事的圆满完成。

（1）成统裁判长负责本组裁判员的学习，分配裁判员的工作。

（2）对电子打卡系统的终端设备进行检查，保证其正常使用。

（3）运动员到达终点后，引导运动员到成绩统计处录入比赛成绩。

（4）将运动员成绩输入电脑后，及时进行成绩统计，在成绩公告栏张贴公布。

（5）比赛全部结束后，及时整理成绩册，交组委会打印、发放。

（6）裁判长做本组裁判总结，以书面的形式交给总裁判长。

第三节　定向运动竞赛的组织

一、定向运动竞赛组织方案

竞赛组织方案是定向运动竞赛顺利举办的重要前提和基础，是指为了实现既定的目标，预先规划和拟定的相关赛事筹备、组织实施的内容、方法及步骤的方案。组织方案是由定向运动竞赛筹备领导小组根据实际情况制订的，是定向运动竞赛开展的依据。

（一）竞赛组织方案的内容

1. 赛事名称、目的、意义

赛事的名称、目的、意义一般是围绕赛事的主题以及赛事对运动员、主办单位的个体和社会影响进行的简单阐述。

2. 赛事的主要要素

赛事要素是赛事的具体内容，是竞赛组织方案的重要组成部分，主要包括赛事的主办单位、承办单位、时间、地点、项目设置、赛事规模（运动员、裁判员以及工作人员数量）、竞赛规则、拟订经费预算等。

3. 工作步骤

定向运动竞赛的整个过程分为赛前、赛期、赛后三个阶段，每个阶段都有相应的工作重点与内容。

竞赛组织方案是通过竞赛规程以及实施比赛的计划预算等体现出来的，以上三点内容在赛事组织方案中必不可少，但不是固定不变的，可以根据赛事的实际情况进行适当的调整。为确保万无一失，在组织方案中还可以针对定向运动赛事的需要提出其他方面的要求，如应急预案处理等。

（二）竞赛组织方案设计原则

1. 思想性原则

繁荣文化体育事业是全面提高人民思想素质、文化素质、身体素质的重要组成部分，也是精神文明建设的重要内容，竞赛组织方案应树立“健康体育，终身体育”的意识，体现主办方的目的和意图，促进社会进步以及人的全面发展。

2. 比赛性原则

定向运动竞赛将定向运动的独特魅力及其突出的作用展现得淋漓尽致，赛事规模与人力、财力、物力及自然地理环境高度融合，竞赛组织与实施应符合定向运动的特点和内在规律。

3. 群众性原则

国务院将全民健身上升为国家战略，特别提出了“发展体育事业，推广全民健身，增强人民体质”的十八字方针，这是凝聚民心、提升民气、聚合民智、彰显民力的民心工程。竞赛组织方案应充分考虑全民参与的可行性，以加强群众参与性和参与对象的广泛性。

4. 适宜性原则

定向运动虽然是一项适合所有人参与的体育运动项目，不受年龄、性别等因素的制约，但是在比赛场地选择、竞赛项目设置、线路设计、赛事难易程度设置等方面要充分考虑到运动员的年龄、性别、职业、体能、心理、智能等个体差异。同时线路设计员也要明确本场赛事主要考验运动员的体能要素还是技能要素，以便在线路设计时有针对性地进行设置。

二、竞赛组织工作的基本程序

定向运动竞赛组织工作的基本程序可以分为赛前工作、赛期工作、赛后工作三个重要阶段，其中赛前工作又可以分为赛事筹备期和赛事准备期两个部分。

（一）赛前（筹备期）工作

1. 成立竞赛组织结构

根据定向运动竞赛的性质、规模等实际情况，为保障赛事顺利、有序、可控进行，要在赛前成立赛事组织委员会（以下简称组委会）等相应的组织领导机构，以便对赛事进行科学的领导、组织与管理，竞赛组织机构的规模应根据竞赛的规模决定。组委会由仲裁委员会、裁判委员会、宣传秘书处、竞赛处、后勤处等机构组成。其中裁判委员会包括起点裁判组、场地裁判组、终点裁判组、成统裁判组。

2. 拟定竞赛组织方案

竞赛组织方案通常包括以下内容：比赛的名称、目的和意义；赛事主办单位和承办单位；赛事的时间、地点以及规模；赛事组织机构，主要包括赛事组织管理各职能机构设置和工作岗位安排以及人员配置的数量等；赛事经费预算；工作步骤设定，主要确定赛事整体工作的阶段任务划分以及各阶段的工作重点和步骤。

3. 制订竞赛规程

竞赛规程是由竞赛组委会或筹备组根据竞赛计划制订的具体实施赛事的政策与规定，是开展竞赛工作的依据。竞赛规程的内容应包括竞赛的名称、竞赛目的、竞赛时间、举办地点、竞赛项目、竞赛分组、参加方法、竞赛办法、名次评定、奖励办法、报名和报到、食宿安排、消防与安全知识及逃生路线示意图、裁判员与仲裁委员会、注意事项或未尽事宜以及本规程解释权的归属单位等。一般情况下，综合性大型定向运动赛事至少要在一年或半年前下发竞赛规程，使参赛单位或参赛者能根据规程安排来调整训练计划，为参赛做好充分准备。基层的小型定向运动赛事也应在数月前下发竞赛规程，使参赛单位能根据竞赛规程的宗旨、内容和要求，组建队伍，确定竞赛和训练目标，积极准备，迎接比赛。在制订竞赛规程时，应遵照以下原则。

（1）可行性原则：竞赛规程所提出的比赛组织方案和内容，必须切实可行。在竞赛管理工作中，应充分利用人才、物力、财力和时间，本着艰苦奋斗、勤俭节约的原则，实施对竞赛过程最优化的设计和组合，以达到机构精简、工作效率高、竞赛效果好的目的。对于群众性定向运动赛事，要注重普及和提高、娱乐性和竞技性的结合，其时间、场地的选择应根据竞赛的规模、水平、参加对象及现有的场地情况灵活安排。

（2）公平性原则：竞赛规程是参加者共同遵守和执行的规范与准则，其内容应使全体参加者在客观条件相同的前提下展开竞赛。无论是主办单位还是承办单位、当地所属的主队还是外来的客队，均应享受同等的待遇。在限定的时间、空间和同等条件下进行竞赛，保证比赛结果的真实性、公平性，这样才能充分发挥运动员的技术、战术特长，提高竞赛的质量和综合效益。

（3）权威性原则：竞赛规程一经公布，就不能随便更改。若规程中确有不合理的内容需要修正或补充时，制订部门需在比赛前进行修改。若修改的内容会影响到参赛单位和承办单位的准备工作时，应征得多数参加单位的同意后方可变动，以保证竞赛规程的严肃性和权威性。

竞赛规程示例（仅供参考）

"中国体育彩票"山东省第九届全民健身运动会"东蒙杯"

定向运动比赛规程

一、主办单位

山东省体育局

山东省精神文明建设委员会

山东省总工会

中国共产主义青年团山东省委员会

山东省教育厅

二、责任单位

山东省体育总会秘书处

三、承办单位

山东省无线电运动协会

山东省学校体育协会

山东青年政治学院

临沂市蒙阴县岱崮镇人民政府

四、协办单位

山东崮乡旅游集团

临沂市定向运动协会

五、竞赛时间、地点

（一）竞赛时间：2019 年 5 月 31 日至 6 月 2 日；

（二）竞赛地点：临沂市蒙阴县岱崮镇。

六、竞赛项目、组别

（一）竞赛项目

中距离赛、团队赛、百米定向赛、积分定向赛。

（二）竞赛组别

小学组、初中组、高中组、大学组、社会组。

七、参赛办法

（一）各市无线电和定向运动主管部门、学校、企业等单位组组参赛；

（二）各参赛队报领队 1 名，教练员 1 名，男、女运动员各 5 名；

（三）团队赛要求 4 名队员参加；

（四）社会组可以参加团队赛、百米定向赛和积分赛；

（五）所有参赛人员（包括参赛运动员、领队、教练员）必须办理人身意外伤害保险并提供县级以上医务部门出具的健康证明。

八、竞赛办法

（一）严格执行中国无线电和定向运动协会审定的最新《定向运动竞赛规则》；

（二）运动员出发方式由裁委会决定，出发顺序由计算机随机决定；

（三）比赛运动员必须佩戴规定的号码布，在限定时间内完成比赛；

（四）比赛地图由大会组委会提供，运动员自备指北针；

（五）申诉。如果参赛队对比赛成绩有异议时，可以在成绩公布后2小时内将书面申诉材料提交仲裁委员会，逾期将不予受理。

九、录取名次与奖励

（一）个人项目每组分别录取前八名，第一名为一等奖，第二名至第三名为二等奖，第四名至第八名为三等奖，其余为参与奖；如各组别（项目）参赛队伍不足3队（人）时，则只记成绩，不记名次，为参与奖；

（二）团队赛录取前三名，第一名为一等奖，第二名为二等奖，第三名为三等奖，不足三队时，减一录取；

（三）代表队团体成绩录取前八名，不足八队时，减一录取，报名运动员不足5男5女的代表队，只记个人单项成绩，不参与代表队团体成绩排名。团体的计算方法，以运动员在各单项比赛中前十五名记取分数，从第一名至第十五名分别按16，14，13，12，11，10，…，3，2，1计分，得分多者名次列前，团队赛双倍计分。如积分相等，以获得第一名多者名次列前；如还相等，以第二名多者名次列前，以此类推。社会组不计团体成绩；

（四）大会设优秀教练员评选，评选比例为所有参赛队伍的30%；

（五）大会设体育道德风尚奖，评选办法按照《山东省第九届全民健身运动会竞赛规程总则》执行。

十、仲裁和裁判

（一）大会设仲裁委员会；

（二）主要裁判和仲裁委员由责任单位统一选派，不足部分由承办单位选调。

十一、经费

（一）比赛不收参赛报名费；

（二）参赛代表队食宿费由山东东蒙企业集团、山东崮乡旅游集团承担，交通费、保险费由各参赛单位自理；

（三）其他费用由大会组委会承担。

十二、报名与报到

（一）报名

各代表队要在赛前10天将报名表以电子版形式发送至电子邮箱×××@××.com。

山东省无线电和定向运动协会

联系人：×××　　　　电话：×××××××××××

（二）报到

1. 裁判长于赛前 2 天到赛区报到，其他裁判员于赛前 1 天报到。

报到地点：蒙阴县岱崮镇上山下乡旅游度假区。

2. 各代表队于赛前 1 天到赛区报到。

报到地点：蒙阴县岱崮镇上山下乡旅游度假区。

3. 各代表队报到时须提交人身意外伤害保险单据和县级以上医疗机构出具的健康证明。未办理者不允许参赛，否则后果自负。

十三、器材

（一）运动员比赛服装、指北针由参赛单位自备；

（二）电子计时设备、计分设备由承办单位购买或租赁，指卡押金每队 500 元，赛后退还，若丢失，则按 100 元/个赔偿。

十四、未尽事宜，另行通知。

十五、本规程由山东省体育总会秘书处负责解释。

4. 比赛场地选择与确定

比赛场地的选择关系到赛事的水平以及赛事的质量。定向运动比赛场地的地形要具有一定的复杂性，地形类别丰富多样，要体现出定向运动“体能与智能并重”的特点。

选择场地时应注意以下要求。

（1）比赛场地在两年内没有被用作其他 A 类或 B 类赛事场地，如在两年内曾被用作比赛场地，应在赛事补充通知中提供最近时间的旧版定向地图基本信息。

（2）比赛场地确定后，应尽快在补充通知中宣告该区域成为禁区，如不能保证其成为禁区，应尽早在补充通知中公布比赛场地的位置。代表队或与代表队相关人员不得以任何理由进入禁区。

（3）为防止赛区本地运动员或运动队在比赛中获利，至少 2~3 年内不在同一地点举办第二次比赛。

（4）比赛前，要对比赛场地所在的确切地点、具体范围进行保密，严格保管比赛地图，这是特别重要的工作，稍有疏忽，就会产生赛事不公正、成绩造假等问题，这将对赛事前期组织工作以及组织方的权威和信誉造成毁灭性的影响。

（5）要结合比赛场地适当地增加比赛难度，并保证能够使运动员充分发挥自己的定向越野技能。要充分考虑比赛过程中的安全性，尽可能避开不安全因素以及危险区域，同时要密切关注气候因素对比赛场地的影响。

（6）起终点交通便利，有利于运动员的控制管理，便于及时集结和疏散运动员、工作人员以及观众，保证赛事顺利进行。

5. 绘制赛事地图

赛事地图必须依据国际定联最新版的制图规范进行绘制，是前期筹备工作的重中之重。制图员应从运动员的角度，进行定向地图的测绘，制图员应严格遵守保密协定。定向地图测绘期间，不能对外发布测绘区域、赛事地图等相关信息，以保证赛事的保密性与公平性。

6. 定向线路设计

线路设计的主要目标是为不同年龄或不同比赛经验的参赛选手设计出难度适宜、体智结合的定向运动线路，以满足赛事不同组别运动员的需要。定向线路设计的好坏，直接影响运动员良好潜质的挖掘以及运动员竞技水平的发挥。线路设计员应充分考察比赛区域，并对赛事区域的安全隐患进行细致排查，对所有检查点位置进行详细考察后形成初步的比赛线路，线路监督员检查后可以安排试跑等工作，确认无误后定稿。

7. 制订各项工作计划

竞赛组委会统筹裁判组、竞赛组、后勤组等部门详细拟定工作计划，包括开幕式和闭幕式方案、竞赛工作方案、宣传方案、赛事应急预案、后勤保障方案等。

（二）赛前（准备期）工作

1. 秩序册编排

秩序册编排主要包括竞赛规程、赛事组织机构、代表队名单、竞赛日程、出发时刻、赛事须知等内容。竞赛秩序册的编排要遵循科学、公平、紧凑的原则，全面考虑各项目场次之间、同单位队员出发的间隔时间以及运动员竞技水平等因素。在拟定竞赛秩序和竞赛日程后，提交赛事组委会进行审定，审定合格后，安排秩序册的印刷工作。

（1）审查报名表：严格按照竞赛规程规定的参赛办法，对各单位的报名表进行审查，如发现报名组别错误或人数与项目超出限额，应立即与报名单位联系，及时解决。

（2）编排信息对照表：运动员参赛号码由五位数字组成，为便于区分组别，第一位数字可以使用特定数字或字母代表不同的组别（如 A 代表小学组，B 代表中学组，C 代表大学组），第二位数字代表性别（如 1 代表女生，2 代表男生），第三、第四位数字代表队伍（根据秩序册代表队排名确定），第五位数字代表运动员在其队伍的排序，这样有利于场地裁判员对运动员进行监控与救护（图 7-2）。

图 7-2　号码布说明

（3）统计各项目人数：报名截止后，按照要求进行参赛队伍、参赛人数的统计，为分组以及编排工作作好准备，同时也为接待、食宿工作做好数据统计。

（4）编排出发时刻表：定向运动比赛中，运动员需按照一定的时间间隔分批次先后出发，因此在对运动员出发顺序进行编排时，一般使用电子计时系统软件进行随机分配，在进行分配时同单位的运动员应采用间隔出发的方式，同时根据参赛人数设定出发间隔时间，长距离比赛出发时间间隔为 3min 或 2min，中距离赛为 2min，短距离赛为 1min，百米定向赛为 30s，团队赛为 4min 或 3min。出发间隔时间可以根据参赛人数进行适当调整。

2. 赛场区域规划

为节省比赛时间，提升有效时间的实用性，在地图测绘及路线设计时就应该对赛事的每个项目的起点、终点、成绩统计及场地点标位置都有明确的预规划。起点位置应有明确的标识，具有一定的空间，要设有检录区、等待区和起点区（图 7-3）。终点区地势要平坦、空旷，要具有明显的标识。终点区域需要设置地图回收处、成绩统计处及运动员休息区，运动员比赛结束后只能在休息区内活动，严禁重返赛场（图 7-4）。

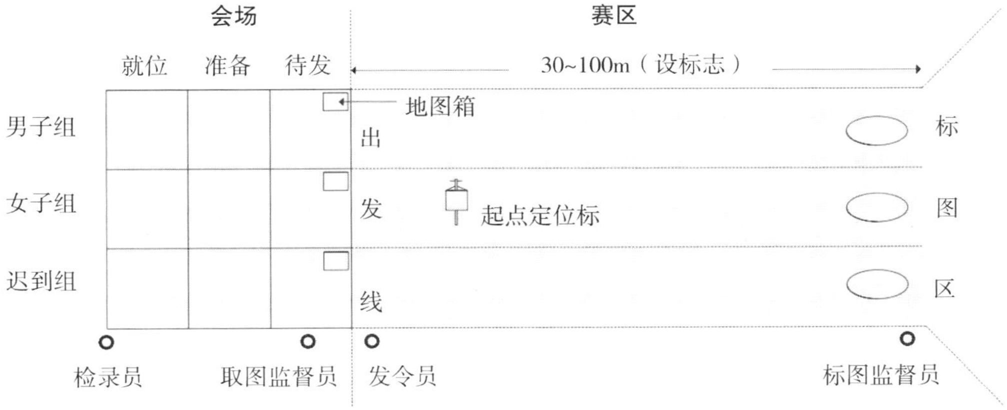

图 7-3　出发区的设置

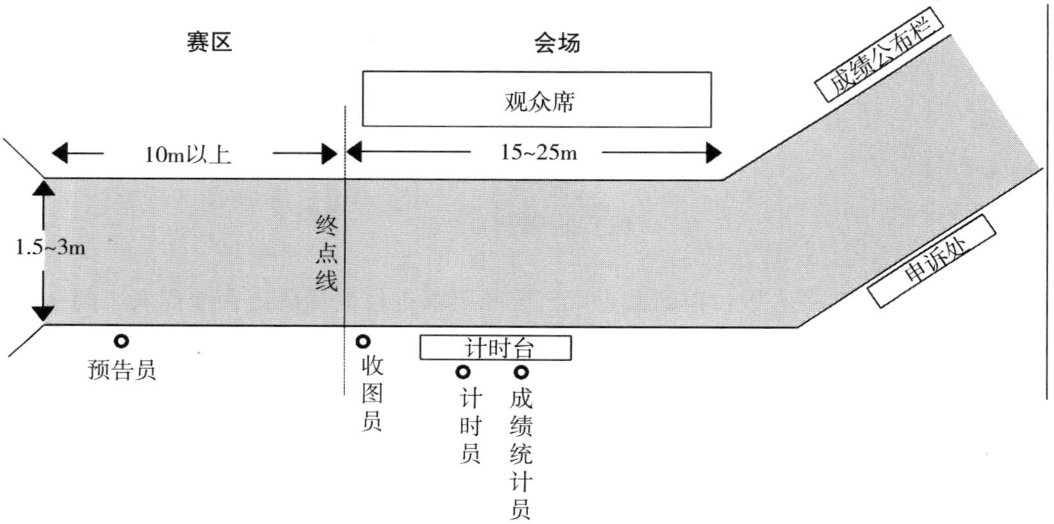

图 7-4 终点区的设置

3. 裁判员培训

为保证赛事的顺利进行以及竞赛的公平、公正，赛前需要对裁判员进行培训，内容包括职业道德教育、竞赛规程解读、所承担项目的竞赛规则、有关补充规定以及注意事项等。

4. 召开专项工作联席会议

为加强赛事的有效沟通及透明度，赛前要组织领队、教练员、裁判员专项工作联席会议。联席会议的内容主要包括赛事纪律、申诉办法、竞赛规程解读、赛事基本信息公布、运动员信息更正、赛事注意事项、领取指卡等。赛事基本信息包括竞赛日程安排、赛事时间、集合地点、项目直线距离、点标数量、爬高量、关门时间、场地情况等。

（三）赛期工作

赛期工作是实施竞赛方案，完成竞赛任务，达到竞赛目标的过程。

1. 开幕式

全体工作人员、裁判员、教练员、运动员参加开幕式，宣传大会宗旨。

2. 每日秩序册

赛事组委会秘书处根据每日的竞赛工作安排，编制每日秩序册。每日秩序册内容包括赛事场地具体位置、单项赛事名称、直线距离、点标数量、爬高量、关门时间、场地环境、适合服装、乘车信息、注意事项、赛事信息补充或更正等。每日秩序册可以使用微信群等形式进行公布。

3. 赛事组织与实施

赛事组织与实施是竞赛工作的中心环节，各职能部门要认真落实各项工作计划，组委会要对赛事进行全面的组织、协调。各职能部门协调配合，防止赛事出现脱节现象。竞赛裁判组要加强竞赛场地设置，场地裁判组要对场地的检查点位置进行区域互检。对于比赛过程中出现的各种意外事故要及时处理，确保运动员的人身安全。

4. 成绩统计与公布

运动员完成竞赛后，裁判员应引导运动员至成绩统计处进行成绩的电脑录入，待所有运动员完成竞赛或到达关门时间后，成绩统计处需快速、准确地进行成绩的统计、公布，以便运动员、教练员、媒体及时了解竞赛结果。

5. 闭幕式

全体工作人员、裁判员、教练员、运动员参加闭幕式，宣读比赛成绩、获奖名单、颁奖等。

（四）赛后工作

（1）赛事结束后，将各项目的成绩进行整理，编印成册，发放给各参赛单位和有关部门，并做好存档工作。

（2）总结本次赛事的情况，主要包括本次赛事的整体组织实施、通过本次赛事获取的经验、存在的问题及今后的工作建议等。

（3）清理赛事场地，整理器材设备、通信设备等。

第四节　定向运动线路设计

定向运动线路设计是组织定向运动竞赛的重要环节之一，线路设计的好坏直接影响竞赛的目的、运动员竞技水平的临场发挥，以及竞赛结果的公平性等。

定向运动线路设计的目的是使定向运动线路充分、全面地反映运动员的定向技能及运动员在各种地形环境中的奔跑能力，并在竞赛结果中公平、公正地体现，因此定向运动线路设计是定向运动竞赛成功组织的关键所在。

一、比赛线路设计的原则

（1）比赛线路设计应能够客观检验运动员的定向运动技能、战术及身体的运动能力，在高速运动状态下，保持“定向”与“智能”的高度融合、统一。

（2）比赛线路的难易程度应与不同类型的运动员及其实际的技能水平相适应，区别对待，设计难度适宜的定向运动线路。比如，为竞赛型的运动员设计能得到公平裁决、具有挑战性的竞赛线路；为非竞赛型或体验型选手设计趣味性、娱乐性、难度适宜的竞赛线路。

（3）比赛线路设计应注重“安全第一”的原则，规避危险区域，预防伤害事故发生，同时要加强对环境的保护，减少对自然环境的破坏。

（4）比赛线路设计要充分考虑运动员“读图”和“奔跑”平衡的问题，为运动员提供发挥定向技能的条件与空间。突出“定向”因素，考验运动员解决“定向”问题的基本功。

（5）比赛线路设计要便于赛事组织与服务。线路设计时要综合考虑如何为赛事的组织提供便利，比如在起终点区域有无大型洗手间、停车场等。

（6）比赛线路的设计要充分考虑定向运动的推广与普及，加大赛事的观赏性和娱乐性，让观众、媒体能更为直观地观看、报道赛事，提升社会影响力。

二、线路设计的限制因素

即使拥有高质量定向地图和绝佳的场地条件，仍会存在很多影响路线设计的因素。运动员在评价比赛线路时，评价的往往是自己所跑的比赛线路或者其中的一个路段。而对于线路设计员来说，这仅仅是线路设计工作的一小部分，线路设计员在设计线路时需要综合地进行考虑、规划，要考虑所有运动员和所有组别定向线路的设计，还需要考虑定向线路的设计对比赛区域内的保护区及其他活动的影响。线路设计员在设计线路时总是优先考虑各组别运动员对地形的要求及相应的线路难度。锐角线路、攻击点设置、长短距离、男女线路、检查点数量、检查点密度等因素在评价线路时往往会被忽略。

三、线路设计员的要求

线路设计员和线路监督员由组织者指派。负责规划、监督、设计比赛线路的人员必须具有丰富的经验，熟悉线路设计的理论，对一条好的比赛线路的质量具有正确的理解，能够预测影响比赛的各种因素，同时能够对不同竞赛组别提出不同的要求。

线路设计员对场地的选择、比赛用图、起点至终点之间的竞赛计划与实施负责。线路监督员是线路设计员的顾问和帮手，应与线路设计员一起找出线路设计中存在的潜在问题，并提供最佳解决方案。

线路设计错误会给比赛带来灾难性、不可逆的影响，为保证赛事成功举办，线路设计员应具备以下素质。

第一，能够熟练地使用定向地图，具有丰富的比赛经验。

第二，全面了解定向运动的技术、战术和体能的相关要求。

第三，熟悉并掌握相应的定向运动规则。

第四，能够使用普通大比例尺地形图。

四、比赛线路设计

（一）线路设计的基本形式

定向运动线路一般由一个起点、若干检查点和一个终点构成，通常按照封闭环型和开放型设计，主要包括闭合型（图 7–5）、线型（图 7–6）、弓型（图 7–7）、交叉型（图 7–8）、星型（图 7–9）、循环型（图 7–10）等。

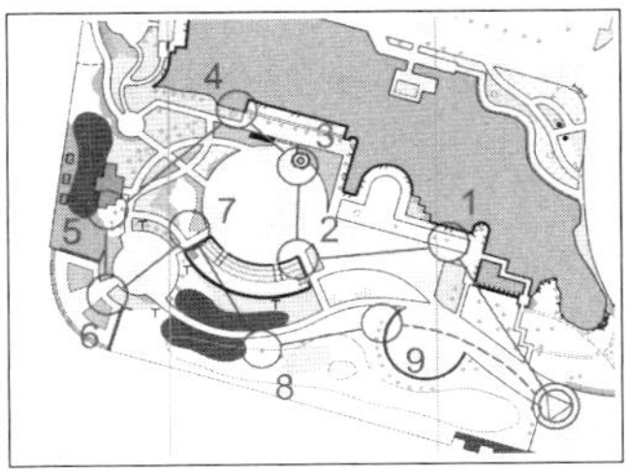

图 7–5　闭合型

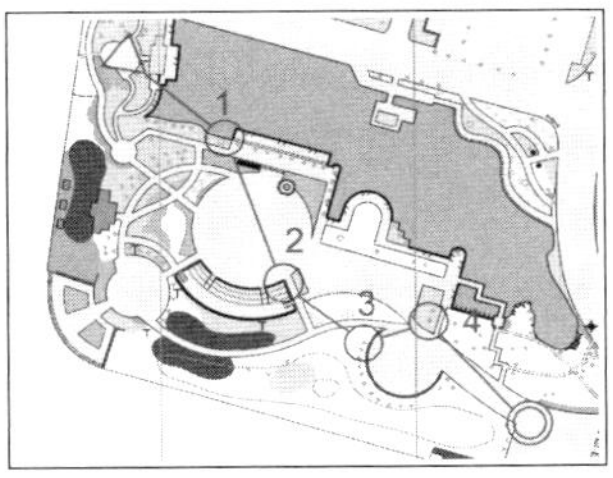

图 7–6　线型

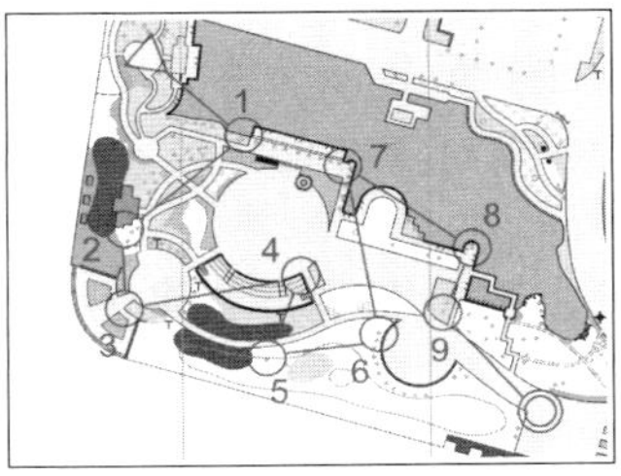

图 7–7　弓型

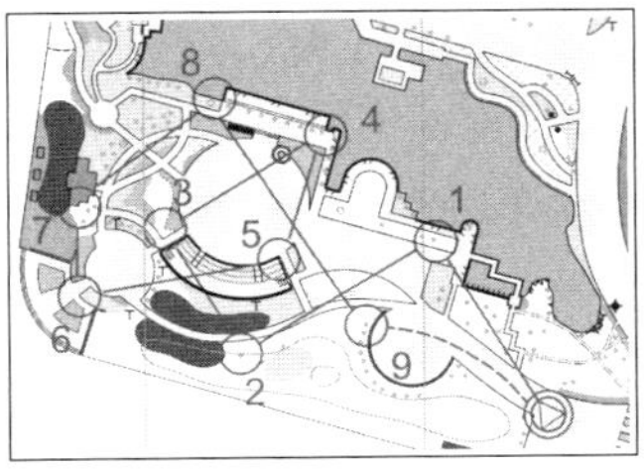

图 7–8　交叉型

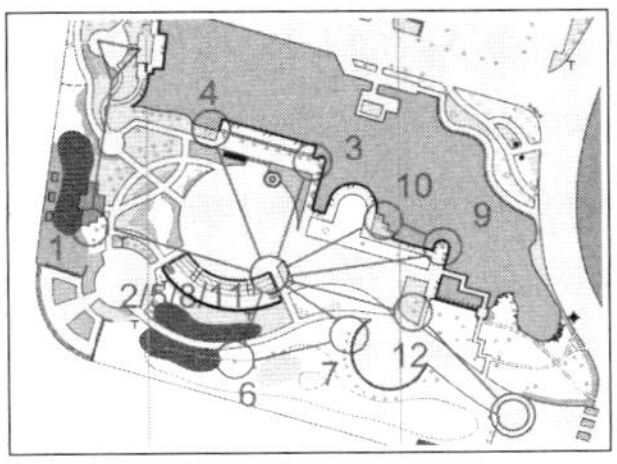

图 7–9　星型

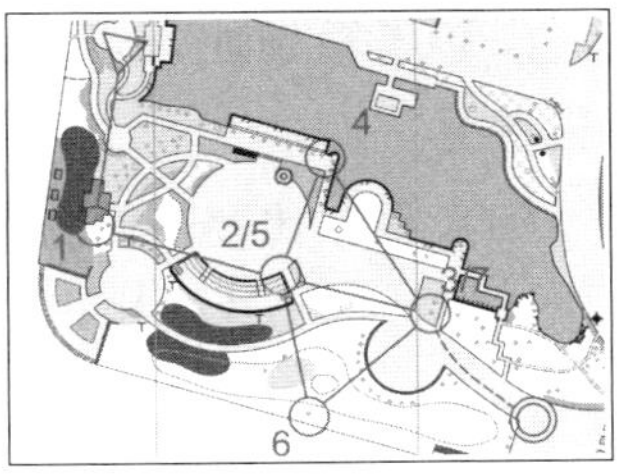

图 7–10　循环型

（二）各阶段的线路设计

1. 初级定向线路设计

设计初级定向线路时，路段必须简单容易，使运动员能够借助“扶手”进行定向定位，即使运动员偶尔偏离方向也能很快地进行纠正，尽可能多地以“平面地物”定向为主，减少需要运动员做出“定位”“定向”等决策的问题。在设计线路时，路段要短，不宜交叉，不要出现迫使运动员使用指北针确定行进方向的路段，尽可能地避免利用等高线布置检查点。在设置检查点时，尽量选用大而明显的地物作为特征物，保证清晰可见。

2. 高级定向线路设计

设计高级定向线路时，要考虑运动员综合技术的运用，比赛线路的地形一定要有所变化，保持地形的多样性及多变性，不能单一考查运动员体能或者技术，应将线路设置在迫使运动员充分发挥定向运动技能的地形上。

读图是均衡运动员定向能力和奔跑能力的有效手段，避免将检查点放置在明显地形点的旁边，以至于运动员无须思考就能到达检查点。对于特征物较少的地形，要避免设置短距离的路段，从而有效规避“跟跑”等侥幸问题，应设置成长距离路段，在考查运动员定向能力、路线选择能力的同时也有利于分散运动员，避免跟跑情况的发生。在地貌丰富、定向难度大的地形时，多设置短距离路段，促使运动员判读地貌、精确读图，在这种地形中，也可以设置“相似检查点”，增加读图的难度及准确性。在使用等高线设计定向运动线路时，应沿着等高线或者横跨等高线来设置检查点。线路应自下而上（又称上山路段）地设计，这样可以有效地限制运动员的视野范围，不容易观察对手及发现检查点，从而保证比赛的公正性。

五、比赛线路设计的工作程序

线路设计时必须严格按照规定的步骤和程序开展工作。

（1）掌握赛事的基本情况，拟定线路设计工作计划时间表。

（2）考察场地时要与当地的居民进行交流沟通，了解该区域的植被、野生动物、狩猎情况。

（3）根据比赛场地的勘测情况，设计初步的线路方案，征求线路监督员对初步线路设计的意见，并对初步的线路方案进行研讨、调整、改进、完善。

（4）线路设计员参与场地裁判员的培训和指导工作。与赛事组织者、起点裁判组、终点裁判组一起勘察起点区域和终点区域。

（5）进行各线路试跑工作，根据反馈信息，调整、确定方案。

（6）完成比赛线路的套印工作。

（7）经线路监督员许可，准备、打印检查点说明表。

六、比赛线路的基本要求

（一）赛事中心、起点与终点的确定

1. 赛事中心的确定

赛事中心（图 7-11）是运动员、教练员、裁判员等人员活动的区域，是比赛指挥

部、成绩发布点、医疗点、公共卫生设施等所在的中心地带，应具备以下条件。

（1）比赛组织者设计好比赛中心的位置，并申请得到设置比赛中心的许可。

（2）地势平坦开阔，交通便利，保证赛事车辆能够顺利到达和离开集结区。

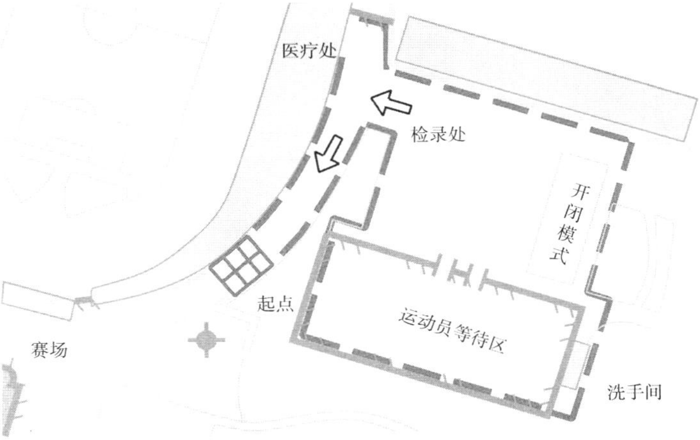

图 7-11　赛事中心示意图

2. 起点位置的确定

起点位置（图 7-12）不能通视赛区。通常比赛的出发区就是地图上的起点位置，若出发区内未出发运动员可以观察到已出发运动员的行进路线，则可以通过设定必经路线将起点前移。不应在开始路段对运动员的技术和体能提出过高的要求，避免在第一路段设置难度过大、爬高量过大、路线过长的线路。

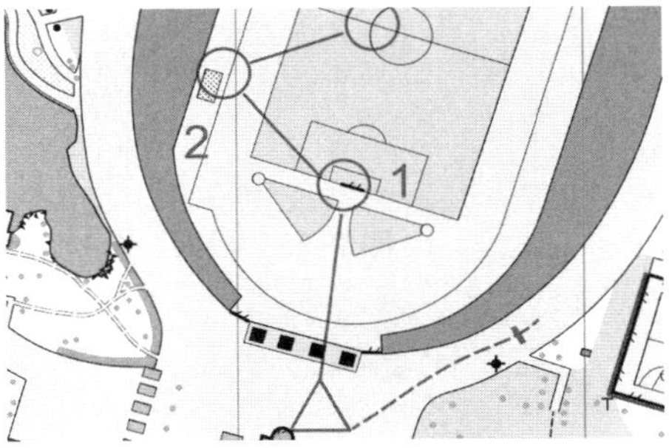

图 7-12　起点位置示意图

3. 终点位置的确定

终点尽量选择在空旷、开阔、通视度较好的区域。为方便终点裁判员工作，设计线路时应使运动员从同一方向达到终点。为了顺利完成终点工作，设计线路时必须注意以下几个问题。

（1）最后一个检查点的特征物要明显。

（2）不能遮挡终点工作人员的视线。终点工作人员应能看见距离终点至少 50~75m 的运动员。

（3）运动员从同一方向返回终点：

第一，将最后一个检查点设置在能看见终点的位置（图 7-13）。

第二，将最后一个检查点设置在明显的公路、小路等地面目标，并引导运动员到达终点（图 7-14）。

第三，从最后一个检查点到达终点路段，通过引导带将选手引导至终点（图 7-15）。

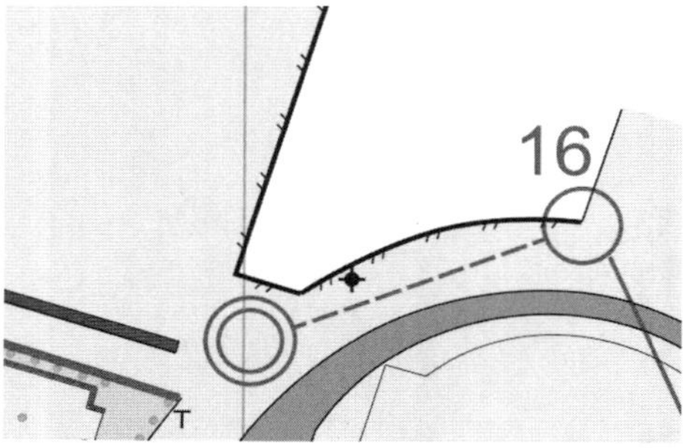

图 7-13　最后一个检查点（16 点）可直接观察到终点位置

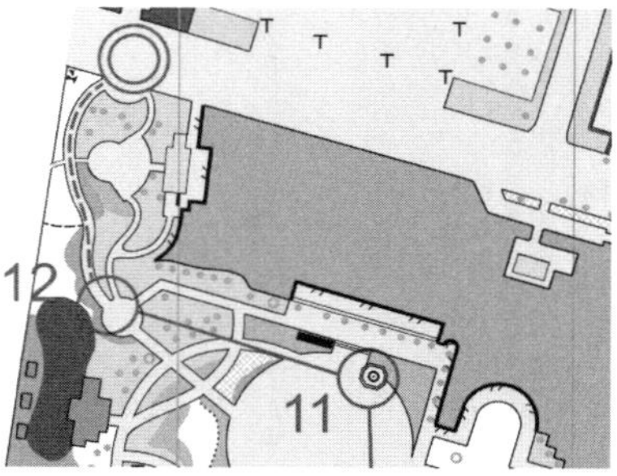

图 7-14　最后一个检查点可以设置在明显的公路、小路等地面的目标

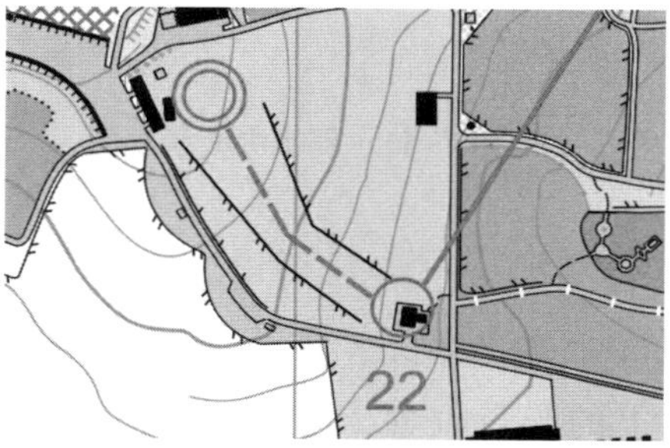

图 7-15　最后一个检查点（22 点）通过引导带将选手引导至终点

（二）比赛线路设置

检查点应放置在现地特征物、特征点或其周边（指特征物的延展特征范围内）且能做出明确说明的位置。检查点的主要作用是为运动员提供一个条件良好的路段，能使运动员充分读图，充分考验运动员路线选择与规划的能力及综合的定向运动技能。检查点有时候起到“控制”和“汇集”的作用，没有规定要求一条比赛线路应设置多少检查点，但每设置一个检查点都应有设置它的目的。好的检查点设计有利于为下一个路段提供一个好的出发点。

1. 点标的设置

检查点点标的设置必须符合 IOF 的规则。当运动员到达检查点后，能在第一时间观察到点标。不能为增加比赛难度或提高趣味性，将点标藏匿、遮盖、掩埋，也不能让运动员在找到检查点特征物之前就看到点标。

2. 检查点的公平性与合理性

（1）定向运动线路与道路交叉的设置。当定向运动线路穿过某条主要道路时，必须考虑交会点的交通安全问题。在无法实施交通管制时，可以在线路与道路的交会处，设置一个具有良好通视度的检查点作为“过渡点”（图 7-16）。也可以在路口安排两名志愿者，并设置警示标识，运动员必须等让车辆。

（2）定向运动线路穿过湖泊的设置：当定向运动竞赛的某段线路穿过湖泊、河流等特征物时，为了避免运动员因为涉水导致意外伤害事故，可以通过设置“过渡点”进行线路的改善或引导（图 7-17）。

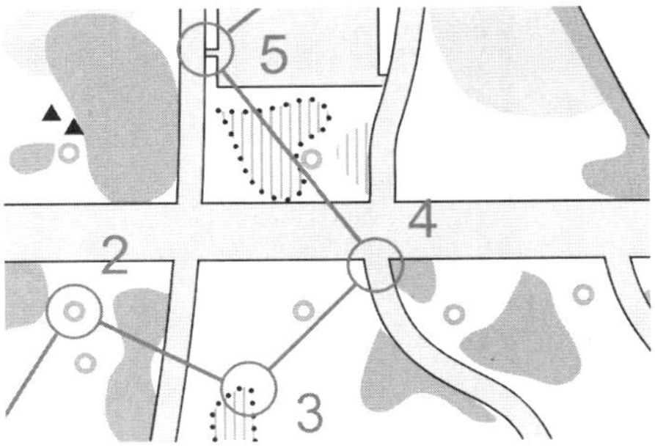

图 7-16　将第 4 检查点设置在大路和小路交界处，作为“过渡点”，保证双向的良好“通视度”，或在此处设置警示标志

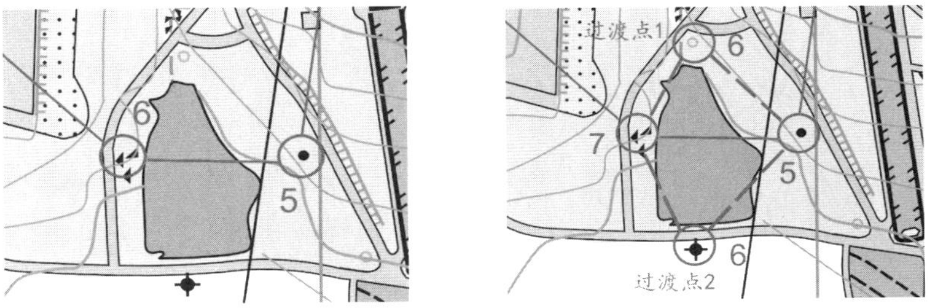

（A）　　（B）

图 7-17　两个检查点之间设置一个“过渡点”

（3）锐角效应：锐角效应又称尾随效应。锐角效应是由检查点所处的位置或现地地形的限制造成两条线路之间的夹角过小导致的。因为检查点位置设置不当，导致运动员离开检查点时为正在寻找该检查点的其他运动员起到了提示的作用，使其他运动员“不当得利”。因此，线路设计时应设法避免线路产生“锐角效应”，可以用增设附加点的形式对线路加以改善（图 7-18～图 7-20），并非所有的锐角路线都会产生“锐角效应”。

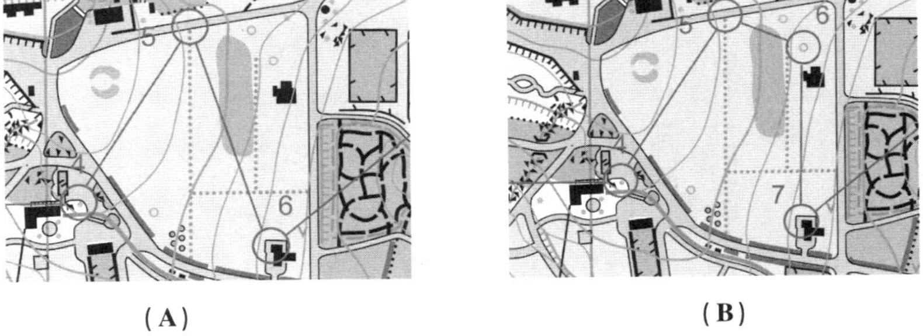

（A）　　（B）

图 7-18　当运动员从第 5 点跑向第 6 点时，会选择沿着植被西边界向第 6 点跑进，由于此区域为空旷地区域，通视度较好，造成线路产生“锐角效应”，容易为后出发的运动员提供“帮助”，因此可以增设一个附加点

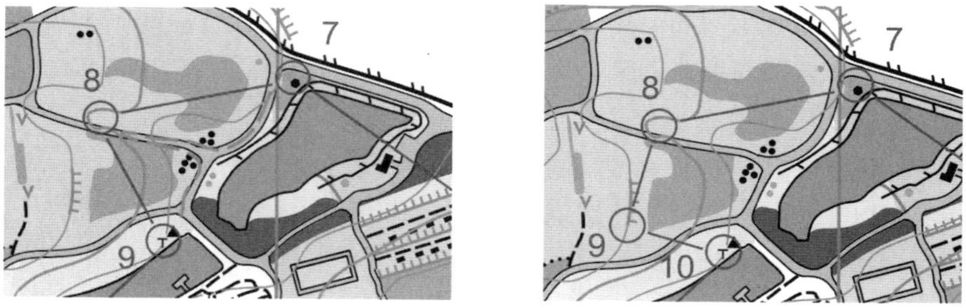

（A） （B）

图 7-19　当运动员从第 7 检查点沿路到达第 8 检查点时，在选择达到第 9 检查点的路线时，运动员会依据“有路不越野”的原则而选择沿路返回，跑向第 9 检查点，这就产生了线路的“锐角效应”，容易使后面的运动员“获利”，为保证赛事的公平性，可以增设一个附加点

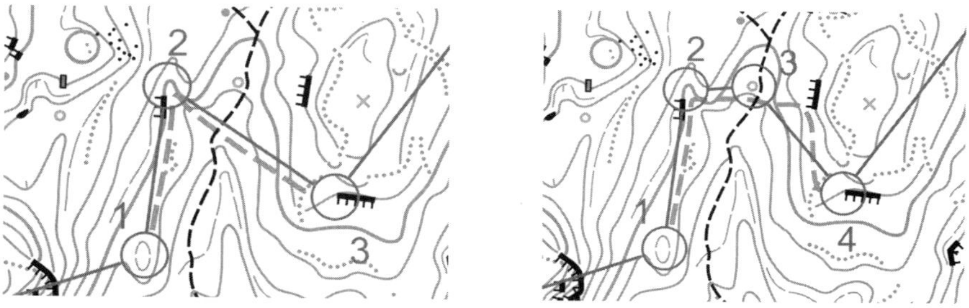

（A） （B）

图 7-20　此线路设计看似没有问题，但是因为地形限制，实际上会让运动员走“回头路”而产生尾随效应，可以通过增设附加点对线路进行改善

（4）交叉路段：当比赛区域有限，线路设计时就容易出现交叉路段，此时应注意在运动员经过的路段附近不能出现后经过路段的检查点（图 7-21）。

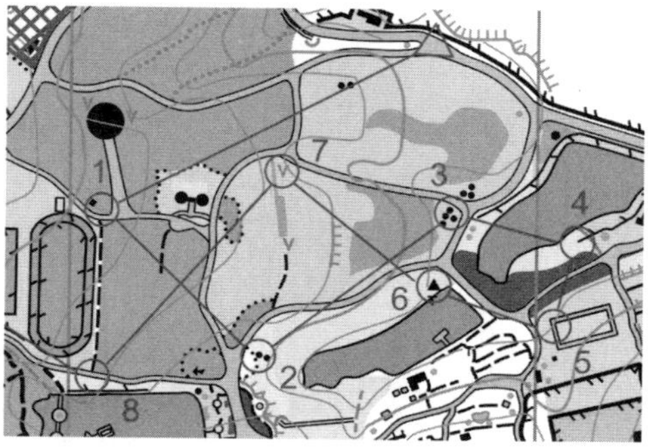

图 7-21　从起点出发，沿线行进至第 1 检查点时，第 7 检查点的位置就会暴露；从第 2 检查点至第 3 检查点时，第 6 检查点的位置就会暴露；从第 3 检查点至第 4 检查点时，第 5 检查点的位置也非常明显，这三点的设置不合理

（5）避免下一检查点过分暴露：设置检查点时要注意相邻两点之间的位置、高度

关系，避免由于高度差、距离等原因，导致目标点提前暴露，这样的检查点设置就失去了比赛的公平和意义（图 7-22）。

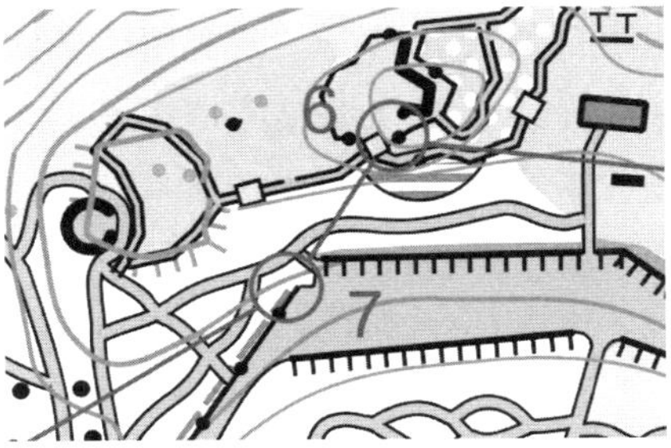

图 7-22　当运动员处于第 6 检查点时，由于第 6 检查点地理位置较高，能轻易地发现第 7 检查点的位置，导致目标点提前暴露

（6）没有设置检查点的合适特征物：某一区域内若没有合适的特征物用来进行检查点的设置，但是由于“过渡”等原因不得不设置的时候，允许人工挖掘、堆筑、搭建检查点的特征物（如围栏、窝棚、土坑、小径、石块等），人工搭建的特征物必须具有一定的结构，并在地图上用规范的符号进行标识。

（7）场地范围小，线路混乱、复杂：有时比赛场地的范围有限，但是为了实现较长线路的设计，往往会因为路段交叉过多，导致地图杂乱、重叠，影响运动员读图以及判断。这种情况下，可以通过两张地图的方式解决，“换图”不仅可以解决场地局限性的问题，也可以提高场地的利用率，让一个场地、一张地图发挥出两个场地、两张地图的效果，但这种设计方式不建议在大型比赛中使用（图 7-23）。

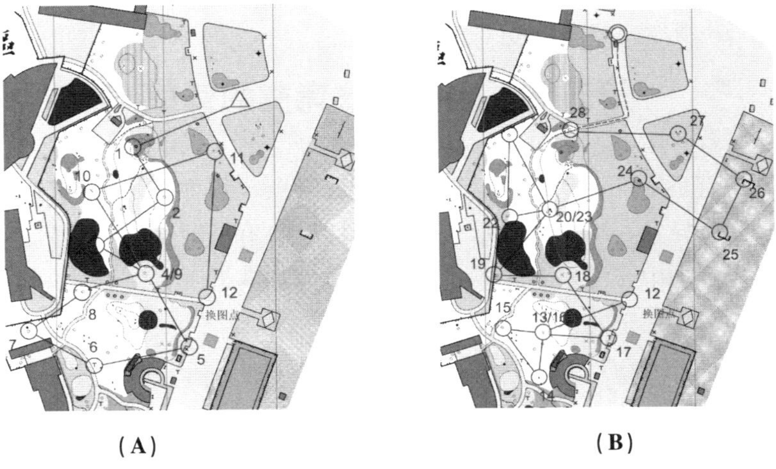

（A）　　　　（B）

图 7-23　将第 12 检查点设置成换图点，跑完（A）线路后，在第 12 检查点换（B）线路，完成比赛至终点

（三）饮水站的设置

饮水站是定向运动赛事服务中不可缺少的重要设置。饮水站除了需要设置在起点和终点区域，还需要根据比赛日的天气状况、比赛用时等因素结合线路设计的具体情况而定。在赛事时间超过 30min 或者天气炎热的情况下，在线路设计时就应该在所有组别运动员都能经过的路段或者检查点位置设立饮水站，饮水站的设立需考虑运动员数量、卫生条件等，并在联席会议时公布。

（四）医疗点的设置

在长距离、高难度的定向运动竞赛中，医疗救援是必不可少的。根据赛事区域的大小及交通情况，在所有运动员必访的检查点上设置两个医疗小组，并在检查点说明表中标明，同时为了保障重大伤害事故发生后所有伤者能够得到及时的医疗救援，医疗组必须具备“机动”能力。

（五）观赏区的设置

观赏区是宣传和推广定向运动及定向运动赛事的重要窗口。为了使观众、新闻媒体更好地欣赏定向运动竞赛，体验定向运动的魅力，对定向运动进行宣传报道，使教练员、领队更好地观摩队员临场竞技能力、心理能力的表现，同时可以了解对手的竞技能力水平等。线路设计时可以遵循线路设计的原则，结合场地情况设置观赏点（图 7-24）。观赏区通常设置在赛事集结区边缘，也可以设置在终点附近。

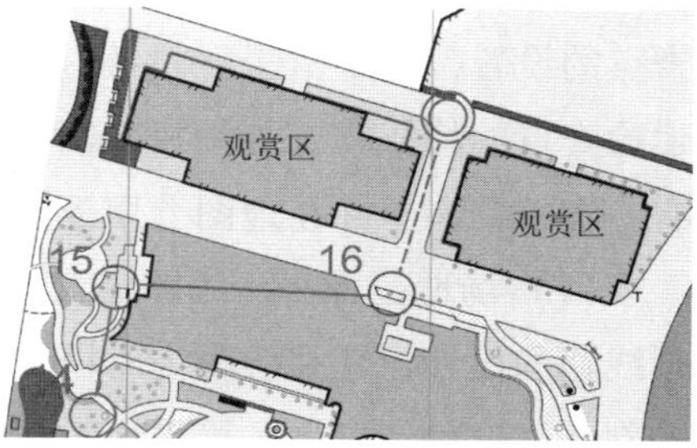

图 7-24　比赛观赏区的设置

第五节　定向运动竞赛的管理

安全问题一直是定向运动赛事管理的重点和难点。各种突发事件、伤害事故随时可能发生，轻者会导致赛事延期或取消，重者将引起不可预见的严重后果。风险的不确定性导致赛事活动中充满着各种不确定性，作为赛事组织者，应主动采取预防管理措施积极应对，以保证定向运动赛事的顺利进行。

一、人员管理

定向运动竞赛中的人员管理主要是指对裁判员、参赛队（员）和观众、媒体工作人员等在竞赛过程中的管理。

（一）对裁判员的管理

加强、完善对裁判员选调机制的建设，选调裁判员时一定要对其裁判资质、执裁经历等进行严格审核。加强对裁判员的组织、生活管理，组织裁判员认真学习中国无线电和定向运动协会审定的最新《定向运动竞赛规则》，比赛过程中贯彻“严肃、认真、公正、准确”的工作方针，杜绝“徇私舞弊”等不良现象，严格执法。

（二）对参赛队（员）的管理

为保障赛事安全，要求参赛队（员）统一食宿，并做好与参赛队的沟通工作。参赛队领队、教练员要对队员进行有效管理，使运动员能够自觉地遵守赛事的各项规章制度，保持最佳的竞技状态，创造优异的运动成绩，营造团结、和谐的竞赛氛围。

（三）对观众、媒体的管理

为增加赛事的观赏性，可以在竞赛场地区域中或终点附近必经路线两侧设置观众观赏区或媒体采访区。在比赛过程中，要注重观众的动态，防止突发事件发生，同时防止运动员与区域人员进行作弊行为，组委会可以通过招募志愿者来加强观众、媒体的服务与管理工作。

二、定向运动竞赛风险管理

导致竞赛风险管理失败的主要原因是缺乏主动性或对风险认识不足。如不积极主动进行风险管理，将会出现很多工作需要紧急处理，此时只能达到弥补或及时止损的效果，而无法消除损失。甚至有人认为定向运动竞赛不可能存在风险，从而忽视了风险管理工作，错失了最佳的风险管理时机。

（一）场地风险防控

比赛场地的选择是风险防范的关键，场地安全是保障定向运动竞赛开展的重要条件。场地的选择应与赛事的级别相适应，但也要充分考虑运动员的技能水平、运动能力及心理承受能力等因素。

（二）天气风险防控

天气因素对定向运动赛事来说是不可逆因素，雷雨、冰雹、暴雪、高温天气都会对运动员的运动安全产生风险。如天气条件恶劣，组委会应果断暂停或终止比赛，清点运动员及工作人员人数后，引导其有序离开比赛场地，确保其人身安全。组委会在制订竞赛规程时，一定要提前考察竞赛期前后一周内的天气状况，连续雨水天气会导致道路泥泞、土质松软等，尤其是在爬坡路段及沟渠边缘会存在较大的安全隐患，同时雨水天气也会对定向地图造成严重损毁，因此应提前做好应急预案，合理安排竞赛项目及比赛时间等，以保障赛事顺利进行。

（三）比赛器材风险防控

比赛器材风险防控主要是指对定向地图的风险防控，定向地图风险主要包括地图测绘的风险和线路设计的风险。定向地图测绘的精准度、规范性直接影响参赛选手的胜负和安全。测绘定向地图时，要对比例尺、等高距等数据信息进行仔细确认，对地物、地貌等特征进行详细测绘，对危险区域进行醒目标识。

运动线路设计也是风险防控重要的手段，在设定运动线路时，线路设计员应合理规避存在安全隐患的区域，将深坑、陡崖等危险区域设定成禁区或危险区域，并使用警戒带标识。对动物（如黄蜂、野狗、蛇等）经常出没区域要进行合理规避，同时应规避场地内有射击、狩猎等其他野外活动的区域。

三、定向运动竞赛安全应急预案

安全应急预案是指面对突发事件，如自然灾害、重特大事故、环境公害及人为破坏的应急管理、指挥、救援计划等，可以有效地防止各类安全事故的发生，是参赛队伍和运动员健康安全和竞赛活动顺利进行的重要保障。

（一）制定竞赛安全应急预案

组委会负责比赛期间的安全风险工作，应对赛事中可能出现的各种安全风险做出科学、合理的评估。在风险评估过程中，对赛事各个环节容易出现的各种风险进行总结并深入分析，提出应对措施，制订竞赛安全应急预案，并提前组织相关人员进行安全应急预案的培训和演练。

（二）落实责任，及时止损

在运动竞赛中坚决贯彻落实安全责任制，主办单位和承办单位的主要领导为赛事安全的第一责任人，各参赛队领队为该队赛事安全的第一责任人。在比赛过程中，为及时救援、止损，不浪费医疗救助时间，要深入贯彻首问责任制，谁遇到安全事故谁就是第一责任人，采取必要紧急救助措施，减少上报环节，第一时间救援、止损。

（三）重视新风险的识别

风险防控最重要的一项工作就是新风险的识别，由于事先没有制订应急预案，新风险的出现具有不可预测性，因此更容易造成赛事进程的混乱，应格外重视。

定向运动竞赛的成功与否，很大程度上取决于赛事组织者的风险管理水平。赛事组织者一定要重视风险管理，运用科学的方法防控风险的发生，使定向运动赛事体现良好的社会效益。

课后练习与思考题

1. 通过本章知识的学习，使用定向地图设置一条比赛线路，检查点数量设置为10~12个，直线距离约2km，包含星形线路，避免“锐角效应”线路。

2. 简述场地的选择、线路设计原则和要求。

3. 线路设计的基本形式有哪几种?

4. 哪些情况下要给予运动员警告处罚或判成绩无效?

5. 简述起点裁判组、终点裁判组、场地裁判组的职能。

6. 简述制订竞赛规程的原则。

7. 你认为定向比赛中存在哪些风险? 应该如何应对?

CHAPER 08 <<< 第八章

定向运动竞赛

内容导读

本章重点阐述定向运动竞赛参与的意义、任务及制胜因素，赛前准备工作、比赛过程、赛后复图与总结等，掌握参与定向运动竞赛的基本知识，培养参与定向运动竞赛的能力。

定向运动竞赛是指运动员在教练员的指导下，为了检验教学和训练效果，促进定向运动技术水平的提高，专门组织或参与的一种特殊教育过程。运动员通过训练不断提高自身竞技能力，定向运动赛事参与是体验定向运动魅力的主要途径。

第一节　定向运动竞赛概述

一、定向运动竞赛参与的意义

定向运动竞赛参与主要是检查训练效果，促进定向运动技术水平迅速提高；促进运动员的互相学习和交流；发现和选拔新生力量；推动群众性定向运动的开展；丰富大众文化生活，促进文化交流等。

二、定向运动竞赛参与的任务

（1）通过定向运动竞赛的参与，运动员平时训练所达到的运动技术可转变为竞技能力。

（2）教练员的执教能力通过竞赛得以升华，并转变为掌握、调控运动员比赛的能力。

（3）提高运动员适应定向运动竞赛的能力，创造优异运动成绩，促进定向运动的发展。

三、定向运动竞赛的制胜因素

研究制胜因素，掌握制胜规律，有针对性地提高竞技能力水平，是夺取优胜的重要前提。制胜因素是竞争双方取胜的关键要素。制胜规律是在竞技规则的限定下，在竞赛中战胜对手、夺取优异成绩必须遵循的准则。定向运动竞赛的制胜因素就是突出的体智结合能力、连贯的技术运用能力及良好的心理素质的完美结合。

（一）突出的体智结合能力

体能和智能结合是定向运动越野跑的最大特点。定向运动的越野跑是在野外复杂环境下进行的，是在不同地形上运用跨越、跳跃、攀爬等动作完成快速识图、判明方向、规划路线、捕捉检查点等一系列动作的长时间运动，定向运动的越野跑在体能的基础上会体现出数学逻辑、空间、内省、肢体感觉、自然观察等多种智能特征。因此，运动员需要打破传统的中长跑节奏，建立新的越野跑节奏。应提高学生在高速运动中清晰、快速的读图能力及决策能力，建立在不同环境、变向跑动及疲劳状态下的越野跑节奏。

（二）连贯的技术运用能力

定向运动比赛的技能包括识图用图、指北针定向、距离估测能力、定位定向、越野跑、路线规划与选择等，这些技能都有着千丝万缕的内在联系，通过长时间的训练，逐渐形成“一标二定三路径，拇指辅行沿途定”的定向动作链，使学生建立技能动作定型。

（三）良好的心理素质

定向运动的特点决定了运动员必须具备良好的心理素质。当与对手智能、体能、技能相近时，运动员的抗压能力、稳定性往往决定竞赛的胜负。定向运动竞赛时，运动员需要在复杂的地形中进行定位定向、规划路线、捕捉检查点等一系列动作，并保持高速的、长时间的间歇性奔跑能力，同时又需要具有清醒的意识和自我控制能力才能取得比赛的胜利。定向运动竞赛所需要的这种强烈的竞争意识和冷静的控制能力就融合成了定向运动竞赛所需要的独特心理素质。

综上所述，突出的体智结合能力、连贯的技术运用能力及良好的心理素质的完美结合，才能构成整体的定向运动能力。正确认识构成定向运动能力的制胜因素，并通过先进有效的训练手段和方法提高定向运动能力，掌握定向运动项目的制胜规律。

第二节 赛前准备工作

一、注册与报名

参加全国性比赛时，运动员必须进行注册登记，并接受资格审查，审查合格后发放参赛证。参赛证应包含运动员姓名、出生年月、照片、身份证号码及竞赛组别。如果参加精英组定向运动赛事，协会应在参赛证上注明。注册登记应每年一次。

参加定向运动竞赛时，运动员应根据竞赛规程进行报名，在较为正式的比赛通知上，通常向参赛者公布的比赛信息主要包括：①赛事名称、竞赛项目、组别；②赛事时间；③比赛的目的；④地形特点；⑤比赛各分组线路的长度、难度（含爬高量）；⑥报到时间、比赛开始时间；⑦比赛编排方法；⑧报名费与其他费用，收费方法；⑨报名登记的起止时间、限额、联系人及方法；⑩附赛事报名表。

二、参赛前准备

报名结束后即可开始比赛的准备工作，准备工作主要包括以下几点。

（1）认真学习、研讨竞赛规程、规则、须知或要求。

（2）根据比赛的时间安排，有计划、有针对性地制订运动训练计划，并根据学生的能力及赛事目标加强学生定向运动技能和体能的训练，使学生从身体、技术、战术、心理、恢复、智力和思想等各方面作好充分的准备，努力提高训练水平。

（3）准备并测试比赛使用的指北针及团队赛分图用笔等工具。

（4）根据竞赛规程的要求，及时组织学生做好体检工作。

（5）加强对参加团队赛学生的技术指导工作，合理分工，战术演练，加强团队成员间的默契配合。

（6）及时查阅赛事的补充通知，以保证顺利参赛或及时调整训练计划。

（7）为学生购买统一比赛服装、定向鞋。

（8）根据学生的训练状态和竞技状态，确定最终参赛学生名单及团队赛学生名单。

（9）召开赛前会议，强调赛事纪律及要求，重点强调比赛过程中容易出现的技术问题。

（10）为学生购买保额不低于 30 万元的人身意外伤害险。向学校卫生部门申请参赛期间常规药品，如感冒药、创可贴、碘酒、绷带、云南白药喷雾等。

（11）联系交通部门预定车辆。

（12）比赛前夕，应保证学生充分休息，注意饮食的调养。

第三节　比赛过程

比赛过程主要指运动员在比赛中竞技水平的发挥和展示程度。充分发挥竞技水平，创造优异成绩是运动员参加比赛的重要目标。

一、参加比赛的程序

运动员应了解参加定向运动比赛的基本程序，以保证能够按要求参赛。

（一）报到

赛区报到时，应办理登记手续，领取秩序册、号码布、指卡等，并提交体检证明以及人身意外伤害保险单据等。

（二）联席会议

教练员、领队或队长参加赛前联席会。联席会议将公布本次赛事的场地信息：比赛地点、比例尺、等高距、路线概略长度、爬高量、场地情况、适宜服装、场地禁区、乘车信息等，同时强调本次赛事的赛会纪律以及注意事项。

（三）正式比赛

1. 出发区

运动员需要在出发前 30min 达到出发区，按照出发时刻表进行检录。运动员按照起点裁判组的相关规定进入等待区、出发区，按批次出发，运动员出发前需要认真核对道次以及组别。运动员出发后须快速离开起点，以免阻碍其他运动员出发。

2. 赛场区

运动员在比赛的过程中必须按照顺序依次寻找所有的检查点。比赛过程中，如果运动员出现伤病不能继续参加比赛，可以联系附近裁判员或工作人员带其返回终点或及时进行医疗救助。

3. 终点区

运动员到达终点后打点终止计时，将地图交回地图回收处，在工作人员的引导下，有序地到成绩统计处录入成绩，判读成绩的有效性。如果运动员对比赛的组织工作或其他运动员有疑义，或需要对自己的失误进行申辩，则应在离开终点工作区前，到申诉处进行申诉。比赛结束的队伍可以到终点指卡退还处退还指卡。运动员需要在规定的区域内等待，不能重返赛场。

二、运动员竞技水平的发挥

（一）赛前有序的训练节奏

赛前有序的训练节奏是保证运动员在比赛中正常发挥的基础，只有通过训练量的积累，才有娴熟的技术得以发挥。有些运动员因为兴奋性高、竞技状态已逐步形成或者信心不足等，在赛前训练中往往过分追求大强度训练，教练员应严格控制计划外的大强度训练。赛前严格控制训练强度，主要是防止运动员过度兴奋导致竞技状态过早出现，这时的训练应强调速度与节奏的控制。

（二）加强运动四感的培养

方向感、距离感、速度感，以及三者的综合——位置感，是定向运动员应具备的“四感”。定向运动线路是一个连续不断变化的过程，运动员在比赛过程中需要不断地通过跨越、跳跃、攀爬、上坡、下坡、变向、停顿、加速等动作完成打点任务，因此对运动员方向的把握、距离的估算、速度的调控以及站立点的确定具有较高的要求，需要在实践训练过程中进行长时间、系统、专门性练习，才能有效地掌握。

（三）调控竞赛心理状态

运动竞赛成绩取决于运动员个人竞技水平的临场发挥以及竞赛对手临场表现出的竞技水平。竞技水平的发挥很大程度上取决于运动员心理状态的稳定性，运动员往往会有定向状态不佳、心理承受能力不强的表现，注意力分散、读图和思考能力降低、奔跑节奏紊乱、盲目找点等都会影响运动员技战术的正常发挥。高水平的定向运动员在比赛中往往将注意力集中在标定地图、站立点确定、检查路线规划与选择、定向战术运用、速度节奏调控以及体力合理分配等问题上。

三、教练员的临场指导

比赛的胜负除了取决于运动员的训练水平及临场竞技能力的发挥，还取决于教练员的临场指导，特别是在势均力敌的情况下，正确的临场指导是取得比赛胜利的关键。由于定向运动比赛的特点，教练员和运动员在比赛过程中是无法进行沟通的，这对教练员的临场指导提出了更高的要求。教练员需要结合场地、天气、参赛队情况、单场比赛成绩及排名、队员表现等情况进行人员、战术调整。

第一，有的放矢、知己知彼，是实现正确临场指导的前提。

赛前教练员要对参赛组别进行全面、深入的分析，了解各参赛队的情况、近期参赛成绩及近期的训练情况、教练员或教训团队的具体情况等，只有深入地了解分析，指导工作才能有预见性、实效性，才能争得主动和优势。

第二，充分调动、激发运动员的参赛能力是临场指导的核心工作。

比赛是教练员和运动员共同参与的实践活动，教练员制订的方案、战术要通过运动员的实践运用才能实现，运动员是竞赛的主体，因此充分调动运动员的参赛能力，发挥运动员的体智优势是临场指导的核心工作。

第三，及时调整运动员的心理状态是临场指导的中心环节。

比赛时，错综复杂的地形条件、失误点增多、方向判定错误、对手的竞技压迫等不可预测的原因都会对运动员竞赛心理造成干扰。当运动员在比赛中出现原则性失误时，教练员应及时进行安抚和正确引导，可以带领队员重新复图，及时调整运动员的心理状态，增强运动员的自信心，备战好后期的比赛。

第四，保持清醒头脑、灵活运用战术是取胜的关键。

对于赛场的变化，运动员要保持清醒的头脑，沉着冷静，控制好自己的节奏。随着比赛进行，教练员应根据场地变化、竞赛项目、比赛成绩及排名，多谋善断，及时、适当地调整比赛战术。

四、比赛过程控制

定向运动最大的魅力在于体能和智能必须高度融合，必须先通过识图进行最优线路的规划与选择，确定前进方向，充分发挥技战术以及体能的优势才能最终获胜，因此加强对比赛过程的控制就显得尤为重要。

（一）出发点控制

积极进行心理调控，保持愉悦镇定，注意力高度集中。明确比赛目标，在活动区或出发区仔细观察四周地形、地物以及植被情况，明确方向，选定明显标志作为主要标北参照物，为后期标定地图提供参考。

观察前几组的出发方向，取图后迅速将地图标北，按照前几组的跑进方向行进并快速阅读地图，了解比赛路线的情况，判断第一点的出发方向。控制好前往第 1 检查点的速度，建立比赛信心，稳定比赛节奏。定向比赛中第 1 检查点的难度设置较低，但完成情况将直接影响后期比赛的整体质量。

（二）运动中控制

1. 定向行进，张弛有道。

红绿灯定向是指从站立点出发找到检查点的全过程。在我国定向运动发展的早期，红绿灯定向由代表国际定联来华进行定向运动推广的挪威人白山保（Per Sandberg）引进的，他将两个检查点之间的赛段简单地分为了绿灯、黄灯和红灯 3 个阶段，以交通信号灯的形式定向行进，在不同的阶段采用不同的定向运动方法（图 8-1）。3 个阶段并不是必须按部就班依次进行的，运动员需要根据实地地形的特点灵活地运用。

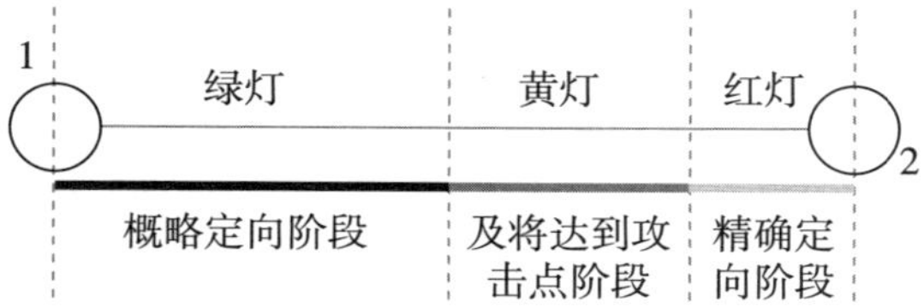

图 8-1　一段线路的 3 个阶段

绿灯是指概略定向阶段。在这个阶段，使用指北针和地图确定大概方向之后，可以快速行进而不需要过多注意途中地貌细节，直至到达一个明显的特征点。如果条件允许，则多采用扶手法、记忆法等跑向目标地形或攻击点。

黄灯是指即将达到攻击点阶段。在这个阶段，各种明显的地形点引导运动员逐渐接近检查点，这时应降低奔跑速度，进行图地对照，利用攻击点的方法行进。

红灯是指精确定向阶段。用拇指指北针右侧基板边缘与图上攻击点和目标点的连线相切，指北针的尾部正对身体，转动身体使指北针的磁针与地图上的磁北线平行，向前瞄准，配合检查点说明表采用拇指辅行法、偏向瞄准技术、扶手法等行进方法寻找目标点。

如图 8-2 所示，从起点出发，沿着小路进行“绿灯”定向，快速行进至小路交会处后，进行“黄灯”定向，降低跑速，到达攻击点——“小路拐弯”处，进行“红灯”精确定向寻找目标点。从第 1 检查点至第 2 检查点，先进行“黄灯”定向，以西北方向小路交叉处为攻击点，到达目标后进行“红灯”定向，慎重决策，寻找目标点。从第 2 检查点至第 3 检查点，以鞍部为攻击点，进行“黄灯”定向，向沼泽边缘行进，以沼泽边缘和半湿地边缘为扶手，以陡崖、大石头为辅助参照物，采用“绿灯”定向快速行进至小的陡崖脚下，然后进行“红灯”定向，寻找目标点。

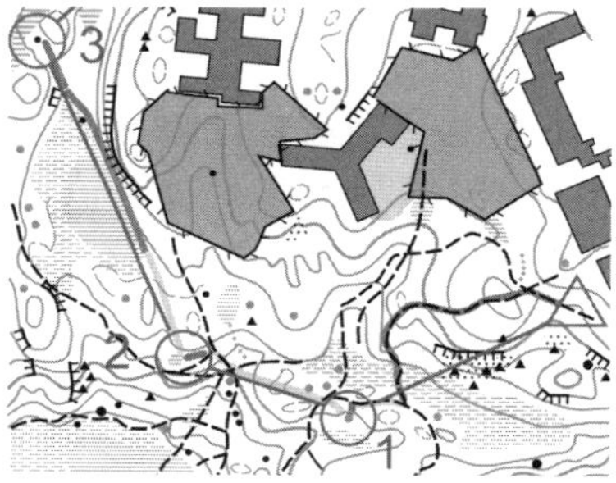

图 8-2　红绿灯定向示例

2. 速度控制技术

速度控制技术是指在定向运动赛程中合理平衡体能和智力的分配，这也是比赛胜败的关键。在赛程前段、中段、后段和接近与离开每个检查点以及不同路况下，应对速度进行合理的控制，才能使比赛顺利进行。影响速度控制的因素繁多，主要由超前读图、读图速度、路线选择、路线记忆、概略定向和精确定向等技术构成。除此之外，体能、技能、天气、地面状况、植被通行情况、疲劳状态、紧张焦虑、自信程度等都可能影响速度的控制。为限制行进速度超越读图速度而导致站立点或目标点丢失，在行进过程中要注重拦截特征的使用，以避免造成更大的失误。

3. 打点技术

打点技术是指运动员找到检查点时，科学合理地结合读图技术和动作技术快速打点离开的过程。向检查点跑进时，应提前判读检查点具体位置并明确下一个检查点的方向，靠近检查点时观察检查点附近的环境和运动员情况，快速选择好打卡方位，避免与其他运动员冲撞而受到不必要的伤害或干扰。快速打卡后立刻向预判的下一检查点方向跑动，跑动过程中及时调整地图方向。

4. 穿越技术

穿越浓密林地的目的是节省比赛时间，但相对风险也较大，如果因技术不够精准而出现失误则会浪费更多的时间。在决定穿越时，不但要仔细阅读分析地图和实地地形、地貌，也要考虑地图的质量以及自身的实际技能水平，应通过综合分析，遵循稳中求快的原则来做出抉择。穿越密林地带时，还需要观察等高线的情况，通常只在坡度不大或下坡路段运用此战术，在上坡路段不能应用。

5. 检查点丢失、失效

在比赛过程中，当检查点丢失、损毁或者不能录入指卡信息时，首先需要确认该检查点是不是自己要找的检查点。如确认核实，可以告知附近裁判员并立刻放弃该检查点。此类问题的处理会采用“丢一个，减一个”的方式进行成绩的判定。无论是否找到该点，成绩一律有效。对于点标丢失、损毁的处理，应当以赛事的竞赛规则为准，不同层次、不同规模、不同计时器材的比赛对此问题的处理方式可能有所不同。

（三）结束点控制

由于终点附近人员复杂，很容易导致运动员向最后 1~2 个点行进时注意力分散，导致出图、不按规定线路行进、遗漏终点等重大失误。

第四节　赛后复图与总结

赛后复图与总结是定向运动教学、训练或比赛都不可忽视的重要环节。赛后复图与总结对定向运动技术、战术学习与提高具有非常重要的意义。它是运动员对自己的路线规划与选择进行检验与反思的最好时机，同时也可以通过赛后总结与其他运动员相互学习、交流，对全面学习和掌握各种技战术在比赛中的运用具有积极的促进作用。无论是运动员还是教练员，都应重视这个环节。

一、赛后复图

赛后复图是指比赛结束后运动员在教练员的带领下，对运动员行进路线、竞技状态重新进行实地分析的一种方法。比赛结束后即刻进行复图，具有“行而知之”的体验式培训特点，在实践中体验，在体验中学习。

二、赛后总结

赛后总结是运动员在赛后心智恢复平静、精力完全集中的情况下重现比赛过程的环节，是运动员在赛后进行比赛路线回顾、分析比较技战术能力表现与心理过程反思的重要环节。运动员主要通过在地图上对行进路线、战术运用、参照物选择等进行回忆，描绘比赛当时的完整行进路线，并与赛后复图时重新进行的路线规划进行对比分析，同时与其他运动员的行进路线进行比较。教练员也可以使用“六顶思考帽”的思维方式，激发运动员思考问题的主体性，使其多维度地思考问题，并通过交流、研讨的形式客观地进行自我评价。

赛后复图与总结的内容主要包括以下几个方面：运动员在比赛中各赛段的路线选择（是否有最佳路线）、技战术运用情况、遇到的难题（成败的原因）、心理因素变化、体能分配、读图识图、收获等，最佳的体现方式是形成文字性的赛事总结。

比赛结束后，教练员应认真组织赛后总结。实事求是地及时总结有利于发现运动员在比赛中暴露出的技术、战术、训练、思想教育、生活管理等各方面的问题，便于及时改进、提高，做到比赛一次、提高一次，以利再战。

课后练习与思考题

1. 定向运动竞赛的意义和任务是什么？
2. 定向运动的制胜因素有哪些？
3. 利用下面的地图，尝试红绿灯定向。

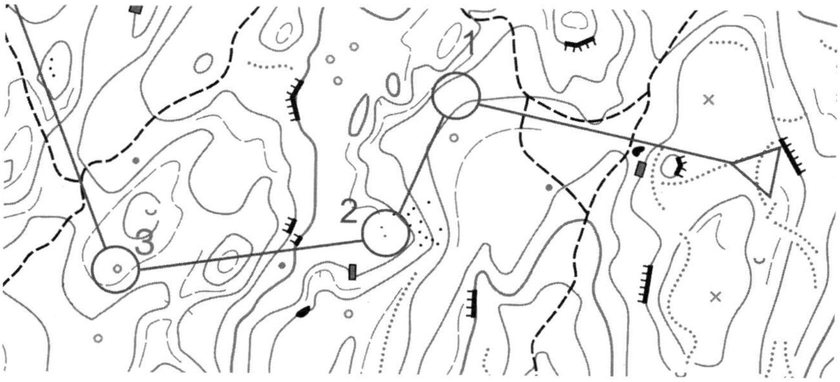

4. 参加定向运动比赛需要做哪些准备工作？

CHAPER 09 <<< 第九章

OCAD11.0软件的使用

内容导读

OCAD 软件是主流的定向地图绘图软件。作为一款视窗软件，OCAD11.0 软件与其他视窗软件具有许多共性。通过本章的学习，可以了解 OCAD11.0 软件的主要功能，掌握其使用技巧及操作 OCAD11.0 软件的关键步骤。

OCAD 软件是目前世界上居于主流地位的矢量定向地图制作软件，是专门为定向地图绘制人员设计的。20 世纪 80 年代末，瑞士人 Hans Steinegger 发明了 OCAD 软件。使用 OCAD 专用制图软件绘制定向地图是国际定联正式认可的、当今世界上最为通用的方法。OCAD 软件还具有比赛路线设计、检查点说明表制作功能，并为不同种类的地图提供了不同的样本符号集。

第一节　OCAD11.0 软件概述

一、OCAD11.0 软件的特点

（1）矢量图形：OCAD 软件是利用矢量化的方法进行地图绘制的，地图上所有的符号均使用矢量化的点、线条、面状（区块）或特殊字符表示。矢量图形可以无限地放大而不影响图形质量。

（2）符号先决：利用 OCAD 软件制作定向地图，就是根据不同制图规范对地图符号以及属性进行操作的过程。

（3）国际统一：OCAD 软件提供了依据国际定联颁布的《国际定向运动制图规范》和《国际定联短距离定向运动地图规范》制作的符号集，确定定向运动统一化、专业化、国际化的发展方向。

（4）比例定性：比例尺是定向地图最重要的元素之一，必须正确设置，否则地图符号、成图质量都会发生质的变化。

二、创建地图文件

启动 OCAD11.0 软件后，单击 File（文件）菜单中的 New（新建），或单击工具栏的 New（新建）按钮，在弹出 New File（新建文件）对话框中的 Map type（地图类型）选项中单击 Topographic，city or leisure map（地形，城市或休闲地图）命令，系统提供了不同规范的样本符号集作为选择。选择样本符号集时应根据需要的比例尺和拟用的地图规范来进行，如 ISSprOM 2019。确定后，OCAD 将打开一个新的绘图区和相应的地图符号集。

三、OCAD11.0 软件的工作界面

OCAD11.0 软件的工作界面主要由标题栏、菜单栏、工具栏、符号栏、绘图区、状态栏 6 部分组成（图 9-1）。

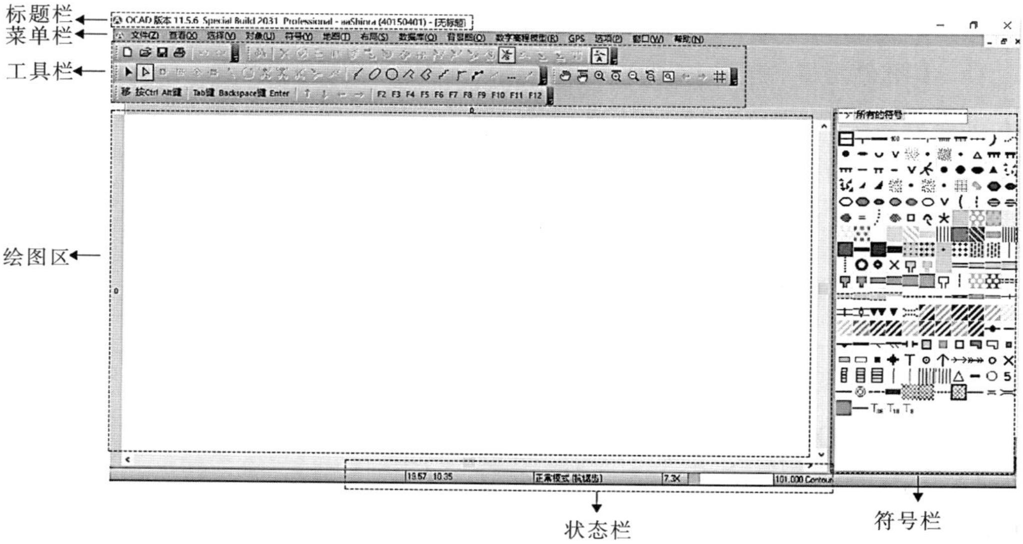

图 9-1　OCAD11.0 软件的工作界面

（一）标题栏

标题栏位于窗口的最上方，显示当前打开文档的名称和路径。标题栏右边的小图标分别是最小化按钮、还原按钮、关闭按钮。

（二）菜单栏

OCAD11.0 软件的菜单栏共有 14 个子菜单，分别是 File（文件）、View（视图）、

Select（选择）、Object（对象）、Symbol（符号）、Map（地图）、Layout（布局）、Database（数据库）、Background Map（背景图）、DEM（数字高程模型）、GPS（全球定位系统）、Options（选项）、Window（窗口）、Help（帮助），这里将重点介绍部分子菜单的部分常用功能，以满足自我学习定向运动制图的需要。

1. File（文件）菜单栏

New：新建。创建一个新的OCAD版本的地图，设计比赛线路。

Open：打开。打开一个现有的待绘或者已绘的“*.ocd”和“*.elt”格式的文件。

Open sample map：打开样本地图。

Close：关闭。关闭当前工作的文件。

Save：保存。保存当前工作的文件。

Save as：另存为。将当前工作的文件另存为一个新的文件名或新的位置。

Print：打印。单击后右侧出现Print对话框。在Printer（打印机）下拉菜单中可以设置打印机选项以及选择Portrait（纵向打印）和Landscape（横向打印）模式。Print（打印）对话框，Color printing（彩色打印）默认状态为彩色地图打印。用黑白打印机打印时，地图色彩将会以不同灰度来表现。Spot color separations（专色分离）用于地图专色分离打印。

Print map size（打印地图尺寸）命令可以控制地图打印范围。根据需要可以选择打印Entire map（整份地图）、Part of map（部分地图）或One page（单页地图）。如果地图范围超过一张打印纸的尺寸时，可以进行地图的分幅打印，分幅打印在底图处理时经常使用。

Import：导入。导入一个新的地图文件至当前地图，多用于分幅绘制的地图的合成。可以导入的文件格式有*.ocd、*.ai、*.pdf、*.dxf、*.emf、*.osm、*.shp、*.rcw、*.svg、*.wmf、*.xyz等。也可将单独设计的指北标志、图例或Logo等导入当前地图。

Export：导出。以其他文件格式输出整张地图，可以输出“*.bmp、*.dxf、*.eps、*.gif、*.gpx、*.jepg、*.kml、*.kmz、*.pdf、*.svg、*.tiff”等格式。

Exit：退出。退出OCAD，也可以使用标题栏的关闭按钮退出OCAD软件。

2. View（视图）菜单栏

Normal Mode：普通模式。一般在OCAD绘图时都默认使用此模式。

Spot Color Mode：专色模式。

Draft mode：草稿模式。使地图的颜色变淡，避免描绘时因面状物遮挡，而导致明显地形点遗漏。

Draft mode（Only Background Map Favorites）：草稿模式。

Hatch areas：填充区域。将面状符号绘制的对象晕线化。晕线化面状对象后，可以看到面状对象下面的底图和面状对象之间的重叠部分。

Anti-aliasing：抗锯齿。可以对对象的边缘进行平滑处理。

Redraw：刷新屏幕（重新描绘）。快捷键 F5。

Pan：平移。移动屏幕显示范围，选择该工具后（快捷键 F6），鼠标光标会变成一个抓手的形状，按住左键拖至适合的位置。

Move to：移动到（至）。移动到屏幕的具体位置。

Zoom in：放大。缩小显示范围，将显示的内容放大。

Zoom out：缩小。放大显示范围，将显示的内容缩小。

Show Entire map：显示整张地图（显示地图全图），显示完整的绘图区。

Zoom：缩放。根据需要，一次缩放不同的倍数，最大放大倍数为 32 倍。

User defined zoom（10×）：自定义缩放，指定缩放范围，放大倍数为 10 倍。

Show Screen Grid：全图。显示屏幕网格。

Show Rulers：（显示尺）显示标尺。

Ruler Guides：标尺参考线。

3. Object（对象/目标）菜单栏

Cut：剪切。

Copy：复制。

Paste：粘贴已剪切或复制的对象。

Delete：删除所选对象。

Rotate Object：旋转对象。

Cut Object：剪切对象。

Crop Objects：裁切对象。

Move Parallel：平行移动。

Move Parallel With Distance：平行移动的距离。

Reshape：改造（重塑）。

Duplicate：重复（复制）。

Move and Duplicate：移动和复制。

Mirror and Duplicate：镜像和复制。

Fill, Make Border, Duplicate Identically：填充、加边线、复制独立（完全复制）。

Reverse Object Direction：反向目标方向。

Change to Polyline：更改为多线段。

Change to Bezier Curve：更改为贝塞尔曲线。

Convert into Graphic Object：转换为图形对象/目标。

Convert into Layout Object：转换为布局对象/目标。

Smooth：平滑。

Change Vertex Types to：改变顶点类型，可以转变为一般顶点、转角顶点、破折号顶点。

Change Symbol（Selected Objects）：更改符号/标志（选定对象）。

Change Symbol（All Objects with Corresponding Symbol）：更改符号/标志。

Find and Replace Text：查找和替换文本。

Measure：测量。

Object Information：对象/目标信息。

4. Symbol（符号）菜单栏

New：新建。创建一种新符号，在弹出的对话框中根据需要设置点符号、线符号、面状符号、文本符号、线形文本符号、矩形符号，并设置其属性。

Edit：编辑。编辑所有的符号。

Icon：图标。编辑符号在符号栏内的显示图标。

Enlarge/Reduce：放大/缩小。放大或缩小所选的符号或所有符号。

Copy：复制。复制符号到剪贴板。

Paste：粘贴。将复制到剪贴板的符号粘贴到当前地图的符号集里。

Delete：删除。删除所选符号。

Duplicate：重复（复制）。复制所选符号到当前符号栏。复制的符号在符号栏的位置紧跟原符号，与原符号的唯一区别是符号的号码不一样。用此方法可以新建一个与已有符号类似的符号，稍微进行编辑处理即可。

Replace：替换。

Normal：正常（标准）。使被保护或隐藏的符号恢复到原始状态。

Protect：保护。可以使所选符号绘制的对象不能被修改或移动，被保护符号的图标用一条灰色的对角线进行标记。

5. Map（地图）菜单栏

Set Scale and Coordinate System：设置地图比例尺及坐标系统（设置比例和坐标系）。

Change Scale：规模的改变（更改刻度）。改变地图比例尺，并根据新的比例尺改变地图大小。在单击命令后弹出 Change scale（更改刻度）对话框，Actual scale 栏中的比例尺是当前比例尺，该数值不能修改，要想改变该数值，要使用 Map 菜单栏下的 Set Scale and Coordinate System（设置比例和坐标系）进行修改，但该命令并不能改变地图的大小，只是改变了地图比例尺数值的大小。

在 Change scale（更改刻度）对话框中的 New scale（新建刻度）栏中输入新的（需要的）比例尺，将 Enlarge/Reduce symbols（放大/缩小符号）复选框内打“√”，所有符号的尺寸都会随着比例尺的改变而改变；如取消“√”，则地图大小改变，符号尺寸不改变。

Create Map Grid：创建地图网格。

Colors：颜色。创建、添加颜色，可以根据需要设置需要的颜色。颜色具有等级之分。

6. Background Map（背景图）菜单栏

Scan：扫描。扫描底图，在确保扫描仪安装正常工作的前提下，单击 Acquire（获取）命令扫描底图。扫描分辨率设置在 200dpi 以上，保存为“ *. bmp”格式文件为宜。

Open：打开。打开底图，在弹出的 Background map（背景图）对话框的 Draft scale（草图比例尺）栏输入野外修测的地图比例尺。

Adjust：调整。调整底图，单击该命令可以调整底图，使之与屏幕网格线或与先前绘制的地图进行精确套合。

Hide All：全部隐藏。隐藏底图。

Manage：管理。当作图区已打开多张底图时，可以在选项对话框中选择性地打开、关闭或者删除某张或全部底图，同时也可以根据需要设定底图的特性。

7. Options（选项）菜单栏

OCAD Preferences：OCAD 首选项。按照个人爱好设置 OCAD 的参数，便于更熟练地操作。

Shortcuts：快捷键。定义或改变命令的快捷键。

Backup and Restore the OCAD Options：备份和恢复 OCAD 选项。

Language：语言。软件显示的语言。

（三）工具栏

OCAD11.0 软件的工具栏是菜单栏部分功能的“外化”，直观地标示出各图标的功能，可以方便、快捷地进行基本的操作。工具栏可以在图形用户界面中根据自己的需要以及习惯进行移动、换位。按钮可以单独显示或隐藏，可以在选项菜单中找到 OCAD 首选项的图形用户界面类别，也可以单击每个工具栏末端的下拉箭头进行调整。

下面主要介绍 Standard Toolbar（标准工具栏）、Edit Functions Toolbar（编辑工具栏）、View Toolbar（视图工具栏）、Edit and Drawing Toolbar（编辑与绘图工具栏）四个工具栏，主要介绍菜单栏里没有的工具。

1. Standard Toolbar（标准工具栏）

文件操作工具包括新建文件、打开文件、保存文件和打印文件等按钮（图 9-2）。

图 9-2　标准按钮

2. Edit Functions Toolbar（编辑工具栏）

对选中的对象进行编辑的工具。此工具栏部分按钮的功能详见 Object（对象）菜单栏（图 9-3）。

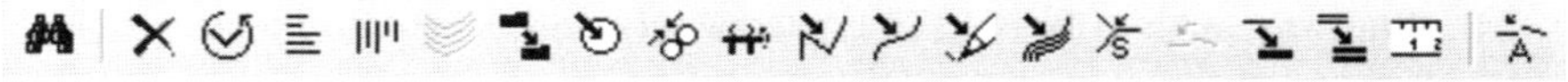

图 9-3　编辑按钮

Horizontal Coordinate（垂直对齐）：在垂直坐标上对齐对象。

Vertical Coordinate（水平对齐）：在水平坐标上对齐对象。

Interpolate Objects（内插对象）：在相同对象之间等距离插入相同（点或线）对象。

Merge（合并）：合并多个线、区域和文本对象。

3. View Toolbar（视图工具栏）

视图工具栏包括各种视图工具（图 9-4）。

图 9-4　视图按钮

Pan Locked（平移锁定）：通过拖动，可以连续多次重新定位地图范围，按 Esc 键终止。

Zoom in Locked（放大锁定）：可单击放大或拖动放大，最大放大倍数为 32 倍。

Zoom out to previous view（缩小到前一个视图）：返回到最后一个较小的地图部分。

4. Edit and Drawing Toolbar（编辑与绘图工具栏）

进行编辑时，必须根据要求为编辑对象选定编辑模式，然后再进行编辑（图 9-5）。

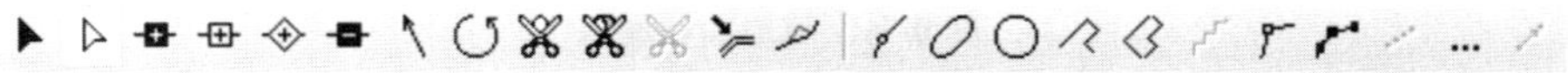

图 9-5　编辑与绘图模式按钮

Select and Edit Object（选择和编辑对象）：选定对象或移动整个对象，或整体缩放对象。

Select Object and Edit Vertes（选择对象和编辑顶点）：选定对象或移动对象上的特征点。当对象选定后，对象上将出现多个特征点，操作特征点可改变对象形状。

绘制对象时必须选择一个符号和一种绘图模式。绘图模式的选择应根据所绘制的对象的形状、符号性质及制图员的个人喜好和熟练程度来决定，包括 Curve mode（曲线模式）、Ellipse mode（椭圆模式）、Circle mode（圆模式）、Rectangular line mode（矩形线模式）、Rectangular mode（矩形模式）、Straight mode（直线模式）、Freehand mode（手绘模式）、Stairway mode（阶梯模式）、Drawing multiple point objects（绘制多个点对象）九种绘图模式。

第二节　常用工具的使用方法和技巧

一、绘图模式工具

（一）Curve mode（曲线模式）

曲线绘图模式是定向运动制图中使用最多的工具，等高线、地性线、道路、河流、面状物等基本上都是在曲线模式下绘制的。

1. 简单曲线的画法

进行描图时，从线段的起点开始画切线并向外延长（图 9-6A），第二笔落在线段的曲率对称点上并沿切线方向向外延长（图 9-6B），在描图过程中，如产生偏移，可以通过手柄（控制点和控制线的统称）的长度和方向或移动顶点进行微调，第三笔同样落在曲率对称点上并向外延长（图 9-6C），在绘图工作区任意位置单击，曲线将以适当的形式出现（图 9-6D）。

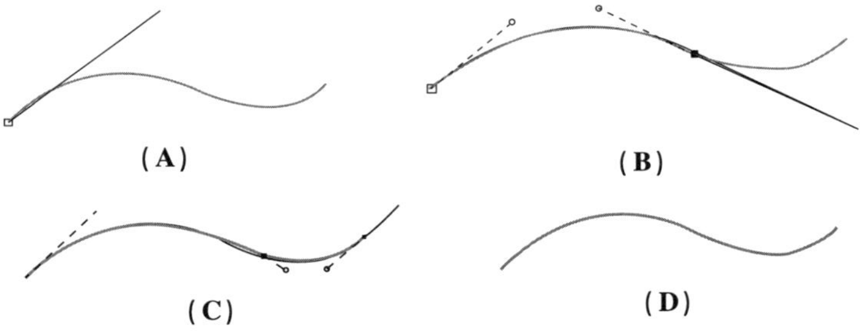

图 9-6　简单曲线画法

2. 复杂曲线（等高线）的画法

描绘等高线时，多利用半径变化处切入并向外延长的方法进行描绘。描绘时，先找准方向与位置再单击。等高线比较复杂时，控制点可以稍微增加，在表示山谷深度时，可以在山谷谷底增加一个控制点。如果切线不合适，可以按键盘回删键（backspace），删除最后一条切线后重新进行描绘。当等高线出现突兀的拐角时，可以增添一个 Corner Vertex（转角顶点），使用控制柄改变单侧等高线状态。绘制等高线时，可以通过调整控制柄使等高线与底图一致，不要等到等高线全部完成后再进行调整。当描绘等高线出现中断时，可以按 Shift 键，在中断的等高线的最后一个节点位置开始续画，使新绘的等高线与中断的等高线连接，以保证等高线的整体性（图 9-7）。

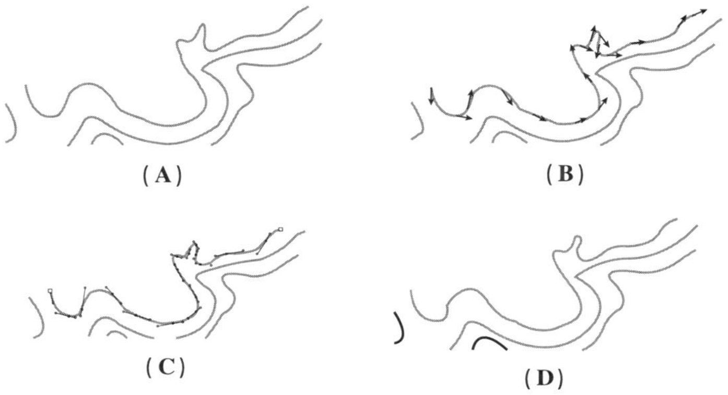

图 9-7 简单曲线画法

（二）Ellipse mode（椭圆模式）

椭圆模式多用于简单描绘等高线的细部特征。在椭圆模式下描绘时，按住并拖曳鼠标绘制椭圆的长轴，再绘制椭圆的短轴，当与底稿一致时，松开鼠标左键即可。

（三）Circle mode（圆模式）

（1）按住并拖动鼠标按照方向绘制需要的圆。在运用此方法时，注意绘制的起始点应与其他线段结合（图 9-8），避免断点出现在不该出现的位置（图 9-9），因剪切导致线段中断。

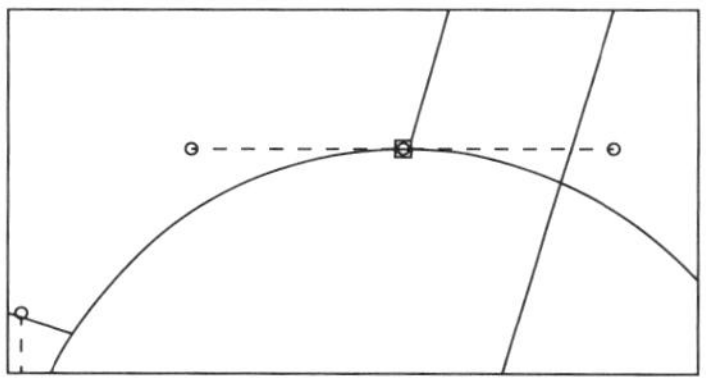

图 9-8 正确的起始点

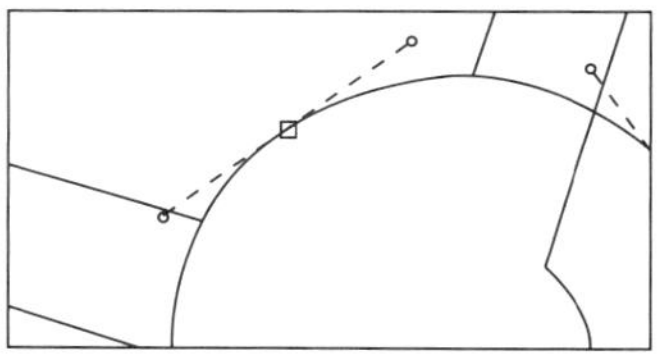

图 9-9 错误的起始点

（2）按 Shift 键，从圆心开始向外拖动鼠标画圆。此方法的缺点是无法准确地判定圆心位置，导致绘制图形与底稿不能完全一致，需要进行校正。

（3）选择符号和圆模式后单击，在弹出的 Draw Circle（绘制圆）对话框的 Real world coordinates（现实世界中的坐标半径）中输入实际距离的半径所得到的圆。这种方法多用于具有准确数据的情况下，如铁饼场地直径为 2.5m，输入现实世界中的坐标半径 1.25m 即可获得准确的圆，然后将圆拖至底图相应的位置即可。

（四）Rectangular line mode（矩形线模式）

绘制两个以上直角的直线模式。此方法一般在绘制建筑物的时候使用，绘制时，选取建筑物最长的边开始绘制，因矩形是按照直角进行转折，因此第一条线的准确性非常关键，出现任何偏差都会对后续的线段造成影响。

（五）Rectangular mode（矩形模式）

矩形模式用于绘制矩形或由多个直角组成的多边形，经常用于绘制建筑物，用法与矩形线模式基本一致。

（六）Straight mode（直线模式）

1. 画折线

折线由多条直线组成，画折线就是画多条连续的折线。在绘制水平直线或垂直线时，可以按住键盘的 Alt 键或 Shift+Alt 组合键进行绘制。

2. 直线和曲线结合

按住 Shift 键，在曲线的最后一个节点位置开始用直线模式续画，使新绘的直线与曲线连接（图 9-10）。

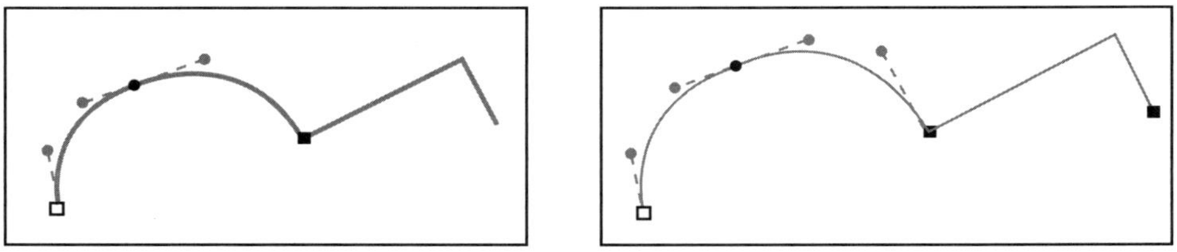

（A）　　（B）

图 9-10　直线与曲线的连接

（七）Stairway mode（阶梯模式）

顾名思义，阶梯模式一般用于绘制台阶、楼梯时使用。选取符号，单击阶梯模式，按住 Alt 键或 Shift+Alt 组合键不动，单击并拖曳鼠标绘制出楼梯的长度后松开鼠标，再单击并拖曳鼠标绘制出楼梯的宽度，最后按住鼠标向上拖曳出楼梯的台阶数，即完成台阶的绘制。

（八）Freehand mode（手绘模式）

手绘模式绘制的对象由一般点和点间的直线构成。

（1）单击，拖曳鼠标进行手绘模式，这种模式的缺点是线条的平滑度较差。

（2）按住鼠标左键不放，拖曳可以绘制出直线。

（3）配合 Change to Bezier Curve（更改为贝塞尔曲线）使用，利用手绘模式绘制出直线后，单击工具栏更改为贝塞尔曲线按钮，可将绘制的直线更改为曲线。

（九）Drawing multiple point objects（绘制多个点对象）

该功能可以用于较规则的点状物的绘制，如道路旁边的树、路灯等。

（1）在符号栏选择树的符号（417），选择绘制多个点对象工具。

（2）在绘图区单击并按住拖曳，松开鼠标后在弹出的对话框的 number of objects（对象数）中输入点状物的数量，确定后即可。

二、编辑模式工具

除了前文介绍的编辑对象和编辑点两个工具，OCAD11.0 编辑模式还有 11 种修整工具。

（1） Normal Vertex（一般顶点）：在对象上插入基本点或将其他点转换为基本点。

（2） Corner Vertex（转角顶点）：添加一个角顶点，可以进行整体调整，也可以进行单侧调整，或将其他点转换为角点（图 9-11）。

（A）　　（B）

图 9-11　添加转角顶点及调整单侧控制柄

绘图时，当两条路出现虚部交会时（图 9-12），使用编辑点功能激活横向道路符号，选择转角顶点工具，在道路交会处单击一下，即调整到图 9-12B 的状态。

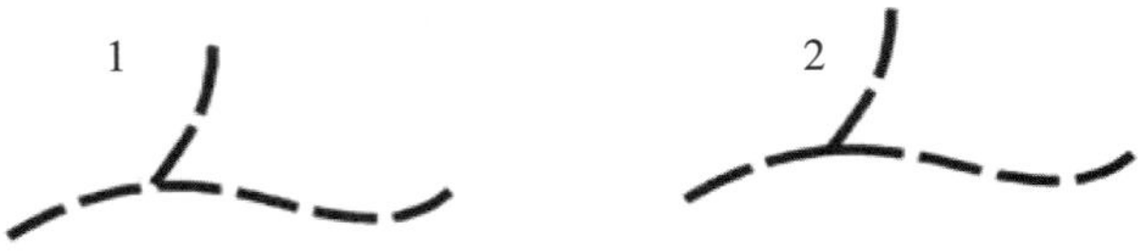

(A)　　　　(B)

图 9-12　转角顶点调整道路交会处的结构

（3）Dash Vertex（虚点）：在对象上插入虚点或将其他点转换为虚点（图 9-13）。

如果不希望两条路的交会处出现两个相连的实部，可以使用虚点工具代替转角顶点。

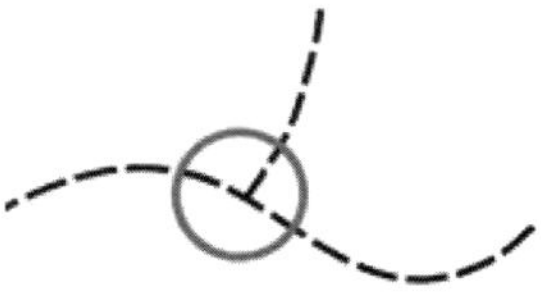

图 9-13　虚点效果

（4）Remove Vertex（删除顶点）：在编辑对象上删除一个点。

（5）Indicate Direction of area pattern（指示图案、点、文本对象方向）：通过其更改面状物、点对象和文本对象的方向。

（6）Rotate object（旋转对象）：旋转所选对象。

（7）Cut Hole（切割孔）：在选定的区域对象上切割一个孔。此方法主要用于面状物的镂空，如植被。首先使用编辑点功能选定并激活需要镂空的对象，选择绘图模式，选择剪切孔工具，在面状地物上根据底图的植被形态进行镂空，单击后镂空完成。

（8）Cut Area（切割区域）：切割选定的区域对象。

（9）Cut（切割线）：切割所选的线对象或所选的双线或区域的边界线。

①点切割：选择绘图模式，选择切割线工具，在需要剪断的线状特征上单击将线状特征剪断，选择不需要的部分后删除。

②拖动切割：选择直线绘图模式，选择切割线工具，单击切割线状特征的起始端并按住不放，拖曳鼠标至末端，松开鼠标即切割完成（图 9-14）。

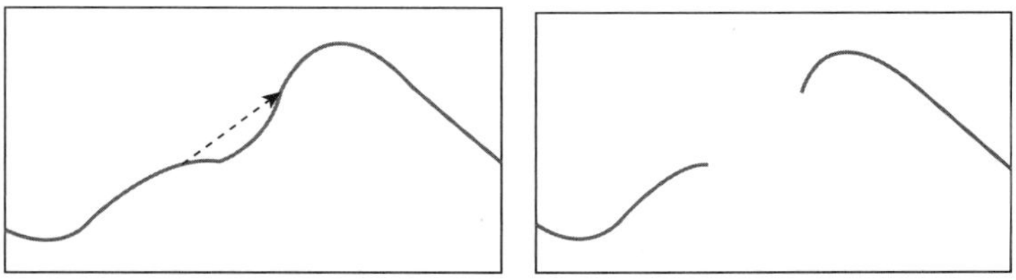

(A)　　　　(B)

图 9-14　拖动切割

③虚拟切割：为保证等高线的连贯性以及移动的整体性，可以对等高线进行虚拟切割。选择直线绘图模式，选择切割线工具，按住 Ctrl 键的同时使用拖动切割的形式

进行等高线的切割。切割后，等高线看似断开，实则相连（图 9-15）。

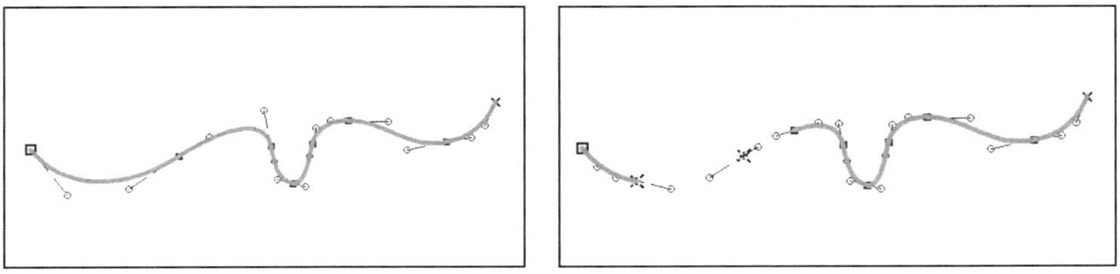

（A）　　（B）

图 9-15　虚拟切割

（10）Move parallel（平行移动）：将选定的线或区域对象平行于原始对象移动。此种方法也可以用于“U”形台阶的绘制或田径场跑道的绘制等。

在进行平行移动时，先选择需要进行平行移动的线，单击工具栏 Fill or make border（填充或制作边框），然后单击工具栏 Move parallel（平行移动），使用鼠标点按线条上的空心矩形进行拖动，即完成平行移动（图 9-16）。

（A）　　（B）

图 9-16　平行移动

（11）Reshape（重塑）：重新或以不同的方式塑造某物。

当等高线出现较长线段错误时，重新绘制或进行控制点的调整费时费力，可以使用 Reshape 对部分等高线进行修改。使用编辑点工具激活需要修改的等高线，选择符号栏的等高线符号，单击工具栏重塑工具，从拟重塑路径的一端开始绘制至另一端即完成重塑（图 9-17）。

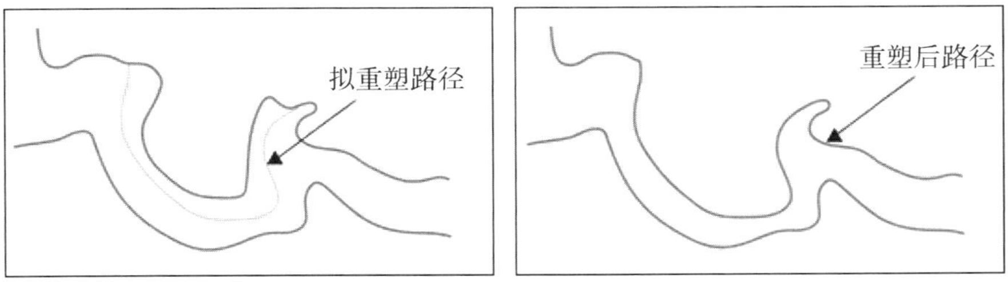

（A）　　（B）

图 9-17　重塑

第三节　OCAD 软件线路设计

定向运动线路是定向地图的重要组成部分，OCAD 线路设计是定向地图最重要的技术环节，本节以个人赛路线设计为例介绍定向运动路线设计的方法和步骤。

一、创建路线文件

路线设计是一个特殊的 OCAD 文件。与地图文件一样，它的扩展名是 .cad，但它有一个特殊的内部标记，以标识它是一个路线设计文件，要创建路线设计，必须创建一个新的地图文件。

（1）启动 OCAD11.0 软件后，单击 File（文件）菜单，打开 New（新建）（或工具栏中单击□工具），在弹出的 New map（新建地图）的 Map type（地图类型）选项中，选择 Course setting for orienteering（设置定向路线）选项。

（2）在对话框 Load symbol set form（加载符号集形式）中选取相应比例尺的线路设计符号集。

（3）单击 OK 按钮，进入 OCAD11.0 软件线路设计工作界面。

二、OCAD11.0 线路设计工作界面

OCAD11.0 线路设计工作界面由标题栏、菜单栏、工具栏、绘图区、符号栏和状态栏组成（图 9-18）。

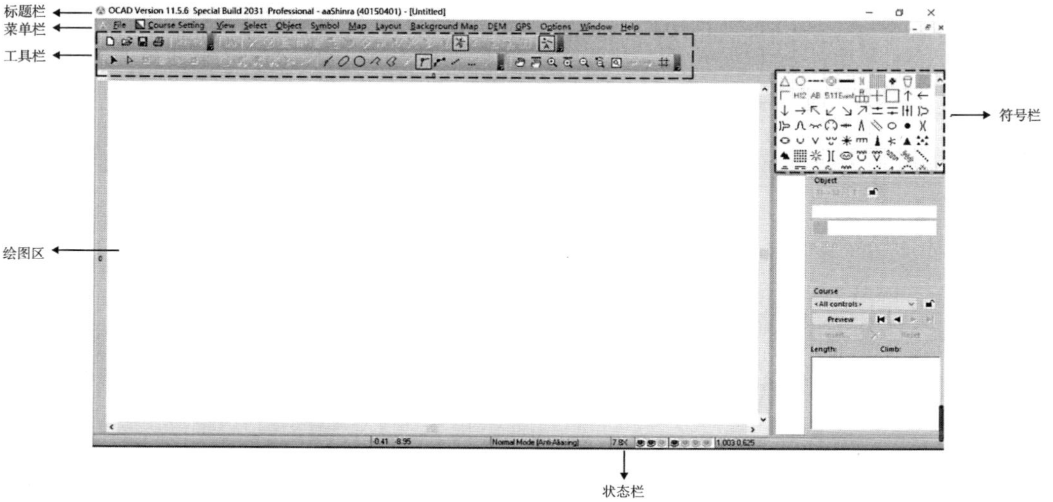

图 9-18　线路设计工作界面

（一）菜单栏

OCAD11.0 共有 14 个菜单栏，下面主要介绍与线路设计密切相关的 File（文件）、Course setting（路线设置）、Background Map（背景图）3 个菜单的部分功能。

1. File（文件）

文件菜单可以完成对路线的导出和打印工作，Print（打印）工具用于直接打印带有路线的地图。Export（导出）工具可以导出 BMP、GIF、GPX、JPEG、KML、KMZ 等不同格式地图。

2. Course setting（路线设置）

路线设置菜单中主要介绍 Courses（路线）、Export（导出）、Options（选项）、Course Statistic and Event Statistic（路线统计与活动统计）4 个子菜单。

（1）Courses（路线）：用于设置比赛线路，内容包括路线名称、路线长度、爬高量等。

（2）Export（导出）：Classes Version 8（Text）（导出版本）用于导出 TEXT 格式的线路信息，便于在成统软件上录入各组别线路；Export Course Maps（导出路线地图）用于导出带有线路的地图，可以直接用于打印，也可以对该地图的线路信息进行微调。

（3）Options（选项）对话框中，可以设置赛事名称、检查点代号或编码、连线与检查点的距离、检查点说明表长度、尺寸和背景等。

（4）Course Statistic and Event Statistic（路线统计与活动统计）主要用于统计检查点的使用频率，如统计一个检查点在线路中的使用次数、将有多少运动员会通过该检查点等。

3. Background Map（背景图）

完成与底图相关的设置。Open（打开）用于导入底图，底图可以是 BMP、JEPG 或 OCAD 等格式；Adjust（调整）用于调整底图；Hide All（全部隐藏）用于隐藏底图；Manage（管理）可以对底图的透明度进行设置。

（二）符号栏

OCAD11.0 软件的线路设计符号栏中有包括检查点说明表在内的所有与线路设计相关的符号集。右击后可对符号栏中的符号进行新建、编辑、放大或缩小、复制、保护等各种操作。

符号栏带有一个包含 Object（对象）和 Courses（路线）的线路设计对话框，可以实现 OCAD11.0 软件线路设计的辅助功能。

三、使用 OCAD11.0 软件设计线路的步骤

（一）创建一个新的线路设计项目

（1）从 File（文件）菜单中打开 New（新建），在弹出的 Map type（地图类型）对话框中，选择 Course setting for orienteering（设置定向路线）选项。

（2）在对话框 Load symbol set form（加载符号集形式）中选取符号集。

（3）单击 Map（地图）菜单中的 Set Scale and Coordinate System（设置比例和坐标系）选项，将地图比例设置为正确的值，因为最终地图线路长度的计算取决于地图比例，同时比例尺也会影响地图的精度以及清晰度。

（4）在 Background Map（背景图）菜单栏中单击 Open（打开）命令，以打开地图文件作为背景地图。导入的地图格式可以是 BMP、JPEG 等格式，也可以是 OCAD 格式。

在弹出的对话框中输入分辨率、草图比例尺、磁偏角、成图比例尺等信息。导入背景图后可以单击工具浏览全图。

（二）添加线路设计对象

OCAD 窗口右侧的路线设置框为添加的路线设计提供了编辑选项（图 9-19）。

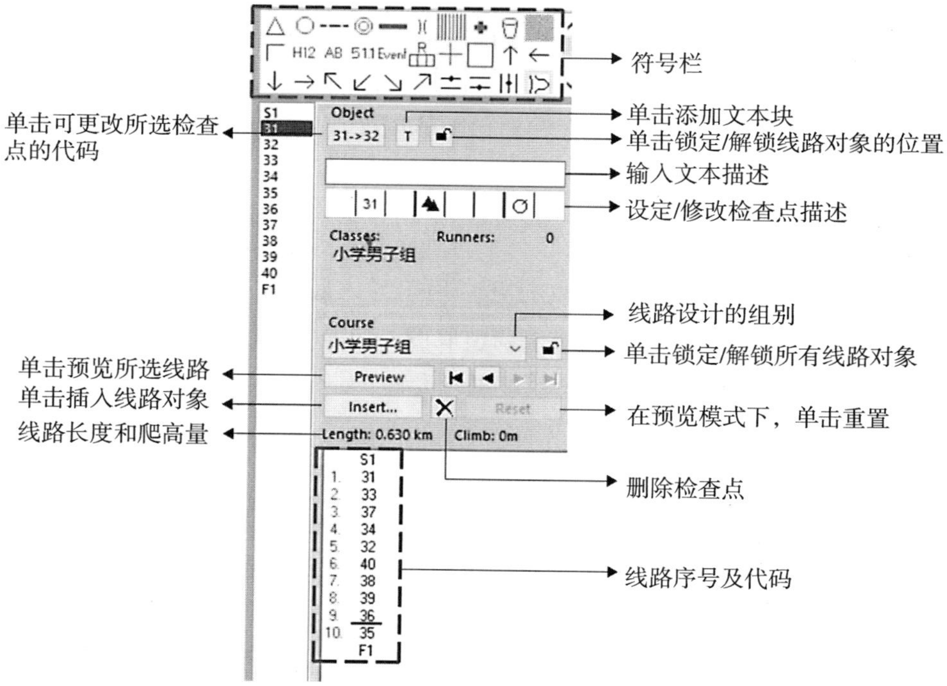

图 9-19　路线设计框功能

（三）添加起点、检查点和终点

线路设置框在 OCAD 窗口右侧，线路设置框提供大量的功能和选项。单击起点（检查点、终点）符号后，使用任意一种绘图模式，在地图上确定好起点和终点位置。设置检查点时需要对检查点进行详细说明，在弹出的 Course Object 对话框中设置检查点序号，序号默认从 31 号开始，确认后，在右侧的路线设置框内按照国际定联制订的规范对检查点进行详细的说明。可以根据检查点的实际情况，通过单击 8 个方框中的相应位置对检查点符号进行编辑和描述，OCAD 为菜单中对应的字段提供了一些相应的符号。若要从方框内删除符号，则单击该方框内的空白字段即可。

（四）设置一条标记线路

检查点设置完毕后，根据赛事及活动的需要进行线路的设计。单击 Course Setting（设置路线）菜单中的 Courses（线路）命令，在弹出的对话框中设置组别。

组别设定后，在右侧的线路设置框内 Course（线路）命令下选择设定的组别进行线路的设计。

按照组别以及线路需要依次设置起点、检查点、必经线路、终点。

方法一：双击线路设置框左侧的线路编码，线路编码会依次出现在下面的线路对话框中。

方法二：单击 Preview（预览），在预览状态下，场地上所有的检查点都处于可视化状态。设计线路时，双击需要设置的检查点，即可完成线路设置。

在地图的留白处添加检查点说明表控制符号⌈，单击预览后即可显示检查点说明表的位置、详细内容及大小等（图 9-20）。检查点说明表可以根据地图布局进行调整。

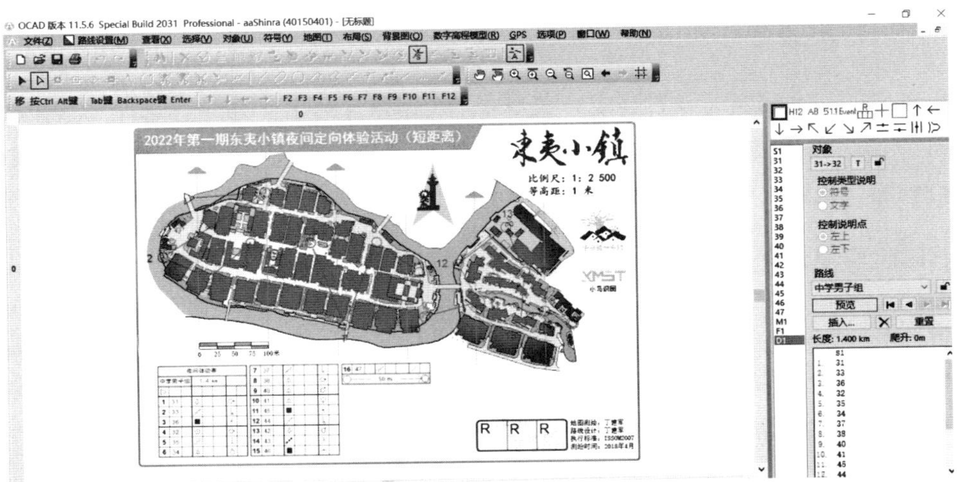

图 9-20　检查点说明表设置效果

(五) 线路信息完善

单击 Course Setting（设置路线）菜单中的 options（选项）命令，在弹出的对话框中对检查点进行设置（图 9-21）。

（1）添加赛事或活动名称。名称确定后，打开符号栏文本符号 T10（17.003），可以根据自己的喜好进行字体的设置。

（2）设置检查点的序号及编码显示类型。例如，百米定向的检查点设置，应同时显示检查点序号和编码，以减少运动员在竞速过程中频繁对照检查点序号导致动作不连贯等。

（3）设置检查点与连线的距离。

（4）根据定向地图的篇幅、走向及地图留白区域，对检查点的行数、尺寸以及背景颜色进行设置，使之符合地图篇幅以及审美的需求。

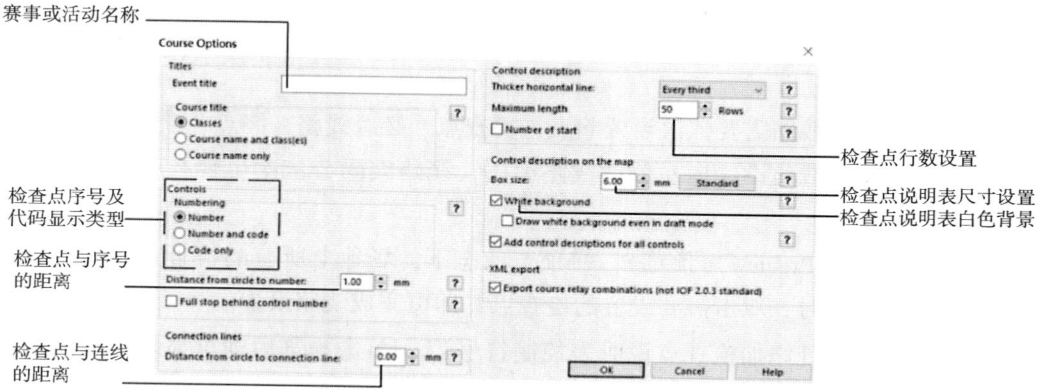

图 9-21　设置路线功能介绍

(六) 导出线路

单击 Course Setting（设置路线）菜单中的 Export（导出）命令，选择 Export Course Maps（导出路线地图）选项，导出 OCAD 版本的路线，使用 OCAD 软件可以对线路信息进行修饰，也可以处理团队赛、积分赛的线路信息。

(七) 导出地图

单击 File（文件）菜单栏中的 Export（导出）命令，在右侧的 Export（导出）对话框中设定导出的地图格式及分辨率等信息后，导出即可。

课后练习与思考题

1. OCAD11.0 软件的特点是什么？

2. OCAD11.0 软件的工作界面包括哪几个内容?

3. 创建一个地图文件，在绘图区使用圆工具和椭圆工具绘制不同的面状物，然后用其练习切割孔、切割区域的练习。

4. 要熟练掌握编辑点工具和编辑对象工具的功能和实际运用方法。

5. 使用 OCAD11.0 软件练习 A 图不同曲率曲线的画法。

6. 创建地图文件，尝试 B 图简易等高线的描绘练习。

A 图

B 图

CHAPER 10 第十章

定向地图制作

内容导读

定向地图制作是制约定向运动发展的主要瓶颈。定向地图制作是一项专业性很强的技术，制图员必须掌握地图学、测绘学、地形学、OCAD 软件操作、国际定联与国家行业主管部门颁布的技术规范、相关法规等基本知识。通过本章的学习，可掌握野外测绘的方法、手段，了解定向地图制作的全过程，掌握简易定向地图制作的流程和方法。

定向地图制作是制图员通过实地勘测和应用专业的定向运动制图软件 OCAD 进行数字化处理，并通过制图综合等方法绘制的。定向地图制作涉及较深的测绘学和定向运动的专业理论和技术，野外勘测是定向地图绘制的技术核心。

第一节 定向地图基本要求

一、定向地图内容

（一）数学要素

定向地图的数学要素包括地图投影、坐标系和比例尺等。

1. 地图投影和坐标系

利用已有地图资料进行修测的定向地图采用与底图一致的坐标系和地图投影，新测定向地图采用 2000 国家大地坐标系和高斯-克吕格投影，定向地图符号采用磁北方向定向。

2. 地图比例尺

定向地图比例尺依据定向运动不同类型和项目确定，同一幅定向地图应采用同一比例尺（表 10-1）。

表 10-1　徒步定向运动地图常用比例尺

比赛项目	比例尺			
长距离定向		1:15 000	1:10 000	
中距离定向	1:15 000	1:10 000	1:7 500	1:5 000
短距离定向	1:5 000	1:4 000	1:3 000	1:2 000
超短距离定向	1:1 500	1:1 000	1:750	1:500
接力定向	1:15 000	1:10 000	1:7 500	1:5 000

（二）地理要素

定向地图应显示具有定位与导向作用的地貌、水系、道路、架空线路、独立地物、建筑物、植被类型和界限、地形通视通行程度等地理要素。

（三）专用要素

定向地图应表示磁北线、禁区、通过点、定向运动线路、检查点、检查点说明表以及其他有关说明等。

（四）整饰要素

定向地图整饰要素包括图名、比例尺、等高距、地图修测信息、地图编号、地点说明、图例、活动或赞助商 Logo 及赛事活动的有关说明等。

二、定向地图的精度

（一）平面位置精度

定向地图上，地形特征点的位置误差应小于 0.5mm，相邻地形特征点之间的图上距离偏差应小于 5%，定向地图磁北线测量的误差应控制在 1°以内。

（二）等高距精度

定向地图的基本等高距一般为 5m，相对平坦的地形可以用 2m、2.5m 的等高距，较陡的地形可以采用 10m 的等高距。同一幅定向地图应采用同一等高距，微地貌可以使用间曲线符号表示。特殊情况下，需选用规定以外的等高距时，为了便于判读，应设置为整数（表 10-2）。

表 10-2　各种地貌不同比例尺定向运动地图基本等高距

比例尺	地貌类型			
	平地	丘陵地	山地	高山地
1∶500 至 1∶3 000	1m	2m 或 2. 5m	2. 5m 或 5m	5m
1∶4 000 至 1∶5 000	2m	2. 5m 或 5m	5m	5m
1∶7 500 至 1∶10 000	2m 或 2. 5m	5m	5m	5m 或 10m
1∶1 5 000 至 1∶20 000	2m 或 2. 5m	5m	5m 或 10m	10m

三、图幅规格及纸张要求

定向地图的幅面一般为 A4 纸尺寸（210mm×297mm），为了满足老年人、儿童及小比例地图赛事的需求，最大幅面不宜超过 A3 纸尺寸（297mm×420mm）。印制定向地图宜采用防水性好、柔韧度高的 $80g/m^2$ 以上的纸张。

四、定向地图的质量

定向地图质量主要体现在地图的准确性、完整性、现势性、清晰度和用图需要等方面的综合优劣程度。

五、保密要求

定向地图不标注坐标系名称或坐标数据，图面上一般不加注文字或数字注记。制图时应按照国家有关保密性规定对定向地图进行技术处理。

第二节　制图综合理论

制图综合是指在编制地图过程中，根据绘图的目的，对绘图资料和制图对象进行选取和概括，用于反映制图对象的基本特征和典型特点及其内在联系的方法。它是制图过程的一个重要环节，成图质量的好坏及其科学价值和使用价值，主要取决于这一步骤。在保证定向地图特征的基础上对绘制的特征物进行精挑细选，舍弃一些无关紧要的细部特征，使之更加符合比赛的需要。

制图对象形状的概括，是按照一定的综合标准，通过“取舍、合并、位移、夸大、概括”等综合手法实现对图形的简化。在实施过程中，不能单一考虑某一因素，必须全面考虑它们之间相互联系和相互制约的关系。此外，在综合各个要素时，还必须分别注意其分布密度、面积对比等，使图上内容及其表达程度能够合理而正确地反映客观实际。

制图综合按其在编图中的目的和要求，从对制图物体的大小、重要程度、表示方法和读图效果的角度分为比例综合、目的综合和感受综合三种。比例综合是指因地图比例尺缩小而无法表达图形轮廓时，需要进行选取和概括的一种综合手段。目的综合是指事物的重要程度并不完全决定图形大小和简单的比例关系，而是以编图目的和事物本身的重要性及制图员对其认识为依据的综合方法。感受综合是指制图员进行制图综合时，不能只从制图员的角度出发，还要考虑运动员使用地图时的感受。

制图综合的程度受三种基本因素的影响：一是地图的用途，主要决定地图应表示和着重表示哪些方面的内容；二是地图比例尺，主要决定地图内容表示的详细程度；三是制图区域的地理特点，即应客观地显示场地地形的地理性特点。在这三种因素的影响下，制图综合的实质，就是以科学的抽象形式，通过选取和概括的手段，从大量制图对象中选出较大的或重要的，舍去次要的或非本质的地物和现象；去掉轮廓形状的碎部，代之以总的形体特征；缩减分类分级数量，减少制图物体间的差别，并用正确的图形反映制图对象的类型特征和典型特点。

（一）取舍

取舍程度主要取决于比例尺大小。制图时，首先应根据比赛的目的确定地物的最小尺寸，并在整个制图过程中高度保持取舍标准的一致性，同时也要对选取内容的重要性和指示性进行充分考虑。必要时，也可以选取具有明显定位和导航意义的且低于最小尺寸标准的特征物。当现地特征物较多时，要注意这些细小特征物的排列走向，那些具有定位意义的点状及线状地物不能被位移，尽可能地保持几何相似性及面积对比关系。

（二）合并

随着比例尺缩小，同类特征间的间距缩小到无法清晰区分时，可以采用合并的方法着重体现特征的主要方面。

（三）位移

（1）当两个特征的重要性不同时，次要特征应以重要特征为参照进行位移，保持符号之间正确的拓扑关系。

（2）当两个特征物同等重要时，采用相对位移，使符号保持必要的间距。

（四）夸大

为突出重要的且具有定位、导航意义的特征，对于无法使用比例尺表达的细部或特征间的差异进行夸大。

(五) 概括

为了满足运动员的视觉辨别要求，可以对线状及面状符号进行必要的概括处理，以突出重要的信息。具体操作时，简化普通细小弯曲及碎部，夸大那些细小的弯曲，使运动员能够进行充分感知。

第三节　定向地图制作的前期工作

一、比赛场地的选择

比赛场地地形对定向运动比赛的难易程度具有较大影响，在不同形式、不同项目的定向运动比赛中，读图、路线选择、奔跑等方面都具有明显的区别。应根据赛事需要以及运动员水平选择比赛场地，在场地条件不完善的情况下，应对场地有益因素进行充分挖掘，找到最佳解决方案。

(一) 初级比赛

(1) 校园、公园以及明显特征物较多的低山林地。
(2) 为设置出足够的组别与线路长度，赛区面积应不少于 $1km^2$。
(3) 比例尺为 1:2 000 至 1:10 000，等高距为 2.5m 或 5m。

(二) 中级比赛

(1) 地形多变的校园、公园或明显特征物不多的低山林地。
(2) 为设置出足够的组别与线路长度，赛区面积应不少于 $3km^2$。
(3) 比例尺为 1:5 000 至 1:15 000，等高距为 2.5m 或 5m。

(三) 高级比赛

(1) 比赛场地地形类别丰富多样，尽量不要选择在校园、公园内组织赛事，最适合的地形类别是低缓丘陵中的林区。
(2) 为设置出足够的组别与线路长度，特别是满足接力比赛的需要，赛区面积应不少于 $5km^2$。
(3) 比例尺为 1:15 000 至 1:10 000，等高距为 2.5m 或 5m。

二、底图的选取

定向地图是一种专题地图，以普通地图为基础，只详细展示定向内容，简化其他地理信息或选择相关的内容予以表示。没有定向运动专题地图，就没有真正意义上的定向运动竞赛，因此按照国际定联制定的规范，勘测、绘制定向地图是一项必须提前开展的重要工作。

若没有经过专业的勘测培训或缺少专业器材的辅助，要在地貌起伏、地形多变的山林地中，凭借简单的测量工具很难制作出一张合格的定向地图，更不能满足专业定向赛事的需要。因此，借助具有等高线、比例尺等地理信息的底图，并以此为基础，在野外勘测时将定向运动所需要的内容进行“加绘、改绘”，可达到事半功倍的效果，并大大节约时间成本。

（一）底图的类型

1. 国家基本地形图

国家基本地形图，是根据国家统一颁布的规范、图式和比例尺系列修测或汇编而成。其中 1:10 000 的比例尺地形图已基本覆盖了全国大多数的重要城镇，其等高距符合定向地图等高距的使用需求，且精度较高，适合作为勘测的底图。

优点：相对便宜、获取容易（可以到当地勘测局或土地规划管理局申请购买，购买时需要提供修测区域的经纬度、图名、图幅编号或平面直角坐标值）；具有精确的“骨架”，虽然定期进行更新，但现势性不会有大的改变。

缺点：对植被的表示笼统，不详尽、不准确，不表示林下的特征物，局部等高线的表示过于简化，细节特征表述笼统；地图更新周期长，部分或局部区域的地图信息可能已经过时，不具有定向运动所需要的地物以及特征的表述。

2. 建设规划图

建设规划图包括城市、道路、水利、绿化建设等领域使用的规划或竣工等大比例地形图资料，比例为 1:200 至 1:5 000 不等。

优点：价格便宜，精度很高，有数字地图可供使用，比较适合制作公园、景区等短距离赛、超短距离赛定向地图。

缺点：只在有工程的区域才能使用，部分规划图和实地建设有很大的区别，其现势性取决于建设的情况。并非所有的建设规划图资料都带有等高线，不具有定向运动所需要的地物及其特征，可能还缺少磁北线和磁偏角等定向技术要素。

3. 卫星地图

通过使用 Google Earth、91 卫图助手、行图、奥维互动地图、北斗卫星地图等软件获取所需修测区域地图。卫星地图基本覆盖了我国大部分地区，并定期更新。部分地图软件还设置了“历史图像”，能查看不同飞行日期的现地情况，可以弥补季节、卫星拍摄角度等原因导致的投影、图像模糊以及道路不清等情况。

优点：覆盖区域较大，地图现势性强，可提供近10年的历史图像，空旷、半空旷区域效果更强，可以配合其他软件获取简易的等高线。

缺点：精度有缺陷，因为投影会导致部分地物变形。不同时期的地图会存在差异，林区下的特征物不清或较少。

4. 航拍（无人机）底图

使用无人机可以弥补大比例地图对地形细节表现不足，或因为新建区域卫星地图暂时没有更新而采取的地图获取方式。航拍图应结合谷歌卫星图使用，以卫星图为主、航拍图为辅。

优点：现势性强，地形和地貌客观、准确，卫星图结合航拍图可提高制图效率，方便快速成图，相比步测法能更准确、详细地表示地物特征和方位，植被分界线、边界和范围清晰可见，在卫星地图更新不及时的情况下可以作为底图来源。

缺点：必须购买专业设备以及熟悉器材操作，必须持证上岗，不能“黑飞”。民用无人机飞行高度有一定限制，不能高于120m。受“鱼眼”镜头影响，航拍图片外围区域会发生拉伸和变形，仅中心区域信息有利用价值。所以需要同等高度、多点拍摄，然后进行拼接，耗时较大。

5. 旧定向地图

具有一定年限的定向地图是非常好的底图资料，其准确性、可信度取决于当时的测绘情况，主要包括修测时间、制图员、使用的修测方法等。使用时注意保护原制图员的版权，在底图来源的信息中填写相关信息。

优点：最直接的底图资料，可以节约修测时间成本。

缺点：由于地图质量受制图员的制图水平、制作时间、有无大型基建更新等多重因素的影响，同时制图要求、执行标准、比例尺不同等因素导致地图的准确性未知。

综合以上的底图种类，我们应根据比赛区域当地的实际情况以及制图员所具有的实际条件，尽可能选择一种或几种类型的底图，组合使用来获取需要的底图，只有我们获得了那些真正具有几何学基础、以实测数据制作的底图品种，勘测出的定向地图才会符合制图规范的标准，才能满足定向运动赛事的需要。

（二）底图的获取途径

为市级以上定向运动赛事测绘定向地图时，如需使用国家基本地形图、工程规划图、数字地图的纸版或数据文件，持有该单位的介绍信前往本地修测、国土资源、规划、园林、水利、城建、地质等地图供应部门购买并办理相关手续即可。在为学校定向课程申请底图时，可以根据学校的《军事理论》课程识图用图教学需要，向当地的国土资源局进行地图的申请与购买，购买时需要提供经纬度（地图范围）、平面直角坐标、图名、图幅编号、保密协议等，以便供图单位快速、准确地检索。

对于举办过定向运动赛事，且有旧的定向地图的场地，可以联系赛事的主办单位或制图员，协商借阅定向赛事地图，并在制图信息中标明底图来源。

三、野外勘测准备工作

野外勘测就是在底图上依照制图规范的标准和要求，在现地中进行测绘，加绘、改绘出适合定向运动的地图细节，为后期电脑绘制奠定坚实的基础。

OCAD 绘制定向地图时的主要参照资料就是野外勘测成型的底图，底图勘测的质量直接关系到电脑成图的质量以及赛事质量，因此野外勘测是绘制定向地图的关键环节。

（一）野外勘测组织

大型定向运动赛事的比赛场地数量多、场地范围大、地图质量高，因此工作量较大，必须成立专门的定向地图勘测组织。当野外勘测由多名制图员合作完成时，为了保证最后成图的比例尺相同、绘制风格接近，从而获得一张高质量的定向地图，测绘前必须严密地组织和协调工作。

1. 确定负责人及制图员

负责人要具有多年制图经验，并能有效地协调各制图员。制图员的选派要考虑制图员的制图风格，尽量避免因制图风格不同而造成地图差异较大。组织多名制图员进行同一区域的勘测难度较大，尽量保证由同一名制图员完成从野外勘测到地图印刷的全过程。

2. 统一勘测标准

勘测开始前，勘测组的成员可以就比赛区域进行勘测前的沟通，研究该区域的地形特征，统一地理特征的取舍标准、分类分级标准以及勘测标注等。

3. 勘测区域划分

充分利用现地明显的分界进行勘测区域的划分，如道路、溪流等。相邻勘测区域边界要设置 1~2cm 的重叠区域，以便后期进行地图拼接使用。工作区域的分割与分配，需要考虑底图上特征物的数量和实地特征的数量及其复杂性、制图员特点等多种因素。

4. 统一测绘符号

根据国际定联制定的规范，协商制定统一的野外勘测符号，以保证制图员的勘测标准以及对符号、颜色的表述保持高度一致。

5. 定期进度检查与规划

负责人定期检查勘测进度，并做好协调沟通，遇到问题时及时沟通、处理，并做好后期勘测工作的部署与规划。

(二) 野外勘测的装备

野外勘测装备主要包括个人基本用品和勘测装备两部分。

个人基本用品主要包括透气吸汗的长袖衣裤、高帮定向鞋或者山地鞋、25~40L 户外背包、帐篷、睡袋、渔夫帽以及卫生医疗用品等。

勘测装备主要包括测量专用指北针、绘图板、四种颜色自动铅笔、笔芯、三棱尺、胶片纸、透明胶带（3M 胶带、隐形胶带或医用胶带）、双面胶、长度不少于 30m 的米尺、具有定位和测距测角功能的智能手机、小型测距仪、手持 GPS 等全球卫星定位系统的终端设备等。

野外勘测时携带的装备要少而精，根据勘测场地的实际情况以及天气状况而定，如果勘测场地偏僻、交通不便，勘测任务重，可以携带野外露营装备以及安全保障物品。

(三) 勘测底图的准备（以 91 卫星助手软件为例）

1. 卫星地图影像的获取及处理

（1）打开 91 卫星助手软件，查询比赛场地区域。

首先进行比赛场地区域的选择与追踪，打开手机软件，利用奥维互动、行图、百度、高德等地图软件，寻找地名，然后进行对照，在 91 卫星助手上找到场地的具体位置。

（2）调整 91 卫星助手软件参数。

找到场地区域后，使用切换地图工具进行地图数据源的选择，可以选择天地图（墨卡托投影）图像，历史图像可以为后期底图拓印起到补充与参照的作用。

（3）选定、保存比赛场地区域。

将比赛场地完整概括在屏幕区域之内，使用菜单栏的实用工具选项的屏幕截图功能，使用鼠标左键拖曳出赛事区域，在弹出的保存为图片对话框中给文件准确命名，如学院公园待处理底图。

2. 比例尺确定及处理

（1）OCAD 软件输入底图数值。打开 OCAD11.0 绘图软件，在新建地图对话框下，选择 ISSprOM 2019 符号集标准地图类型。在菜单栏 Background Map（背景图）中单击 Open（打开）选项，导入保存的学院公园待处理底图，输入 Resolution（分辨率）300

(原图分辨率)，默认 Draft scale（草图比例）、Map scale（地图比例）和 Angle（角度），单击确定。

（2）利用 91 卫星助手软件测量实地距离。打开 91 卫星助手软件的地图页面，单击菜单栏的实用工具选项的测量距离功能，测量两个明显地形点之间的实际距离，如图 10-1 所示，两明显地形点之间距离约为 234. 56cm，约等于实地距离为 234m。

图 10-1　使用地图软件测量两个明显地形点的实地距离

（3）利用 OCAD 软件进行底图比例尺调整。在 OCAD11. 0 工作界面的右侧符号栏中选择必经路线（707）符号，然后选择工具栏的 Straight line mode（直线模式）工具，在底图上相应的两明显地形点之间画一条直线，并使用工具栏的 Measure（测量工具）工具测得直线长为 515m（图 10-2）。因为在导入底图时，所有的参数都设置为默认状态，所以数据与通过 91 卫星助手软件测得的实地距离（234m）不一致。

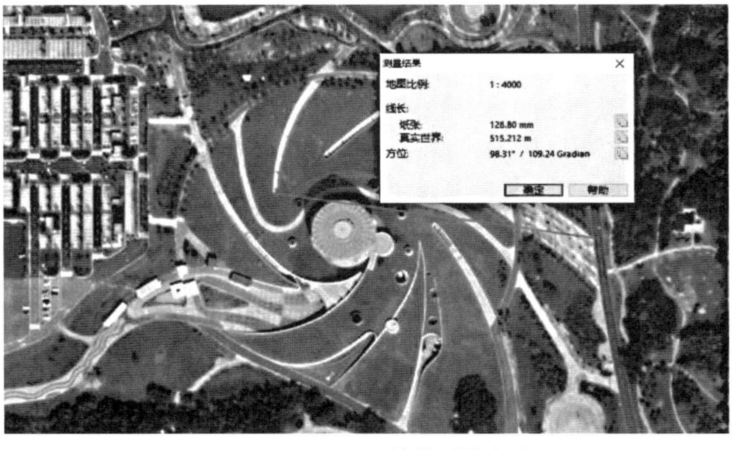

图 10-2　利用 OCAD 软件测量实地距离

在符号栏选择任意直线符号，选择工具栏 Circle mode（圆模式）◎，单击直线中心，在弹出的 Draw Circle（绘制圆）对话框 Real world Coordinates（现实世界中的坐标）选项中输入 91 卫星助手软件测得实地距离的“半径”117m（图 10-3A），确定后，就会出现一个半径为 117m 的圆形（图 10-3B）。

(A)　　(B)

图 10-3　OCAD 软件实地距离的调整

为了使得 OCAD 软件测得的两明显地形点之间的距离与 91 卫星助手软件测得的两点间的实际距离一致，使用 OCAD 软件菜单栏 Background Map（背景图）中 Adjust（调整）工具进行调整，调整方法如下。

单击菜单栏 Background Map（背景图）中 Adjust（调整）按钮，将直线的两个端点分别调整至直线与圆的两个交点，将 1 调整至 3，将 2 调整至 4（图 10-4A）。调整好之后，OCAD 软件底图上两个明显地形点之间的距离即 234m，与 91 卫星助手软件测量的实地距离一致（图 10-4B）。

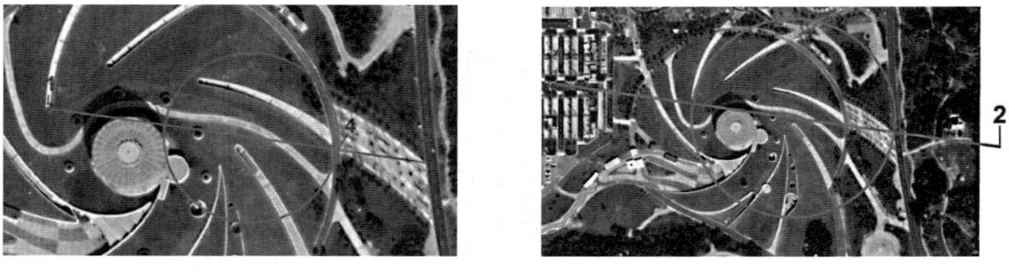

(A)　　(B)

图 10-4　OCAD 软件实地距离的调整

单击菜单栏 Print（打印）按钮，在作图区会出现灰色框线，该灰色框线代表地图的打印范围。在右侧的 Print（打印）对话框中单击 Page hangdling（页面操作）中可以设定地图 Portrait（纵向）和 Landscape（横向）的打印设置，然后通过 Pring scale（打印比例）预览地图与打印区域的比例，并进行不同比例的调整预览，将比例设定成

1500 后，地图与打印区域基本一致。因此，可以将地图比例初步设定为 1∶1 500。

在上一步的打印预览中，将比例尺调整为 1500 只是预览效果，并不能改变底图的比例，需通过以下步骤完成底图比例的调整。

单击菜单栏 Map（地图）中的 Change Scale（规模的变化），在弹出的对话框中，将 New scale（新增规模）的数值改为 1500，不勾选 Enlarge/reduce symbols（放大/缩小符号），单击确定后底图比例尺即调整完成。

选择菜单栏 File（文件）中的 Expore（导出）工具，在右侧弹出的 Export（导出）对话框中设置导出的底图格式，设定 Resolution（分辨率）为 300。单击确定后，详细命名，保存至专题文件夹，如学院公园底图。

底图比例尺的确定方法有很多种，最终目的就是将地图的比例尺调整至理想状态，在调整比例尺时一定要认真仔细，尽可能地减少人为因素造成的误差。在准备底图时，一定要注意以下几点。

第一，尽可能的按照倍数放大复制。例如，成图比例尺为 1∶10 000，底图应放大为 1∶5 000——以适合修测时的徒手绘图（草图）方式。

第二，实测出底图的磁北线，在底图上用平行线方法绘制若干磁北线。

第三，以磁北线为基准绘出若干横线，形成等距离的网格，以便下一步在绘图膜上绘制套版线，保证底图的精度。

3. 磁北线测量

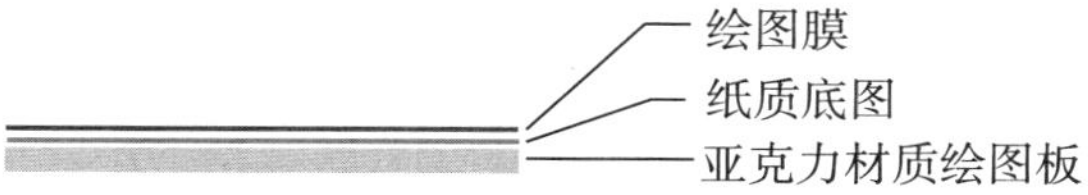

图 10-5 绘图板的安装

（1）打印底图，将纸版底图用双面胶固定在绘图板上。

（2）在底图上选择直长地物（道路、高压线、栅栏等）或选择地图上和实地都具有的两个地形点，连成一条直线，作为直长地物使用。

（3）将绘图板放在地上，将三棱尺边缘与纸质底图直长地物边缘平行，然后趴在地上用三棱尺的上边缘与实地直长地物进行瞄准对应；如没有对齐，要轻微转动绘图板，直至精准对齐。

图 10-6 磁北线测量

（4）设定指北针，将指北针的 N 端与罗盘上的北完全对应；使用指北针的时候要注意避开金属物、电流以及地下埋有电缆的区域。

（5）将指北针轻放在绘图板上，然后慢慢地转动指北针，将指北针的红色指针与 N 端完全对齐后，按住指北针，用笔沿着指北针的基板边缘画一条直线，该直线就是磁北线。

（6）再找一条直长地物，重新进行上述步骤的操作，用量角器检验一下测绘的两条磁北线数值是否一致；如误差较大，则应重新测绘一条，再进行检验。

4. 底图栅格的制作

测回磁北线，用量角器量出磁偏角度后，将底图扫描成电子版（分辨率设置为300）。用 OCAD 软件新建 ISSprOM 2019 符号集，在标题栏 Background Map（背景图）中点击 Open（打开）选项导入底图，输入分辨率、草图比例尺、角度（刚测的磁偏角，举例：-6）、底图比例尺，单击确定。

选择符号栏磁北线（601，蓝色，线粗 0.18），单击菜单栏 Map（地图）选项中的 Create Map Grid（创建地图网格），在弹出的对话框中设置 Create vertical grid lines（创建垂直网格线）和 Create horizontal grid lines（创建水平网格线），一般设定为 2~4cm（图 10-7）。

图 10-7　生成地图栅格

网格生成以后，垂直网格线应该与所测回的磁北线成平行重合状态，如果不平行则说明量角器量取的角度误差较大。点击 File（文件）中的 Export 导出底图，根据实际需要设置导出的纸张大小、底图方向等。准确命名为“学院公园测绘底图”，打印。

5. 拓图

为减少野外描图的时间，提高勘测效率及质量，可以在实地勘测前进行底图的拓印工作。拓印注意事项有以下几点。

（1）先将底图五角固定在绘图板上，取底图的四个明显地形点或栅格的交叉点绘制对照点。然后将绘图膜固定在底图上，使用彩色铅笔以底图的栅格为基础在胶片纸上重新绘制一遍栅格，并将底图上标注的对照点拓印在绘图膜上，至少绘制 3~4 个对照点。如果底图是采用分幅测绘的，就要保证两张分幅底图连接的对照点完全重合，对照点线条要清晰。

（2）拓图时，戴好手套，避免胶片纸上产生过多的油污。先描清楚的部分，待野外修测时再测绘模糊不清的区域，以节省野外描图的时间。描图的时候下笔要轻，不要用力，便于实地测绘时修改。

（3）在底图的一角标明底图勘测的信息，为后期修图、底图查询提供依据，标注内容包括草图比例、拟成图比例、测绘时间、底图类型及日期等。

（四）简易等高线的获取

等高线行进是定向运动员野外行进的重要技能，随着定向运动的发展及赛事水平的不断提高，定向运动比赛场地大多选在等高线密集的区域。由于等高线地图不易获取，因此掌握一些基本等高线的测绘方法十分有必要。

1. 利用影像图简易测绘等高线

（1）前期准备：根据教学、训练或比赛需要，利用卫星地图软件，下载并打印好比例尺合适的场地区域影像图。

（2）现地实测：到现地后，使用影像图测出磁北线，这是非常重要的一个环节。磁北线测定后，通过“一观、二测、三连、四定、五绘、六修”的方法进行等高线的测绘。

一观：完整审视、观察山（丘陵）的整体，明确山（丘陵）的各个部位与地貌特征点在影像图上的概略位置（图 10-8）。

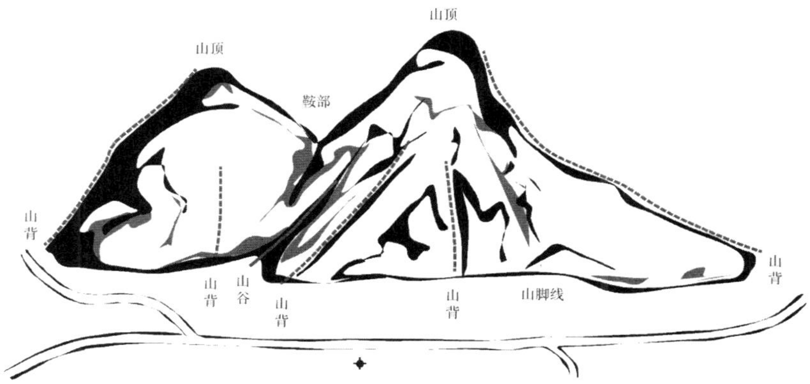

图 10-8　一观

二测：充分利用实地中的明显地形点，采用测绘普通地物的方法测出各地貌特征点的位置。为了便于区分，使用实线标出山顶、鞍部、山脊线、山脚线；使用虚线描绘出各种地性线（山谷线、山背线）的起始点和终止点、坡度与方向的转折点等（图 10-9）。

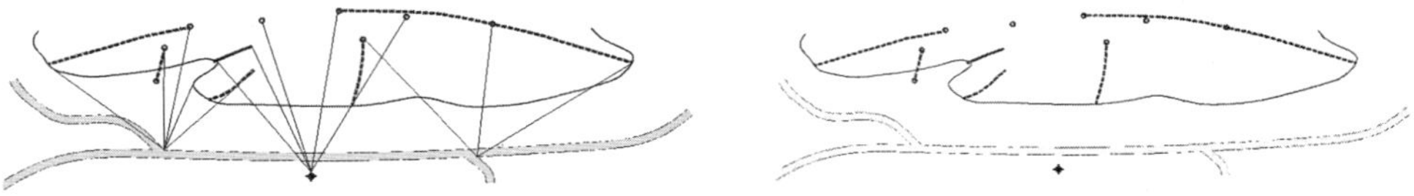

图 10-9　二测

制图员利用身高或者使用高度为 1m 或 1.5m 的木棍辅助测绘（图 10-10A）。沿着标出的山脊线、山谷线由低至高地向上进行测量。制图员将指北针放在眼前，视线向前瞄准，确定瞄准点后，以复步测定站立点和瞄准点之间的实地距离，然后通过比例尺换算成图上距离。使用铅笔标注该点，如运动员身高为 178cm，眼睛高度约为 150cm，那么两点之间的高度约为 1.5m（图 10-10B）。然后站在刚测得的点上以同样的方法继续向上方测量，测出并记录各点数值（图 10-11）。

（A）

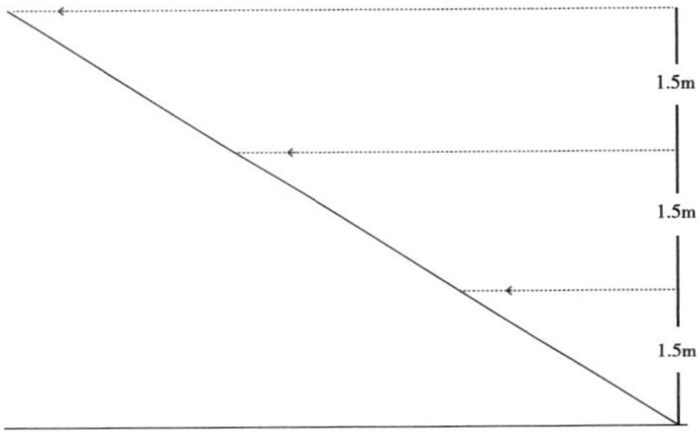

（B）

图 10-10　定距测绘

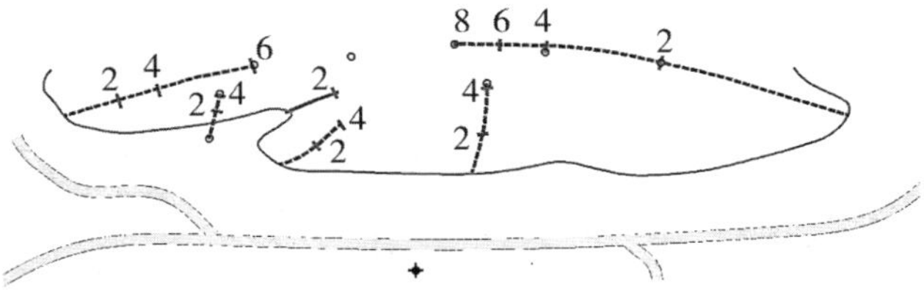

图 10-11　定点测距

三连：依照实地地形，将各地性线勾画、连接起来（图 10-12）。

四定：依照测得的各定位点的高度，按等高线的规定，在各地性线上定出每条等高线的通过点（图 10-12）。

五绘：按照实地的山体形态，在电脑中将同一高度的等高线通过点连接起来，形成与现地地貌相似的等高线。

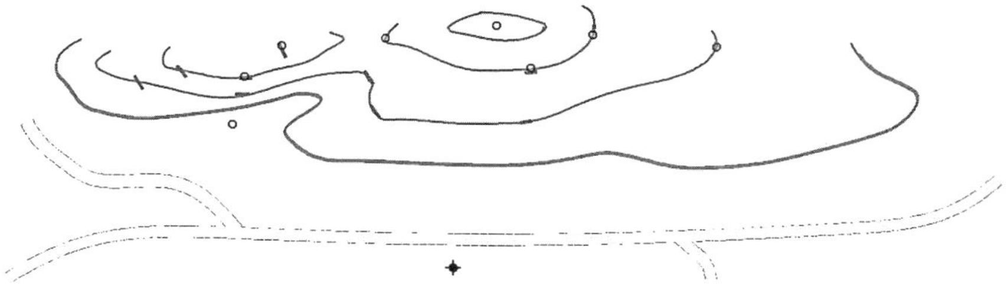

图 10-12　三连四定

六修：使用 OCAD 绘图软件进行绘制。打印后，到现地中进行等高线细节的对照、修测，使之更加符合现地情况。

2. 使用软件获取、处理等高线

利用91 卫星助手、Global Mapper 14、Google Earth 等软件配合使用，以获得简单的等高线（图 10-13）。

（1）第一步：91 卫星助手软件的使用步骤。使用区域选择与追踪方法，利用奥维互动地图、行图、百度等手机软件进行具体地点的搜索。选定区域后，使用菜单栏实用工具中的高程下载工具选定需要测绘的区域，双击框选区域，在弹出的对话框中选择 18 级下载、保存，明确保存位置。

（2）第二步：Global Mapper 14 软件的使用步骤。打开数据文件，选择 91 卫星助手保存的图像。在分析菜单中使用生成等高线工具，设定等高距参数（建议 2m 或 2.5m，可以根据高程具体确定），回车确定。单击菜单栏文件的输入/输出命令，导出矢量 KML 或 KMZ 格式（卫星图显示），回车确定。命名要准确、具体，保存至桌面。

（3）第三步：Google Earth 软件使用步骤。打开保存的 Google Earth 文件，图像会自动调整到生成等高线的区域。调整至需要的范围后，保存图片。保存时一定要保持鸟瞰状态，命名要准确、具体。

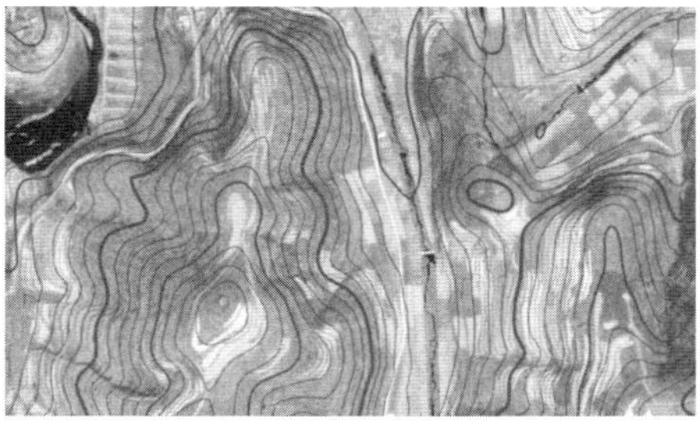

图 10-13　软件生成的等高线

通过以上步骤即可获得一张简易的等高线底图。等高线底图的获取是为了解决无等高线底图参照，但又不得不体现等高线的情况，由于是软件生成的等高线数据，可能存在精度差、与实地不符等情况，需要制图员现地进行修测与完善。

第四节　野外勘测

野外勘测时，制图员要确立一个明确的指导思想：一切从运动员的需要以及后续底图绘制、印刷技术的角度进行定向地图的测绘工作，这是野外勘测的核心。

一、野外勘测的主要内容

底图确定后，制图员应进行场地全面踏勘，踏勘的主要内容包括：

（1）地貌类型、地形特征、植被状况、通视通行程度。

（2）具有定位定向意义的地貌特征点和地貌结构线。

（3）场地道路、水系、居民地分布状况。

（4）危险区域及禁区。

（5）影响行进中路线选择的微地貌特征。

（6）经试跑确定场地植被的通视通行程度。

二、野外勘测的顺序

在同一类地物中先绘点状物体，再绘线状物体，最后绘面状物体。这既是测绘的常规顺序，也是测绘一个新特征物的必经过程。

三、底图（手稿）的测绘顺序

为保证地图测绘的有序性及地图的整洁度，在地图测绘的时候要由左至右、自上而下（或自上而下、由左至右）地按照栅格的顺序进行实地勘测。勘测完一个完整的栅格区域之后再进行下一个栅格区域的勘测。

四、实地勘测的路线安排

在相对平坦，但不空旷的地形上，宜采取“之”字形勘测路线（图 10-14）。在坡度适中的山林地中，宜采用螺旋式攀升（上山）的勘测路线（图 10-15）。以上两种勘测路线，其各自的路线间隙要视植被的遮蔽程度而定，但一般不宜大于 50m。

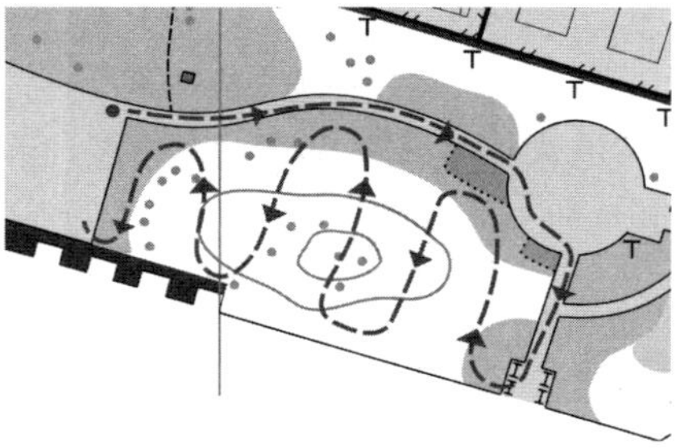

图 10-14 “之”字形勘测路线

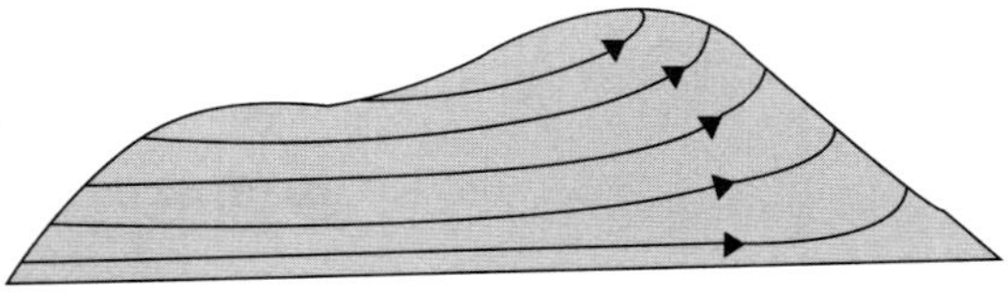

图 10-15 螺旋式勘测路线

五、野外测绘的常用方法

（一）常用的测定方法

1. 直线测定法（步测）

依托已知明显地形点，用目标的方向与距离两个要素确定一个待测点，使用步测、尺量等方法进行测定。坡度、地面平整度会影响测绘的准确性，因此最远步测距离不超过 100m（图 10-16）。

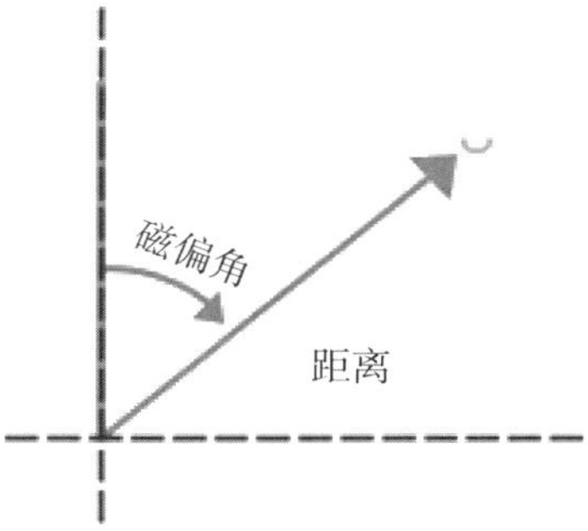

图 10-16　直线测定法

2. 延伸线测定法

当待测点在图上某一已知线性符号的延伸方向上时，在方向已知的情况下，通过测定距离确定待测点位置，使用步测、尺量等方法进行测定（图 10-17）。

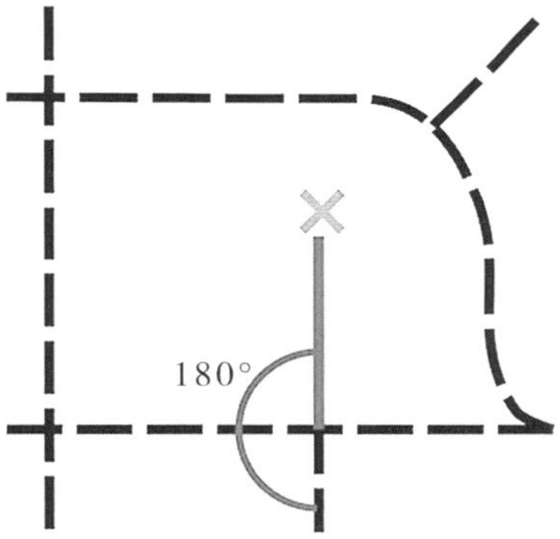

图 10-17　延伸性测定法

3. 曲线测定法

曲线测定法直线测定方法的连续运用，主要用于测定曲率较大的弯曲线，可以将其分成若干段进行测量。测量时，站立点应该位于线状地物的中心，利用指北针测出第一个拐点的磁方位角，再利用步测获得站立点到第一个拐点的距离，依次测出第二个拐点、第三个拐点，直至完成整个弯曲的线状地物（如道路、湖湾、林间小路等）的测量（图 10-18）。

图 10-18　曲线测定法

4. 导线测定法

导线测定法是直线测定法的连续运用，不同之处是需要预先选择两个明显的地物或地形点来控制、校正从起点到终点的整个勘测过程，并根据特征物的分布探明勘测路线。此方法要求测绘员具有熟练、精准的勘测技术，常用于附近没有高大特征物可供辅助以及在密林中的勘测（图 10–19）。

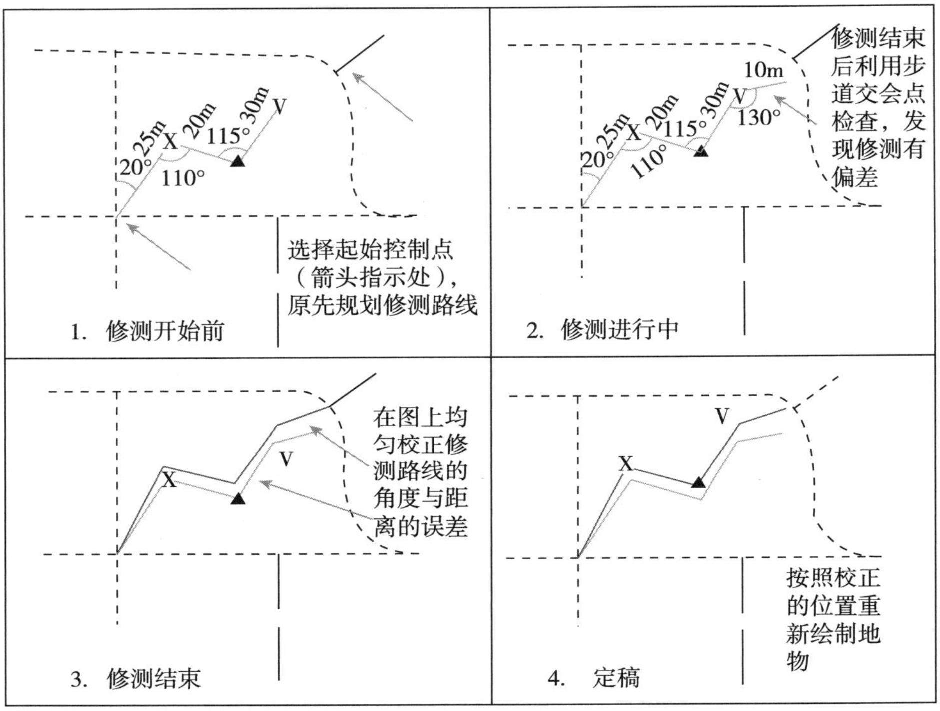

图 10–19 导线测定法

5. 直角测定法

利用两条互成直角的目标方向线或延长线交会处的待测点，与确定站立点 90°法相同。

6. 三角测定法

三角测定法即前方交会法、后方交会法、磁方位角交会法的总称。通过 2~3 个已知点确定目标点的位置，各线段之间的最佳夹角为 60°。

由于指北针测量精度不足，对于较远目标的测定，需要增加一个已知点进行校正，以提高测定的准确性。在实际操作过程中，常采用的定位方法包括：①三个方向；②三个距离；③两个距离结合一个方向；④一个距离结合两个方向（图 10–20）。

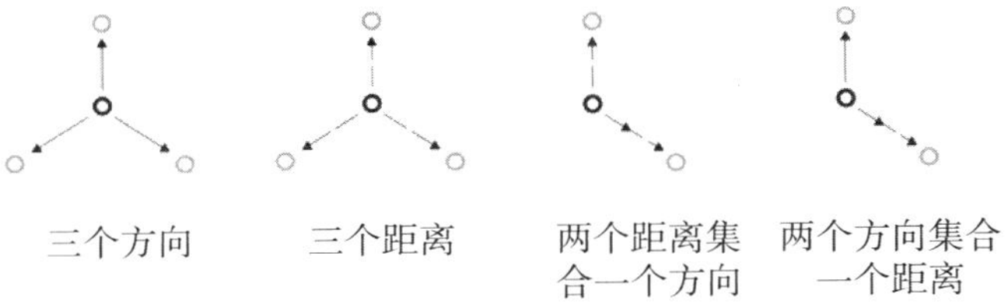

图 10-20　通过三个已知点测量方位

对于较近目标的测定，在实际勘测时可以根据两个已知点或一个已知点结合距离进行测定。这种测定方法具有一定的误差，需要通过复测进行校正。

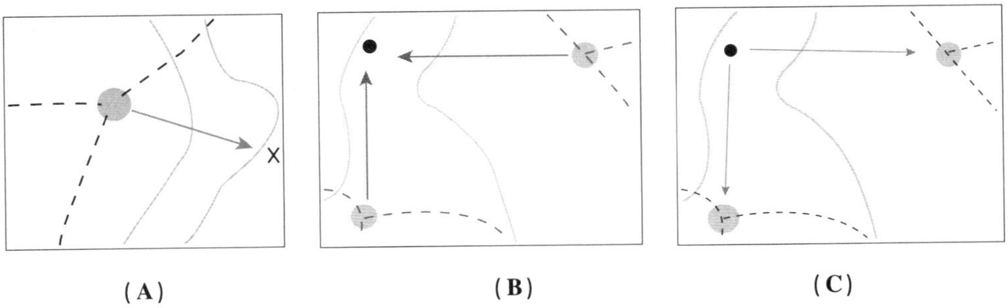

图 10-21　通过两个已知点测量方位

如图 10-21 中 A 图所示，制图员站在道路交会处（橙色圆），定位一个点（树桩），该点可以使用磁方位角及其与站立点道路交会处的距离进行确定。

如图 10-21 中 B 图所示，利用两个已知定位点（橙色圆）都能够观察到未定位的目标点（石头），通过测量磁方位角确定该点位置。

如图 10-21 中 C 图所示，制图员站在未定位站立点（石头）处，通过测量站立点与两条道路交会处的磁方位角，将其反向延长线交会于一点，从而确定该点的具体位置。

（二）常用的估定方法

1. 关系位置法

此方法适用于任何场所。利用已知明显地形点与待测点之间的方向和距离，确定待测点（与利用位置关系确定站立点的方法相同）。

2. 地标网格法

此方法通常用于站立点高、待测点低的场合。利用两个以上已知明显地形点之间的连线，构成若干网格，然后在其中固定出待测点。

3. 等分定位法

此方法通常用于站立点低、待测点高的场合，尤其适用于固定斜坡上待测点的高度。将待测点所在山体的某个斜面从山脚线至山顶等分成若干份，待测点的高度即可固定。如果再辅助其他特征，如分水线、合水线等地形结构线，则还能概括出线状和面状特征物等非关键部位的位置。

第五节　校园定向地图的制作

开展定向运动最重要的物质条件就是定向地图，学生掌握了定向地图制作的基本知识、基本技能、OCAD 软件的操作方法以及路线设计的方法后，就可以开始学习制作一幅简单、实用的教学训练用图。通过制作定向地图，能够加深对定向地图的理解，提高识图用图的能力。

一、室内定向地图制作

室内定向地图主要用于定向运动基础教学或训练，作为辅助教学手段，有利于学生形成定向地图认知并掌握基本的定向运动技能。

（一）室内定向地图制作的要求

（1）室内定向地图对精确度没有严格的规定。任课教师可以依据室内的长度和宽度，采用同比缩放的形式进行测绘。

（2）着重表现教学场地的形状、主要特征以及相互关系。

（3）突出表现并详细说明重要的特征物。

（4）地图整饰要符合标准，详细标注比例尺、磁北线以及图例说明等详细信息。

（二）室内定向地图的测绘（以室内篮球馆为例）

（1）根据 A4 纸张的大小，先确定待测定向地图图幅的纸张占比，地图的区域约占 A4 纸张的 2/3，剩余的 1/3 留作地图整饰使用，包括检查点说明表、指北标志、比例尺信息、制图信息、图例说明等。

（2）确定室内篮球场的一个墙角，以此墙角为基点进行测绘。采用步测或使用米尺测量，测出室内的长度和宽度，同比缩放绘制室内的区域。例如，室内长度为 80m、宽度为 48m，将其同比缩小绘制为长度 20cm、宽度 12cm 的矩形。

（3）根据比例尺公式，计算并确定地图比例尺为 1∶250。

（4）依据比例尺，使用各种测定法利用已知点测绘未知点，如进出口、主席台、篮球场地线、篮球架、看台入口等。以此类推，逐步完成对整个场地的测绘（图 10-22）。

（三）OCAD 成图

（1）按照制图规范的要求，使用 OCAD 软件进行定向地图的绘制工作（图 10-23）。

（2）进行定向地图的整饰工作。

（3）根据教学、训练活动的需要及学生的实际情况，设计不同难度的定向运动路线。

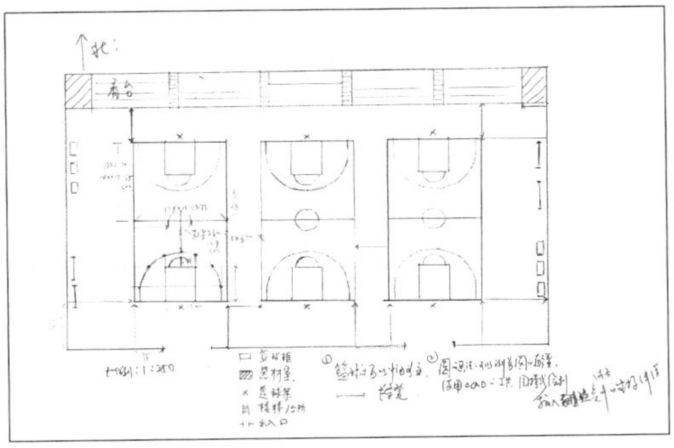

图 10-22　勘测室内草图

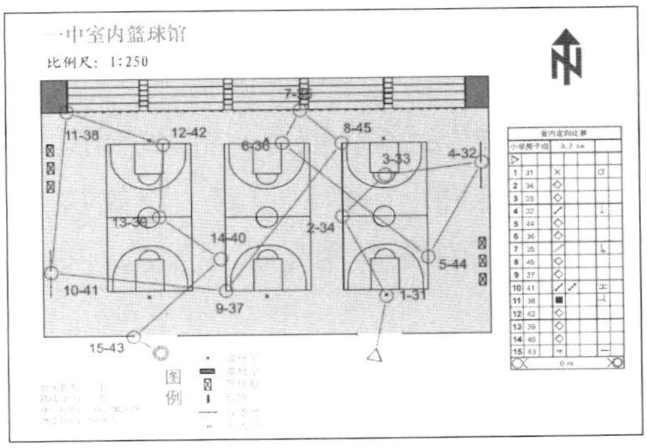

图 10-23　电脑成图

二、校园定向地图制作

（一）教学场地的选取

校园定向运动教学可以充分利用校园局部场地，如篮球场、足球场、小花园等区域。进行定向运动教学时，安全性是选取场地时考虑的首要因素，活动场地以及点标位置要远离高压线、陡崖、变压器等危险地带，避开教学区，根据校园不同地理区域环境来划分不同的教学场地，按照学生的技能水平以及教学目的选用不同的教学场地，要充分考虑学生对场地的新鲜感以及学习的主动性。

（二）底图的获取及处理

为保证定向运动在校园开展，一定要使用标准的定向地图，绘制定向地图时必须以清晰、标准的底图为测绘依据。可以选用校园基建图、卫星图以及航拍图作为底图，使用绘图膜进行基础拓图，在此过程中，一定要严格按照底图进行绘制，以保证底图的准确性。并以此为依据，到现地对定向运动所需要的要素进行“加绘、改绘”，可达到事倍功半的效果。每种底图都有利有弊，可以使用多种底图进行优势互补，以获取最佳底图。就校园定向来说，最佳底图是从学校基建处获取的校园基建图，虽然可能存在局部规划的改变，但大部分情况下还是比较精准的。

拓图时，必须对底稿中的明显地形点等重要信息进行确认，主要包括建筑物、道路、湖泊、场地等明显地形点的位置、相互间的距离、方位等，这些将是绘制其他地物的主要参照物和定位点。

确定比例尺。使用两明显地形点之间的实地距离（如足球场地的长）除以图上两线之间的距离，换算出地图的比例尺。

（三）实地勘测

实地勘测是保证地图质量的关键环节，实地勘测的精准性、详细程度都会影响教学、训练效果以及学生的体验感。制图员要以运动员的视角来绘制定向地图，测绘时要对一些地物进行综合取舍，将对定向运动有导航意义的地物尽量表现出来（图 10-24）。

利用地图上明确的道路、建筑物、湖泊、场地等明显地形点作为参照，根据其相对位置和相对距离测定其他地物，如垃圾桶、石头、电线杆、突出的树和植被分界线等。

添加植被情况，校园的植被情况一般以空旷地、白林、慢跑树林、保护地以及难以通行的低矮灌木为主。

对路线选择有意义的各种通行或者限制通行的特征都应该表现出来，如通道、栅栏、陡崖、禁区、保护地、难以通行的树林等。

实地勘测时可以对地物进行详尽表示，在后期电脑绘图时对过多的地物进行综合取舍。

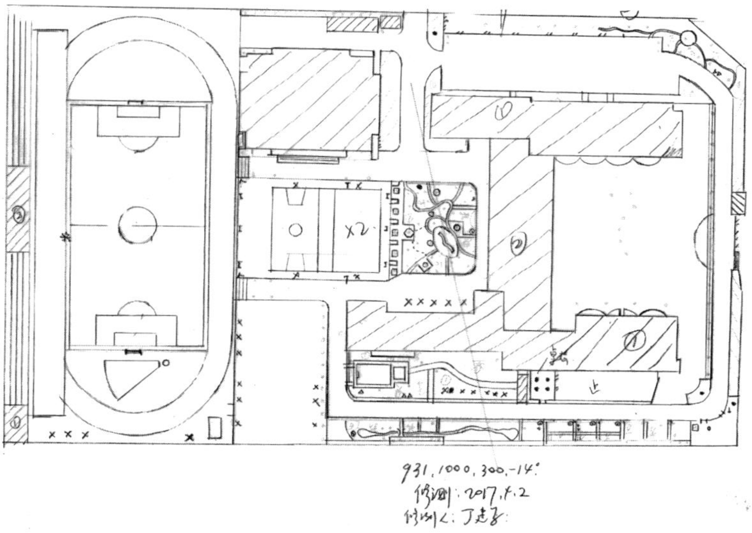

图 10-24　校园测绘草图

（四）电脑成图

1. OCAD 绘图

将底图导入 OCAD 绘图软件即可进行绘图。绘图时按照绘图的基本顺序进行绘制，不同类对象按照水系地物、岩石及人工地物、等高线及地貌、植被的顺序进行绘制，同类对象按照点状对象、线状对象、面状对象的顺序进行绘制。

2. 地图整饰

定向运动地图整饰要素包括图名、比例尺、等高距、磁北标、纸质检查卡、地图测制信息（制图员信息、底图信息、修测时间、原版权）、比赛符号、检查点说明以及赛事活动的有关说明等内容（图 10–25）。

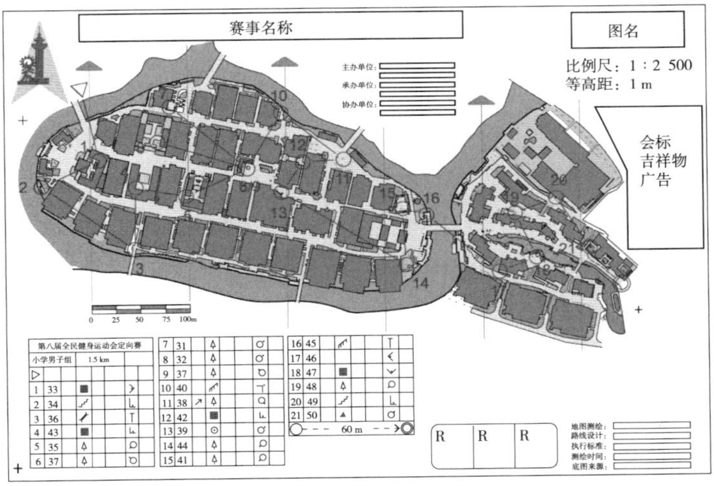

图 10–25　地图整饰示例

3. 场地复查

通过取舍、合并、移位、夸大、概括等综合手法，正确地反映定向地图的各要素在现地的位置、形态、名称（含义）及相互关系。地图绘制完成后，要进行实地复查，修改并完善。

场地复查是保证地图质量的一个相当重要的步骤。这个步骤通常是在实地测绘之后进行的，最佳效果是成图后再次进行场地复查，以保证地图的时效性。当一个团队共同测绘时，实地复查就变得尤为重要了，可以统一地图的风格和详细程度。若地图由个人独立制作，那么最好安排不同的人员进行复查。

场地复查不是对已测绘的区域再次进行测绘，而是为了使地图的风格和地物取舍标准达到最大限度的统一。任何大的变动必须与该区域的原始测绘人员进行讨论后再决定。

（五）线路设计

设计校园定向运动线路，既要体现公平公正，又要保证定向运动的趣味性。线路设计时要掌控场地的一切情况，有效避开危险区域及其他教学活动冲突的区域，根据参赛者的具体情况，如参赛人数、竞技水平、活动目的等设计比赛线路的难度。

（六）成图与打印

成图效果如图 10-26 所示。在整张地图全部制作完毕后进行地图印刷，大批量印刷地图时，采用传统的专色胶版印刷最经济，也可以采用四色印刷，但质量稍差。印刷的地图数量不多时，可以用喷墨打印机、激光打印机或彩色速印机来打印，相对经济。

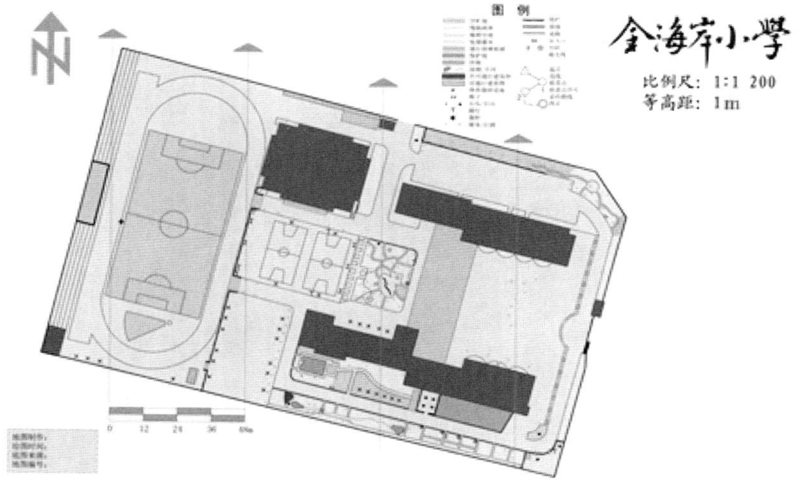

图 10-26　校园地图成图

课后练习与思考题

1. 定向地图内容包括哪些要素？
2. 制图综合的程度受哪 3 种因素的影响？
3. 如何保证野外勘测的准确性？
4. 利用影像图简易测绘等高线分为哪几个步骤？
5. 野外勘测的方法有哪些？
6. 三角测定法是哪 3 种方法的统称？
7. 绘制一张教室的定向地图，并组织一场 5~10 人的室内定向活动。

REFERENCES <<<

参考文献

[1] 王翔，彭光辉，张新安，等．定向运动 [M]．北京：高等教育出版社，2009.

[2] 张惠红，等．定向运动教程 [M]．南京：河海大学出版社，2006.

[3] 张晓威．定向越野 [M]．北京：机械工业出版社，2019.

[4] 刘玉江，等．定向运动教学与训练 [M]．四川：西南交通大学出版社，2015.

[5] 国家测绘局．定向运动地图规范 [S]．北京：国家测绘局，2010.

[6] 梁志华．定向运动训练 [M]．上海：上海科学普及出版社，2010.

[7] 吴寿虎，徐青．定向运动路线设计与技能训练 [M]．北京：中国人民解放军出版社，2010.

[8] 宋元生，苏燕生．全程定向越野技能与训练 [M]．北京：中国人民解放军国防大学出版社，1999.

[9] 李志勇．运动训练学 [M]．济南：山东大学出版社，2008.

[10] 田麦久．论运动训练计划 [M]．北京：北京体育大学出版社，1999.

[11] 罗志勇，李启畅，张晓威．定向运动 [M]．广西：广西师范大学出版社，2012.

[12] 王翔等．定向运动 [M]．北京：高等教育出版社，2017.

<<<

网站推荐

1. 国际定向运动联合会（IOF）网站：http：//www. orienteering. org
2. 中国无线电和定向运动协会官方网站：http：//crsoa. sport. org. cn/index
3. 世界公园定向组织网站：http：//www. pwt. org
4. 香港定向总会网站：http：//www. oahk. org. hk/cframe. html
5. 国际定联地图委员会（MC）网站：http：//lazarus. elte. hu/mc